기초부터 탄탄하게 바로 써먹는

가치투자
처음공부

기초부터 탄탄하게 바로 써먹는

가치투자 처음공부

초판 1쇄 발행 2021년 3월 25일
초판 2쇄 발행 2021년 4월 15일

지은이 이성수

펴낸이 이형도

펴낸곳 ㈜이레미디어
전 화 031-908-8516(편집부), 031-919-8511(주문 및 관리)
팩 스 0303-0515-8907
주 소 경기도 파주시 회동길 219, 사무동 4층
홈페이지 www.iremedia.co.kr
이메일 ireme@iremedia.co.kr
등 록 제396-2004-35호

편집 김은혜, 심미정, 정슬기 | **디자인** 유어텍스트 | **마케팅** 최민용
재무총괄 이종미 | **경영지원** 김지선

ISBN 979-11-91328-06-6 04320
ISBN 979-11-91328-05-9(세트)

- 가격은 뒤표지에 있습니다.
- 잘못된 책은 구입하신 서점에서 교환해드립니다.
- 이 책은 투자 참고용이며, 투자 손실에 대해서는 법적 책임을 지지 않습니다.

가치투자 처음공부

이성수 지음

기초부터 탄탄하게 바로 써먹는

이레미디어

슬기로운 주식투자자를 위한 현명한 가치투자 안내서

2020년 뜨거웠던 동학개미운동이 한국 증시의 체질을 바꾼 원동력으로 평가되면서 기관과 외인에 당하기만 하던 개인투자자들에 대한 고정관념도 사라졌습니다. 문제는 동학개미들의 자금이 우량주 저가 매수로만 간 것은 아니라는 데 있습니다. 3월엔 대형주·우량주 위주로 매수해 수익을 맛보더니 분위기가 급변하여 주가지수 하락에 베팅하는 곱버스(2배 인버스 ETF), 원유 레버리지 ETN 등으로 옮겨 다니면서 위험한 투자를 하고 있습니다.

NH투자증권의 조사 결과 2020년 1~11월, 20대가 개설한 신규 계좌의 회전율은 5,248%에 달했습니다. 이들 계좌의 평균 잔액은 583만 원인데, 회전율이 5,248%라는 의미는 11개월 동안 3억 원 이상의 주식을 거래했다는 의미입니다. 신규 30대 고객의 회전율도 4,472%나 됐습니다. 이들은 과도한 단타와 빚투가 어떤 문제를 갖고 있는지 알고 있을까요?

회전율 100%란 투자금액을 전부 매수했다가 다시 전부 매도했다는 뜻입니다. 주식을 매도할 때는 0.23%의 세금이 발생합니다. 또한 매수·매도할 때 각각 매매수수료(MTS 기준 약 0.015%)가 발생합니다. 즉, 회전율 100%일 때마다 비용이 0.26%가 발생합니다. 그런데 회전율이 5,200%라면 비용이 무려 13.52%나 됩니다. 단기간에 사고파는 것만으로 투자금의 13%가 비용으로 빠져나간다는 말입니다.

워런 버핏을 모르는 투자자는 없을 것입니다. 세계 5대 부호 순위에 늘 이름을 올리는 그의 연평균 수익률은 20% 수준입니다. 일반적인 개인투자자가 워런 버핏과 같은 수익을 낸다는 것은 확률적으로 어렵습니다. 그게 쉽다면 모두 큰 부자가 됐을 테니까요. 단타 위주로 투자하는 사람은 회전율로 인한 13%의 매매비용을 넘어서야만 수익을 낼 수 있습니다. 거기에 물가상승률(약 1%)만큼은 더 수익을 내야 실질 가치가 보존됩니다. 만약 6%짜리 대출이라도 받았다면 그만큼 더 수익을 내야 합니다. 이를 모두 합하면 20%(=13+1+6)라는 수익을 내야 본전이 됩니다. 단타와 빚투가 문제인 이유가 바로 이것입니다. 최고의 투자자라는 워런 버핏만큼 수익을 낸다고 해도 남는 게 없습니다. 물론 2020년처럼 시장이 좋을 때에야 그 이상의 수익을 낼 수도 있습니다. 하지만 매년 빠짐없이 그럴 수 있을까요?

많은 초보투자자가 '투자'와 '투기'를 혼동합니다. 저는 그 둘을 구분하는 기준이 '기대수익률'이라고 생각합니다. 한 주간 로또 판매량이 대략 500억 원입니다. 이중에서 40%를 복권기금으로 가져갑니다. 내가 이번 주 발행되는 복권을 전부 사면 500억 원이 듭니다. 그런데 1등부터 모든 등수에 당첨되어 받는 당첨금은 300억 원입니다. 즉 복권투자의 기대수익률은 마이너스 40%입니다. 경마의 경우도 마사회 몫이 25%입니다. 기대수익률이 마이너스 25%인 게임이죠. 이렇듯 기대수익률이 마이너스인 경우에 돈을 넣는다면 그것은 '투기'입니다. '투자'란 기대수익률이 플러스 값을 가져야 합니다. 그런데 빚투와 단타의 기대수익률이 플러스가 되기는 어렵습니다. 즉 2020년에 주식투자를 시작한 대부분의 2030세대는 투자가 아닌 투기를 하고 있는 셈입니다.

증권사 계좌에서 사고팔 수 있는 것들은 '투자'와 '투기' 사이에 존재합니다. 꾸준히 좋은 실적을 내는 우량한 기업이 코로나19 같은 갑작스러운 외부 환경으로 내재가치에 비해 주가가 많이 저렴해졌을 때 매수한다면 이는 괜찮은 '투자'가 될 수 있습니다. 하지만 막연히 주가 하락에 베팅하는 곱버스나 원유 가격의 급등을 바라며 원유 ETN에 돈을 넣는 것은 '투기'일 수 있습니다. 이 책의 저자는 이렇게 얘기합니다.

> "버블이 커져갈수록 나타나는 대표적인 버블 심리 상태는 바로 '지금 쫓아가지 않으면 남들에게 뒤처진다!'라는 박탈감과 유사한 심리입니다. 남들보다 뒤처진다는 생각처럼 사람의 애간장을 녹이는 것은 없을 것입니다. 2020년대 들어 이러한 심리적 현상을 FOMOfear of missing out라는 신조어로 표현하고 있습니다. 수익을 내는 투자 대상을 갖지 못한 공포라고 할까요?"

저자는 20년 넘게 주식투자를 해오고 있습니다. 2000년 IT 버블 붕괴로 투자금이 1/10토막 났으나 절치부심하여 2008년 금융위기 여파를 잘 넘길 수 있었다고 합니다. 저 역시 2008년 금융위기에 주가 하락을 온몸으로 겪어본 바 있습니다. 정신이 혼미해지는 경험이었습니다. 손실을 보면 흔히들 '시장에 수업료를 냈다'고 표현합니다. 수업료를 낸 정도라면 괜찮겠지만, 회복하지 못할 정도의 손실을 보는 경우도 부지기수입니다. 치명적인 손실을 입기 전에 적절한 투자 공부를 하는 편이 훨씬 좋지 않을까요?

가치투자는 앞서 언급했던 워런 버핏과 그가 스승이라 칭했던 벤저민 그레이엄 등 많은 투자 현인들이 추구하는 주식투자 방법입니다. 이 책은 주식투자와 가치투자에 대해 친절한 안내서입니다. 저자의 이전 책들과 비교하면 철저히 초보자들에게 초점을 맞췄습니다. 최대한 친절하고 자세하게 설명하려 노력한 흔적이 구석구석 보입니다. 저자는 이렇게 말합니다.

> "사람들이 가치투자를 외면한다는 것은 '남들이 가지 않는 뒷길에 꽃길이 있다'는 투자 격언을 떠올리게 합니다. 가치투자를 추구하고 실천하는 투자자가 소수라는 점은 큰 수익률이 기다리고 있다는 의미라고도 할 수 있습니다."

저자의 말에 매우 공감합니다. 제가 번역했던 윌리엄 번스타인의 《현명한 자산배분 투자자》의 한 대목을 인용하겠습니다.

> "최근성은 … 왜 대부분의 투자자들이 '볼록한convex' 거래자인지를 설명한다. 이 용어는 학자인 윌리엄 샤프William Sharpe와 앙드레 페롤드Andre Perold가 '포트폴리오 보험' 전략을 설명하기 위해 만든 말이다. 그 전략

은 가격이 오르는 동안 주식을 사고, 하락하는 동안 파는 것이다. '오목한 concave' 전략은 그 반대다. 가격이 하락하는 동안 주식을 사고, 가격이 상승할 때 주식을 파는 거다. 사람마다 더 매력적으로 느껴지는 전략이 다를 것이다. 샤프와 페롤드는 더 심오한 주장을 한다. 오목한 거래자들이 사는 세상에서는 볼록한 거래자가 유리하고, 그 반대 역시 마찬가지다. 사실 금융의 역사는 최근성 때문에 주식 투자자의 압도적 다수가 볼록한 거래자라고 말한다. 가격이 오르면 투자자들의 수익률 추정치가 비합리적으로 상승하고, 그에 따라 더 많은 주식을 산다. 만약 실제로 대부분의 투자자들이 그러한 볼록한 행동을 보인다면, 합리적인 투자자는 오목한 거래자가 되는 게 맞을 것이다."

주식시장, 특히 강세장이 펼쳐지는 시장의 투자자 대부분은 '볼록한' 성향을 갖습니다. '볼록한' 투자자가 많은 시장에서는 '오목한' 투자자가 유리한 경우가 많습니다. 가치투자는 '오목한' 투자법에 가깝습니다. 초보투자자라면 볼록한 투자법도 오목한 투자법도 공부할 필요가 있습니다. 이 책은 가치투자라는 오목한 투자법을 친절히 잘 안내해줄 것입니다.

《마법의 연금 굴리기》 저자, **김성일**

'시작이 반'이란 말이 있습니다. 이 말은 아리스토텔레스가 한 것인데 원문은 "Well begun is half done!"입니다. 시작을 잘하면 이미 반은 한 것이나 다름없다는 말입니다. 이 책은 주식투자를 처음 시작하는 사람이 꼭 알아야 할 내용을 알기 쉽게 잘 정리했습니다. 가치투자를 지향하는 사람에게도 좋은 시작이 될 것입니다. 그래서 이 책으로 투자 공부를 시작하는 사람은 벌써 반은 한 것이나 다름없다고 할 수 있습니다.

– 네이버 카페 가치투자연구소 운영자, 남산주성(김태석)

이성수 저자는 십수 년간 올바른 투자 문화를 전파하기 위해 노력해온 전문가이자 금융투자 교육자입니다. 그는 노력의 일환으로 많은 저서를 집필했는데, 특히 이번 책은 '금융투자 교과서'라 해도 충분할 만큼 유익하고 모범적이며 알찬 내용으로 가득합니다. 《가치투자 처음공부》는 어떤 시장 상황에서도 시장을 냉정하게 바라볼 수 있는 시각과 능력을 기르는 데 큰 도움이 될 것입니다.

OECD 국가 중 공교육 과정에서 금융투자를 가르치지 않는 나라는 거의 없습니다. 그 흔치 않은 나라인 대한민국에서 성장한 개인투자자들이 이 책을 기본 투자서로 접했으면 하는 바람입니다.

– 미래금융연구소 대표, 조정희 장학회 대표, 오성현

아뿔사, 팡FAANG의 시대에 가치투자를 전면에 내건 책이라니! 자타가 공인하는 주식도사 러브펀드의 도전에 박수를 보냅니다.

이 책은 성장주에 치인 가치투자자들의 쓸쓸함을 달래는 든든한 등대 역할을 할 것입니다. 특히 주식공부가 필요하다고 느끼는 초보투자자들에게 강추합니다. 기초부터 실전까지 한줄 한줄 밑줄 쳐가며 읽다 보면 주식에 대해 알아가고 어느덧 수준 높은 투자자가 되어있을 것입니다. 더불어 10년 넘게 소외받은 가치주의 진가가 하루빨리 재조명되길 바랍니다. 역사적으로 그럴 때가 되었습니다. 기회를 볼 줄 아는 투자자가 되길 바랍니다.

– 머니투데이 부장, 《지금 당장 중소형주에 투자하라》 저자, 유일한

늘 새로운 투자 방법을 고민하고 찾지만 결국 투자의 정도(正道)는 너무도 심플하다는 것을 투자 대가들을 통해 배웠습니다. 그러면서도 투자를 시작하는 사람, 경험은 많으나 기준이 없어 흔들리는 투자자에게 쉽게 다가갈 수 있는 지침서가 있었으면 하는 아쉬움이 늘 있었습니다. 《가치투자 처음공부》는 기본에 매우 충실하면서도 일반인도 쉽게 투자의 세계에 입문할 수 있도록 친절히 안내합니다. 주식을 처음 접하는 분은 물론이고 기존 투자자도 기본기를 탄탄히 하는 데 충분한 지침서가 될 것입니다.

– NH투자증권 부장, 윤종수

가치투자!
주식투자를 처음 시작하는 개인이
갖추어야 할 극강의 아이템

우리나라에서 수십 년간 주식투자에 대한 시각은 차갑다 못해 터부시되어 왔습니다. 1962년 증권 파동, 1990년 깡통계좌 일제 정리 사태, 1997년 IMF, 2000년 IT 버블 붕괴, 2008년 금융위기 등 한국 증시에 위기가 찾아왔을 때마다 많은 투자자들이 파산 수준의 큰 손실을 입었고, 집집마다 주식투자로 패가망신했다는 사연이 하나씩은 있기 때문입니다.

그런 분위기 속에서도 가치투자를 지향한 투자자들은 증시의 굴곡을 기회로 삼아 부(富)를 일구었습니다. 2021년 초 '탤런트 전원주 씨가 알고 보니 주식투자 고수였다'던 뉴스처럼 조용히 부를 일군 투자자가 은근히 많습니다.

이렇듯 주식투자로 성공한 이들이 많은데도 어째서 대부분의 개인투자자들은 수십 년 동안 실패를 거듭한 것일까요? 잘못된 투자 방식으로 주식시장에 참여했기 때문입니다. 화제가 된 종목에 거금을 몰빵하거나, 친구가 알려준 '카더라'만 듣고 매매하거나, 누군가의 글이나 말만 믿고 사전조사 하나 없이 투자했던 결과입니다.

2020년의 동학개미운동은 투자와 재테크 문화의 대변혁이 아닐 수 없습니다. 선례를 찾아볼 수 없을 만큼 개인의 참여가 두드러졌죠. 개인투자자의 자금 유입이 2020년 한 해에만 100조 원을 넘겼다고 하니까요. 이런 변화가 반가운 가운데 무언가 불편한 부분도 드러나고 있습니다.

2020년 상반기만 해도 개인투자자는 외국인과 기관이 투매한 매물을 저가에 쓸어 담으며 스마트한 투자를 했습니다. 영화 〈국가 부도의 날〉에서 윤정학(유아인)이 저평가된 주식을 과감하게 매수하여 큰 수익을 만들었던 것처럼 말입니다. 하지만 2020년 하반기에서 2021년 연초까지 보이는 개인투자자의 모습은 과거 실패한 개인투자자들의 행동을 그대로 답습하고 있습니다. 묻지마 투자, 빚투, 영끌 매수 등 자신이 투자한 종목에 대한 분석 없이, 체계적인 전략도 없이 그저 맨주먹으로 뛰어들고 있습니다.

2020년 3월 이후 이어진 상승장에서 거의 누구나 수익을 만들 수 있었고 이를 영웅담처럼 말하기도 합니다. 하지만 막대한 자금과 정보력으로 무장한 외국인과 기관은 물론, 스마트한 개인투자자들로 가득한 주식시장은 만만한 곳이 아닙니다. 준비되지 않은 상태로 시작한 개미가 계속 수익을 내고 주식시장에서 생존할 수 있을까요? 과거의 선배 개미처럼 실패와 패가망신으로 끝날 수밖에 없습니다.

적어도 무기가 하나라도 있어야 시장에서 생존하고, 원하는 성과를 장기적으로 만들 수 있을 것입니다. 필자가 책을 쓴 이유가 바로 그것입니다. 투자 선배로서 지금 시작하는 개인투자자에게 든든한 무기를 하나 쥐어드리고 싶었습니다.

《가치투자 처음공부》는 가치투자를 처음부터 차근차근 배울 수 있도록 실전적인 이론과 개념, 구체적인 투자 전략을 담은 책입니다. 경제와 경기 흐름 속에 주가가 만들어지는 원리, 좋은 회사와 나쁜 회사를 구분할 수 있는 기업 분석 방법, 가치투자의 필수인 재무제표 읽는 법, 가치투자의 백미인 밸류에이션 계산 방법까지 실제 사례와 예시를 통해 쉽게 이해할 수 있게 노력했습니다. 기업가치에 변화를 주는 선행적인 업종 분석 방법, 포트폴리오 분산투자와 자산배분전략, 리스크 헤지 방법까지 험난한 주식시장에서 싸워나갈 수 있도록 체계적으로 무기를 제공했습니다. 그리고 가치투자 대가들의 원칙을 소개했는데, 그들의 이야기는 장기적으로 가치투자 원칙을 지켜가는 데 중요한 밑거름이 되어줄 것입니다.

책을 준비하면서 많은 내용을 소개하되 최대한 쉽게 담으려 고심했습니다. 여러분이 투자 공부를 하면서 막힐 때마다 가장 먼저 참고하는 책이 되길 기대하고 희망합니다.

《가치투자 처음공부》를 준비하는 10여 개월은 참으로 큰 인내를 요구하는 시간이었습니다. 오랜 시간 힘이 되어준 가족 모두에게 사랑과 감사를 표합니다. 그리고 책이 출판되는 과정을 함께한 이레미디어 여러분에게도 감사 인사드립니다.

저는 이 책을 선택한 독자 여러분이 성공투자 역사를 쓰리라 확신합니다. 책 전체에 담긴 가치투자 지식과 지혜는 여러분의 투자 결정과 판단에 중요한 잣대가 되어줄 것이고 장기적인 투자 성과를 만드는 초석이 될 것이기 때문입니다.

lovefund이성수

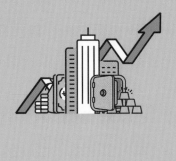

차례

CHAPTER

①

가치투자 제대로 알고 시작하자! -
가치투자의 정의

주가는 어떻게 만들어질까? –
주가의 생성 원리

CHAPTER 3

어떤 곳이 좋은 회사일까? -
기업의 본질 꿰뚫어보기

CHAPTER 4

가치투자의 대가들은 어떻게 투자했을까? -
대가들의 투자 원칙

CHAPTER

5

숫자 속에 답이 있다-
재무제표의 이해와 기초

CHAPTER
6

좋은 가격에 투자하기 위한 핵심 - 본격 가치평가

이제 가치투자를 시작해볼까? -
가치투자 심화학습

기업의 가치를 흔드는 요인이 있다? -
확인해야 할 외적 요소

리스크 관리의 기초 –
가치투자 체계화 도구

가치투자 실천을 위한
마지막 조언

중급 가치투자 –
기업가치를 보다 정확히 평가하기 위한 방법 세 가지

Chapter 1

가치투자 제대로
알고 시작하자!

- 가치투자의 정의

주식투자와 가치투자

VALUE INVESTMENT

① 과연 주식투자란 무엇일까?

가치투자가 무엇인지에 앞서 주식투자에 대해 생각해야 할 필요가 있습니다. 주식투자에 대한 개념이 먼저 정립되어야 가치투자에 대한 개념이 자연스럽게 잡히기 때문입니다.

일반적으로 사람들은 주식투자는 주가가 올라서 수익이 나면 차익을 실현하는 것이라고 생각합니다. 그래서 많은 사람이 '주식은 한 방'이라고 표현하곤 합니다. 그러다 보니 한 방에, 빠른 시간 내에 대박을 내야 한다는 마음으로 주식투자에 임하는 경우가 다반사입니다. 주식투자를 하는 근본적인 이유를 망각하고 주가와 수익만 추종하는 방식이 주식투자인 것처럼 인식하는 것이 우리나라 투자자들의 현실입니다.

잘못된 인식을 가지고 투자에 임하는 것은 눈을 감은 채 전력으로 질주하는 것과 마찬가지입니다. 주가만 보며 대박을 노린다면 처음 몇 번은 짜릿한 수익을 거둘 수 있을지 몰라도 어느 순간 헤어나오지 못하는 심각한 손실을 보게 됩니다. 이런 수많은 흑역사가 쌓이다 보니 '주식투자는 패가망신의 지름길'이라는 세간의 인식이 지배적이었지요.

다행히 요즘은 주식을 시작하기 전 제대로 공부하고, 주식투자가 무엇인지 근본부터 파헤치면서 제대로 된 투자를 하려는 사람이 늘어나고 있습니다. 이런 투자자들이기에 가치투자에도 관심을 갖게 되었겠지요. 대부분의 사람들이 주식투자를 시작하면 자연스럽게 가치투자에 대해서도 궁금해하는데요. 가치투자는 어떤 것인지 지금부터 자세히 설명하겠습니다.

20여 년 전의 필자 역시 처음 주식투자를 시작할 때에는 다른 개인투자자와 마찬가지로 주가만 보고 투자했습니다. 그러다 보니 지인들이 "주식이 뭐지?"라고 질문했을 때 우물쭈물할 수밖에 없었습니다. 과연 주식 그리고 주식투자란 무엇일까요? 그 근본부터 생각해 보겠습니다.

주식은 근본적으로 '기업의 지분'을 의미합니다. 그래서 영어권에서는 stock이라는 단어 대신 stakeholder라는 용어를 종종 사용합니다. 이는 회사의 전체 주식 중 내가 가지고 있는 지분율만큼 회사에 권리를 갖고 있다는 의미입니다. 그리고 주주들의 권리끼리 충돌할 때 지분 경쟁이라 하여 주주 간에 갈등이나 다툼이 발생하곤 하지요. TV 드라마에서 재벌 가족들 간의 지분 경쟁 구도가 종종 소재로 사용될 정도로 드라마에 재미를 더하는 요소입니다. 그만큼 주식, 즉 지분을 보유한 주주인 여러분은 엄청난 권리를 가지고 있는 것입니다. 하지만 주식투자를 하는 대다수의 사람들은 이 권리를 간과하고 그저 가격만 보고 매매하고 있습니다.

주주의 권리를 가진다고 생각하면 조금 더 꼼꼼하게 투자에 임할 수 있을 것입니다. 주식을 매매할 때 회사의 자산 현황을 기반으로 한 자산가치, 이익을 토대로 한 이익가치, 성장을 감안한 성장가치 등 다양한 기준으로 적정 가격을 추정할 수 있다면, 내가 매매하는 가격이 싼 가격인지 아니면 비싼 가격인지를 가늠할 수 있습니다.

이러한 기준들을 알고 투자하는 방법이 바로 가치투자입니다. 저는 가치투자가 주식투자의 근본적인 원리를 담고 있는 투자법이라고 생각합니다. 내가 바가지 쓰고 비싼 값에 매매하는 것인지 혹은 명품 주식을 합리적인 가격에 매수하는 것인지 그 기준을 세울 수 있기 때문입니다. 그 근간은 바로 기업의 가치입니다.

② 끊임없이 변하는 기업의 가치

기업의 가치를 고정된 값으로 생각할 수도 있습니다. 하지만 기업은 살아있는 생명체(유기체)와 같은 존재입니다. 생명체가 생존하기 위해 유전자를 퍼트리고 계속 증식하며 커가는 것처럼 주식회사들도 생존하기 위하여 그리고 회사의 규모와 세력을 확장하기 위하여 유기체처럼 사업을 확장하고 매출을 늘리며 이익을 늘리려 안간힘을 씁니다. 사람들이 직장에서 매출을 키우고 여러 프로젝트를 성공시키려고 안간힘을 쓰는 하나하나의 노력이 역동적인 기업의 모습으로 나타납니다.

이 과정에서 기업의 가치도 계속 바뀌게 됩니다. 이익을 꾸준히 만들고 성장이 지속되는 기업이라면 벌어들인 돈을 회사에 쌓아 자산을 키워가거나 새로운 사업을 위해 공장을 새로 만들거나 기술력을 가진 벤처회사를 인수하기도 합니다. 이익이 유보되어 쌓이며 순자산은 자연스럽게 커지고 그에 따라 기업의 이익도 꾸준히 성장하는 흐름이 만들어집니다.

거시적인 관점에서 기업의 자산가치나 이익은 일정 부분 경제지표들에 영향을 받는 경향이 있습니다. 대표적으로 화폐가치는 기업가치에 많은 부분 영향을 주어 왔습니다.

가상의 국가인 '인플레 국'에 100억 원의 빌딩을 보유한 A 기업이 있고 이 국가는 매년 10%씩 물가가 상승한다고 가정해 보겠습니다. 인플레이션이 발생하면 돈 가치가 급격하게 하락합니다. 즉 같은 물건이나 재화에 대해서 시간이 흘러갈수록 명목상 가격이 계속 상승하게 되지요. 명목상 가격이 상승하면 재무제표상 회사 자산들의 가격도 증가합니다. 앞서 언급한 가상 국가에 있는 A 기업의 경우 보유한 건물 가격이 물가상승률만큼 상승한다면 장부상 가치는 1년 뒤 100억 원에서 110억 원으로 증가해 있을 것입니다. 2년 차가 될 때는 121억 원으로 크게 증가하겠지요?

따라서 물가가 상승하여 화폐가치가 하락할수록 기업의 가치는 높아지는 경향이 생기고, 장기적으로 주가 또한 이에 따라가게 됩니다. 최근 초고령사회로 인해 물가상승률이 낮다 하더라도 전 세계적인 양적완화 등의 통화 완화적 정책들은 화폐가치 하락을 가져오고 잠재적으로 기업 가치를 높이게 만듭니다.

이것은 자산가치 측면에서 본 것이지만 이익가치 측면에서도 마찬가지입니다. 이익가치 측면에서도 화폐가치가 하락할수록 물가가 높아지는데, 물가가 높아진다는 것은 제품이나 재화 그리고 용역 및 서비스 등의 가격이 상승한다는 것을 의미합니다. 우리가 입는 옷이나 먹거리, 음식료의 가격이 꾸준히 상승하는 것도 화폐가치가 낮아지고 있기 때문에 나타나는 현상입니다. 제품이나 재화의 가격이 상승하게 되면 자연스럽게 회사의 매출액이 증가하고 이익이 커지게 됩니다. 이익이 커지는 것은 기업의 이익가치를 높이면서 주가를 끌어올리는 원동력이 되고, 매출이 커진다는 것은 성장에 대한 기대를 높이면서 성장가치를 증대시켜 주가를 더 강하게 끌어올리는 원동력으로 작용하게 됩니다.

하지만 산업에 따라서는 제품 가격이 하락하는 디플레이션 상황을 마주하는 경우도 왕왕 있지요. 소위 구(舊)경제 산업이라 불리는 업종들의 경우는 글로벌 가격 경쟁으로 인해 화폐가치를 떠나 가격 하락이 발생하게 됩니다. 경제성장률이 양호할 때는 그런대로 가격이 유지되고 매출이 안정되지만 경제성장률 속도가 조금이라도 감소하면 재고가 쌓이면서 제품 가격이 하락하여 매출이 감소하고 이익이 급감하면서 결국 주가는 무겁게 흘러갑니다.

이러한 복합적인 요인이 다방면에서 영향을 미치기 때문에 차트 분석이나 세력주 분석 혹은 수급분석 등 다른 투자 방식들보다 가치투자가 어렵게 느껴질 수 있습니다. 하지만 너무 깊이 들어가지 않아도 누구나 따라할 수 있는 가치투자 방법은 있습니다. 이 책에서 누구나 따라 할 수 있는 가치투자 방법을 하나하나 상세히 알려드리려고 합니다. 부담 없이 책을 읽어나가다 보면 어느 순간 가치투자의 달인이 되어 성공투자의 성과를 누릴 수 있을 것입니다.

가치투자 시작을 위한 워밍업

VALUE INVESTMENT

① 가치투자는 진짜 어려울까?

가치투자는 궁극적인 투자 성과를 만드는 논리적 근거를 충분히 가지고 있지만 현실에서는 외면받는 경우가 다반사입니다. 너무 뻔한 이야기라고 폄하하기도 하고, 시작해보지도 않고 어렵다고 생각하는 투자자도 많습니다. 시각적으로 한눈에 보이는 차트 분석이 더 쉽고 빠른 수익을 낼 수 있을 것 같아 보이기도 합니다. 투자를 처음 시작한 소위 주린이(주식투자를 처음 시작한 어린이라는 의미의 신조어) 투자자 중에는 기업의 가치는 뒷전으로 하고 차트 분석에 전념하는 경우가 태반입니다. "주가에는 모든 재료가 녹아있다"라는 효율적 시장가설의 논리를 억지로 끼워맞추면서 말입니다.

필자는 개인투자자들이 가치투자를 멀리하는 이유가 무엇인지 오랜 기간 고민했습니다. 그동안 수많은 개인투자자들을 만나보면서 다음과 같은 몇 가지 케이스로 압축하여 정리할 수 있었습니다.

첫 번째, 공부할 것이 너무 많다고 생각하기에 지레 겁먹고 포기합니다.

차트 분석은 눈앞에 보이는 형형색색의 주가차트를 분석해 매수·매도 시그널을 결정하지만, 가치투자는 기업 회계, 재무분석, 경제, 투자론 등 많은 공부가 필요합니다. 그래서 가치투자라고 하면 거부감을 갖거나 어렵다고 생각해 멀리합니다. 하지만 많은 분들이 모르는 사실이 있습니다. 기술적 분석이든 세력 분석이든 제대로 된 투자 기법으로 만들기 위해서는 깊은 연구가 필요합니다. 개인투자자가 선호하는 투자 기법들은 단기투자 중심입니다. 그런데 이미 사람들에게 알려진 기법으로는 수익을 얻기는 어렵지요. 기술적 분석 Technical Analysis 이 실패에 대해 변명하기 위한 용도로 전락하는 경우가 비일비재합니다. 오히려 처음부터 가치투자를 추구하는 것이 공부량이 적더라도 더 높은 성공투자 확률을 만들어 줍니다. 그리고 가치투자에 대한 공부는 생각보다 어렵지 않습니다. 어렵다는 선입관을 버리고 하나씩 해보세요.

두 번째, 당장 눈앞에 보이는 화끈한 수익만을 추구합니다.

개인투자자 중 상당수는 주식투자를 마치 홀짝 놀음, 짤짤이처럼 대하곤 합니다. 지인들과 주식투자에 대한 이야기를 나누다 보면 이런 말들이 자주 오갈 것입니다.

"내일 당장 먹을 수 있는 종목 하나 찍어줘!"

단기간에 큰 수익을 거두고 싶어하는 투자자가 많다 보니, 필자는 주변에 좋은 가치주를 추천해주고도 오히려 비아냥을 들었던 경험이 많습니다.

"그 종목이 좋은 것은 알겠는데, 차트 모양이 이래 갖고 상승하겠어?"

아무리 알짜 기업이라 하더라도 차트가 예쁘지 않거나 주가가 화끈하게 상승하고 있지 않으면 대부분의 사람들에게 못난이로 취급될 뿐입니다. 이런 단기적 투자 성향으로 인해 가치투자는 무시당하고 뒷전으로 밀리고, 오히려 세력이 달라붙었다거나, 작전이 디자인한다거나, 호재성 루머가 있다거나, 차트가 이쁘다거나 하는 등의 단기투자 종목들에만 사람들이 매달리는 것이 현실입니다.

이런 투자 문화가 오래전부터 이어져왔기에 가치투자에 대해 어렵다, 공부를 많이 해야 한다, 시간이 걸린다, 수익이 많지 않다 등으로 각인된 것이 현실입니다.

하지만 조금만 관점을 바꾸어보면 어떨까요? 사람들이 가치투자를 외면한다는 것은 '남들이 가지 않는 뒷길에 꽃길이 있다'는 투자 격언을 떠올리게 합니다. 가치투자를 추구하고 실천하는 투자자가 소수라는 점은 큰 수익이 기다리고 있다는 의미라고도 할 수 있습니다.

② 다양한 스타일이 존재하는 가치투자

이렇듯 가치투자는 개인투자자들이 멀리하고 있지만 가치투자를 통해 큰 부를 일군 투자자들이 길을 개척해 놓았습니다. 우리는 그들의 발자취를 통해 다양한 가치투자 스타일을 배울 수 있고, 그 중 성향에 맞는 가치투자 스타일을 찾을 수 있을 것입니다.

가치투자는 가치를 측정하는 기준에 따라 다양한 스타일이 존재합니다. 워런 버핏의 스승인 벤저민 그레이엄처럼 자산가치와 청산가치를 중심으로 한 순수가치투자 스타일도 있고, 워런 버핏처럼 장기적으로 성장할 기업을 비싸더라도 매수하는 성장가치형 스타일도 있습니다. 성장가치투자 중에 기업의 초고속 성장을 추구하는 초고속 성장 가치투자 스타일도 있습니다. 그 외에도 배당수익률만을 추구하는 배당스타일 가치투자 등 가치투자에도 다양한 방식이 존재합니다.

다만, 가치투자 스타일에 따라 기대수익과 리스크 정도에 큰 차이가 있으므로 본인 성향에 맞는 방식을 찾아갈 필요가 있습니다.

순수가치투자와 성장가치투자로 그 차이를 비교해보겠습니다.

성장가치는 기업의 성장을 중시하기 때문에 기대수익률이 높은 편입니다. 초고속 성장가치를 추구한다면 기대수익률이 더 높겠지요? 하지만 기대수익이 높다는 것은 한편으로는 주가 변동성이 매우 높다는 의미이기도 합니다. 이 점을 제대로 알고 각오한다면 성장가치투자의 장점을 충분히 누릴 수 있습니다.

순수가치투자의 경우는 성장가치에 비해 주가 변동성은 낮지만 기대수익도 상대적으로 낮은 편입니다. 그러하기에 순수가치투자를 추구할 경우 다른 성장가치주가 엄청난 수익률을 만들 때 상대적 박탈감을 느낄 수 있습니다.

예를 들어 투자자 A가 2015년 연말에 BPS(주당순자산) 근처까지 내려온 삼성전자를 순수가치 측면에서 매수했고, 같은 시기 투자자 B는 초고속 성장가치를 추구하며 셀트리온을 매수했다고 가정해 보겠

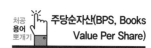

주당순자산(BPS, Books Value Per Share)

회사 총자산에서 부채를 뺀 순자산을 주식수로 나눈, 1주당 순자산을 의미한다.

습니다. 2015년 연말부터 2018년 2월 말까지 만 2년 2개월 동안 삼성전자는 86% 상승률을 보였고, 셀트리온은 350%라는 화려한 상승률을 보였습니다. 그런데 사람 마음이란 게 참으로 간사합니다. 두 회사 모두 높은 상승률을 보였으나 순수가치를 추구하여 삼성전자를 매수한 투자자 입장에서는 셀트리온을 보며 상대적 박탈감을 느끼겠지요.

이제 2018년 2월 이후 2019년 연말까지 가격 추이를 보겠습니다. 같은 기간 삼성전자는 주가가 11% 상승한 반면, 셀트리온은 주가가 반토막이 납니다. 이런 상황에서는 초고속 성장을 추구하던 투자자는 순수가치 투자자를 부러워하겠지요.

[자료 1-1] 2015년 연말~2019년 연말 사이 삼성전자와 셀트리온의 주가 흐름

그런데 주가 변동성을 감내할 수 있는 수준은 투자자의 성격에 따라 천차만별입니다. 자신에게 맞지 않는 가치투자 방식을 추구할 경우 여기 기웃 저기 기웃하며 이도저도 아닌 투자를 하게 될 수 있습니다. 따라서 가치투자 스타일에 따라 특징이 다르다는 점을 반드시 기억하고 투자를 결정해야 합니다.

③ 오해와 선입견으로 가려진 가치투자의 가치

가치투자를 공부하면 우리가 가치투자에 대해 많은 오해와 선입견을 가지고 있다는 것을 실감하게 됩니다. 가장 대표적인 것이 '가치투자는 무조건 몇 년씩 장기투자한다'는 고정관념입니다. 장기보유한다는 고정관념이 가치투자를 멀리하는 이유가 되기도 합니다. 물론 좋은 종목, 장기적으로 성장할 종목을 장기보유하는 장기투자 전략도 가치투자의 주된 전략입니다.

가치투자에서도 최근에는 3개월 또는 6개월 또는 1년마다 주기적으로 종목을 교체하는 스타일 투자 전략도 사용하며, 적정주가 모델을 사용하여 목표가격을 설정하고 예상보다 빨리 차익 실현을 하는 방식도 사용할 수 있습니다. 즉, 개인투자자들이 예상하는 것보다 다양한 재미가 가치투자에도 존재합니다.

특히 저평가된 종목을 포트폴리오에 편입한 후 그 종목이 테마주에 편입될 경우 상상 이상의 수익률을 거두는 어부지리를 얻을 수 있습니다. 몇 년 뒤로 예상했던 목표가를 단 몇 개월 혹은 몇 주 만에 달성할 수도 있고, 적정주가 수준을 훨씬 뛰어넘는 오버슈팅이 나타나기도 합니다. 필자도 이런 경우를 1년에 한두 번은 만나기 때문에 깨알같은 투자 재미를 느끼곤 합니다.

그런데 가치투자를 멀리하게 하는 고정관념이 있습니다. 그것은 바로 '가치투자 수익률은 별볼일 없다'는 생각입니다. 가치투자를 해봐야 재미없다고 느끼는 이유는 결국 수익을 보지 못했거나 주변에서 가치투자로 수익을 거둔 사례를 접하지 못했기 때문입니다.

왜 가치투자로 성공한 사례를 찾기 어려운 것일까요? 가치투자를 지향했다 포기한 개인투자자들의 사례를 필자가 분석했더니, 가치투자에서 손실

스타일 투자 전략

스타일 투자 전략이란, 가치투자의 기준(스타일)에 따라 주기적인 종목세팅과 교체를 통해 투자하는 방식으로 최근에는 가치투자 퀀트라는 용어로 쓰이기도 합니다. 스타일 투자라는 것이 생소하게 느껴지실 수 있습니다만, 간단히 패션 용어 스타일을 떠올리면 이해하기 쉽습니다. 20대 스타일, 중년 스타일 등 각기 다른 스타일마다 공통된 패션이 녹아있습니다. 이런 것처럼 종목을 발굴하는 방식에 따라 특유의 스타일이 형성됩니다.

대표적으로 자산가치 대비 저평가 혹은 고평가된 종목으로 포트폴리오를 구축하는 PBR 기준 투자 전략이 있습니다. 그 외에 PER, PSR, PCR 및 배당수익률 등의 다양한 가치투자 기준들로 스타일 투자 전략을 만들 수 있습니다. 주가 모멘텀을 기반으로 종목을 뽑을 경우 모멘텀 스타일 투자 전략으로 부를 수 있을 것입니다.

그런데 이렇게 같은 기준으로 포트폴리오를 추출하여 투자를 이어가게 되면 그 스타일에 따른 투자 퍼포먼스가 만들어집니다. 마치 패션 스타일처럼 특유의 성격이 나타나지요. 예를 들어 모멘텀 스타일의 경우는 강세장에서 수익률을 극대화하는 화끈한 성격이 있지만 반대로 횡보장에서는 속임수 신호로 인하여 매매가 꼬여서 수익률이 하락하는 특징이 나타납니다. 가치투자 기반의 스타일 투자 전략은 시장과 비슷하게 움직이는 듯하지만 시장 대비 강한 수익률을 만들어가면서 장기 성과를 누적시켜 갑니다. 다만 대형주 중심의 차별화 장세가 일방적으로 발생할 때에는 가치 스타일 포트폴리오 수익률이 상대적으로 부진할 수도 있습니다.

이런 기준을 정량화하고 체계화한 투자자들을 퀀트 투자자라고 부릅니다. 보통 엑셀VBA 또는 파이썬을 활용하여 자신만의 스타일 전략을 체계화하여 포트폴리오를 뽑아 가치투자 전략으로 활용하고 있습니다.

을 보았다는 경우는 대부분 가장 힘든 고비에 포기하기 때문이었습니다. 아무리 좋은 종목도 주가가 예상치 못하게 출렁일 수 있습니다. 특히 우리나라 개인투자자는 한두 종목에 몰빵투자하는 경우가[1] 전체 주주의 60% 가까이 됩니다.

가치투자라도 이렇게 한두 종목에 몰빵할 경우 주가에 따라 결과가 복불복이 되고 맙니다. 문제는 주가가 상승할 때 충분히 수익을 거두고 매도하는 것이 아니라 10% 수익이 나도 바로 매도할 경우입니다. '일단 매도하고 다시 저가에 산다'는 단타 전략을 적용했다가 주가가 계속 상승하면 닭 쫓던 강아지가 지붕 쳐다보듯 멍하니 쳐다만 보다가 주가가 다 오른 후에야 뒤쫓아갑니다. 결국 가치투자를 할 생각으로 투자했더라도 나쁜 결과가 반복되다 보니 가치투자는 수익률이 나쁘다 생각하는 경우가 다반사입니다. 이것이 가치투자를 하다 포기한 개인투자자에게 가장 많이 보이는 첫 번째 사례입니다.

두 번째, 가치투자로 수익을 낸 투자자는 대부분 성격이 차분하고 조용해 남에게 과시하지 않는 경향이 있습니다. 가치투자로 큰 수익을 냈다고 스스로 떠벌리지 않아 주변에서 잘 보이지 않는 것입니다. 이런 분들은 투자철학이 통하는 사람들과 이야기할 때에만 수익을 언급하곤 합니다. 한편 단기투자로 큰 수익을 거두는 분들은 SNS나 커뮤니티를 통해서 자신의 계좌를 오픈하고 자랑하는 경우가 많더군요. 가치투자 성향의 투자자는 굳이 자랑하지 않으려 하고, 단기투자 성향의 투자자는 자랑하려는 경향이 강하기에 대중이 볼 때는 가치투자로 성공했다는 투자자가 보이지 않는 것 같을 뿐입니다.

---

1 한국예탁결제원 보도자료 '19년 12월 결산 상장법인 주식투자자(소유자) 현황
   https://www.ksd.or.kr/ko/about-ksd/ksd-news/press-release/35822

④ 가치투자할 때 중요한 세 가지

여기까지 읽었다면 마음의 준비가 되었으리라 생각합니다. 이제 실천으로 옮기는 것이 중요합니다. 필자는 이 책에서 가치투자를 처음 공부할 때 꼭 알아야 할 내용을 준비했습니다. 조금은 난해한 내용도 있겠지만 최대한 쉽게 설명하겠습니다. 부담없이 따라오면서 챕터별로 설명한 내용을 통해 가치투자의 기준을 명확히 잡기 바랍니다.

시작하기 전에 가치투자 공부와 실천을 위해 몇 가지 마음의 각오를 부탁드리겠습니다.

첫째, 차트 분석, 세력주 분석, 수급 분석, 테마 분석 등과 같은 투자 기법들을 잠시 멀리하여 주십시오. 이러한 투자 기법들은 가치투자 개념을 혼란스럽게 할 뿐입니다. 가치투자에 대한 개념이 정립된 후에 이러한 투자 기법들을 접한다면 경우에 따라 상승효과를 만들 수도 있지만, 가치투자 개념이 없는 상황에서 개인투자자들이 선호하는 위의 전략들을 추구하는 것은 그저 모래 위에 누각을 세우는 것일뿐 어느 순간 투자 기준이 무너져내리고 맙니다. 이는 필자가 오랜 경험과 수많은 투자자들을 만나보고 말씀드리는 진지한 조언입니다.

둘째, 숫자에 대해 거부감을 갖지 말아주십시오. 그저 초등학교 산수 정도만 할 줄 알면 됩니다. 초등학생 저학년 자녀나 조카들이 하

기본 계산기만으로도 가치투자 계산은 충분하다

는 산수를 할 수 있다면 가치투자에 필요한 기본 계산은 모두 가능합니다. 복잡한 엑셀 함수가 필요하지도 않고, 재무계산기를 활용하여 어려운 계산을 할 필요도 없습니다. 대부분의 가치투자 공식들은 소위 '쌀집 계산기'라고 불리는 문방구에서 쉽게 구할 수 있는 계산기만 있어도 됩니다. 사칙연산만으로 거의 대부분의 가치투자에 관한 계산을 쉽게 할 수 있습니다. 그러니 미리 숫자에 대해 거부감이나 선입관을 갖지 말아 주세요.

셋째, 가치투자는 기업의 본질을 파고들어가는 과정입니다. 깊이 파고들수록 더 심오하고 오묘한 투자의 세계를 마주하게 될 것입니다. 그리고 세상을 보는 눈이 점점 더 넓어지는 것을 느끼게 될 것입니다.

기업의 본질을 공부하다 보면 기업과 경제 시스템이 어떻게 흘러가는지 이해하게 됩니다. 회사 오너는 왜 항상 회사가 위기라고 하는지, 새로운 대표이사가 부임하면 왜 그 해 실적이 악화되는지 등의 일상 속 궁금했던 이유도 찾게 될 것입니다.

가치투자를 하면 할수록 어느덧 넓어진 지식과 지혜에 스스로 놀라게 됩니다. 그리고 그 놀라운 지식과 지혜는 여러분의 수익률을 높이는 힘의 원천이 될 것입니다.

자, 각오를 다지셨지요? 이미 하고 있으리라 생각합니다.

이제 필자와 함께 본격적으로 가치투자의 첫걸음을 힘차게 내딛어 봅시다.

인생은 속도가 아닌 방향,
투자도 속도가 아닌 방향!

필자가 주식투자를 처음 시작한 것은 1999년이었습니다. 그때부터 지금까지 20년이 넘는 시간 동안 주식투자에 관한 심도 있는 연구를 매일 하고 있습니다. 초창기에는 많은 우여곡절이 있었습니다. 차트 분석이 정석이라 생각하여 차트만 파고 들기도 했고, 테마주 분석, 세력주 분석, 상한가 따라잡기 매매분석 등 수많은 투자 기법들을 분석하고 연구했었습니다.

그런데 초창기에 파고들던 방법들은 주식의 근본원리와 동떨어져 있어서 원하는 투자 결과를 만들지 못하거나 기준이 수시로 바뀌는 경우가 다반사였습니다. 다양한 방식 중 꾸준함과 논리적 합리성으로 투자 기준을 명확하게 잡을 수 있던 방법이 바로 가치투자였습니다.

앞서 필자가 연구했던 개인투자자가 좋아하는 투자 방식들에 대해 주식시장에 오래 생존한 이들은 100명이 투자하면 10명만 수익을 내고 1명만이 대박 난다고 말합니다. 하지만 가치투자는 이런 투자 기법들에 비해 성공투자의 확률이 확실히 높습니다. 100명이 가치투자를 한다면 50명이 수익을 만들고 그중 10명이 대박 수익률을 만든다고 저는 평가하고 있습니다. 손실을 본 50명의 가치투자자도 중간에 포기해서 손실이 확정된 것일 뿐 계속 가치투자 방식을 지켜간다면 장기적으로 성과를 만들 수 있습니다.

이 장기적인 성과는 궁극적으로 많은 사람들이 추구하는 경제적 자유에 꼭 필요한 요소입니다. 경제적 자유는 돈벌이에 얽매이지 않고 원하는 삶을 영위하는 것을 의미하지요. 예전에는 노년이 되기 전에 경제적 자유를 완성하는 것이 목표였지만 2020년대 들어 하루라도 빨리 자산을 키워 40대가 되기 전에 재무적 독립을 완성하여 은퇴하는 삶을 추구하는 FIRE Financial Independence Retire Early 족이 늘고 있습니다.

그런데 40대 전에 은퇴하는 파이어족이 되거나 하루라도 빨리 경제적 자유를 얻기 위해서는 단순히 돈을 모으기만 해서는 안 됩니다. 재산을 불려가는 과정에서 투자를 통해 부의 증가 속도를 빠르게 할 방법을 강구해야 합니다. 연봉이 많아서 모으기만 해도 경제적 독립을 완성할 수 있는 사람이라도 은퇴 후 모은 재산을 불려가는 투자 과정을 지속하지 않으면 1%도 안 되는, 실질적으로 0%대에 있는 은행 이자로는 노년이 길어질수록 경제 생활이 아슬아슬할 것입니다.

그러하기에 자산 중 일부라도 가치투자를 통해 궁극적인 장기 성과를 만들어갈 필요가 있습니다. 가치투자를 통해 높은 배당수익률을 추구할 수도 있고, 저평가된 종목을 매수하여 높은 가격에 매도하는 시세차익도 추구할 수 있으니 말입니다.

궁극적인 경제적 자유, 재무적 독립, 파이어족이 되는 시기를 더 빨리 앞당기는 중요한 투자 방법이 바로 가치투자라고 생각합니다.

필자는 가끔 이런 생각을 하곤 합니다.

'주식투자의 길을 걸으면서 나의 운명이 어떻게 바뀌었는가?'

'가치투자를 선택함으로써 어떤 결과를 만들었는가?'

첫 번째 질문에 대한 답을 하자면, 저는 20년도 훨씬 전에 또래보다 빨리 주식투자를 시작한 것은 신의 한수였다고 생각합니다. 20년이 넘는 시간 동안 거둔 주식투자의 기대수익률은 은행금리보다도 높았고 그로 인한 복리효과는 상상 이상이었기 때문이지요.

참고로 연 7% 수익률로 10년이면 투자 자산이 2배로 불어나고 20년이면 4배로 불어납니다. 연 14~15%의 수익률이라면 자산은 10년에 4배, 20년이면 16배로 기하급수적으로 커집니다. 이것이 주식투자가 필요한 이유입니다. 주식투자는 다소 부침은 있더라도 장기적으로 경제적 자유를 현실로 앞당길 수 있는 중요한 도구입니다.

두 번째 질문에 대한 답으로, 저는 주식투자 중 가치투자를 선택한 것이 옳은 방향이었다고 생각합니다. 2000년 IT 버블 붕괴를 겪고 뼛속까지 깊은 후회를 한 경험은 있지만, 이후에 소문에 솔깃하거나 묻지마 투자를 반복했다면 아마 저는 실패한 투자자가 되었을 것입니다. 하지만 주식투자 초기에 가치투자를 기반으로 투자하면서 안전성과 수익성을 모두 갖춘 투자 성과를 만들 수 있었습니다. 그리고 주식투자가 만들어주는 이상적인 성과를 차근차근 쌓을 수 있었습니다.

과거에 선택했던 그 길에 가치투자가 있었기에 지난 20년 이상의 시간 그리고 앞으로 수십 년의 시간 동안 필자는 출렁이는 주식시장 속에서도 흔들림 없이 투자 결실을 만들고 그 결실을 키워가고 있을 것입니다. 독자 여러분도 저와 같은 경험을 하기를 바랍니다.

Chapter 2

주가는 어떻게 만들어질까?

- 주가의 생성 원리

주가는 경제 상황을 미리 알고 있다

VALUE INVESTMENT

2020년 3월, 코로나19가 대유행하면서 주가가 폭락했습니다. 경기침체 우려로 주가가 급락한 것인데 코로나19가 해결되지 않았는데도 불과 몇 개월 만에 주가가 급반등하면서 5월에는 주가 하락분을 모두 만회했습니다. 코로나19로 인해 전 세계 경제가 멈추고 파탄 지경에 이르렀는데 어떻게 주가가 강세를 보일 수 있느냐면서 사람들은 의아해했습니다. "실물경제는 어려운데 주가는 왜 오르는가?"라며 주가가 경제를 반영하지 못한다고 성토하는 기사들이 쏟아졌습니다.

경제가 최악의 상황으로 치닫고 있는데 어째서 주가가 상승하는지 대부분의 사람들이 궁금할 것입니다. 이번과 같은 현상은 2008년 금융위기 직후에도 나타났습니다. 2008년 10월 폭락장 이후 2009년이 시작되자 전 세계 증시는 강하게 반등했는데, 당시 증시 참여자들과 뉴스들 역시 주가가 강세를 보이는 것에 의아해했습니다.

이렇게 증시가 경제 상황과 달리 움직이는 것처럼 보이는 이유는 바로 주식시장이 경제에 '선행(先行)'하기 때문입니다. 참으로 아이러니하지요? 그렇다면 주가가 어떻게 움직이는지 한번 알아볼까요?

여러분이 조사와 연구를 통해 어떤 기업의 제품이 너무 인기가 좋아 없어서 못 살 지경이라는 것을 알게 되었습니다. 그리고 여러분은 해당 기업의 실적 개선에 기대감을 가지고 그 주식을 사겠지요? 여기에서 이야기하는 기대감은 단순한 느낌과 직관뿐만 아니라 분석에 의한 기대감도 해당됩니다. 그런데 이 회사의 실적은 당장 공시되지 않습니다. 해당 분기가 끝나고 45일 후에나 알 수 있지요.

이것이 주가 형성의 중요한 원리 중 하나입니다. 증시는 '실적에 대한 기대감'으로 움직입니다. 앞서 언급한 기업처럼 제품이 많이 팔려서 형성되는 기대감도 있지만 경제 전반에 넘쳐나는 유동성이 경제를 부양시킬 것이라는 기대감도 증시에 긍정적인 효과로 작용합니다. 그리고 경제나 기업 실적이 실제로 만들어지는 것보다도 더 빨리 기대감이 주가에 반영되면서 주가가 먼저 움직이게 됩니다.

특히 2020년 코로나19 사태 직후나 2008년 금융위기 직후처럼 미국 연준의 무제한 양적완화와 더불어 미국 행정부의 천문학적인 재정정책, 뿐만 아니라 전 세계에서 동시다발적으로 전개된 유동성 공급정책과 재정정책은 세계 금융시장에 유동성을 만들었습니다. 이렇게 넘쳐나는 유동성은 부실기업의 추락하던 주가를 급등시키기도 하고, 경제 회복시 수혜를 입을 기업군에 투자 자금이 밀려들어와 종목·업종 단위로 강세장을 만들기도 합니다. 그리고 실제 최악의 경제지표를 찍은 직후에는 재정정책과 금융정책이 효과를 발휘하면서 최악으로 치닫던 경제지표들이 서서히 최악의 수치에서 벗어나는 현상이 나타나고 이를 미리 눈치챈 현명한 투자자들은 일반 대중보다 빨리 주식시장으로 자금을 투입합니다.

[자료 2-1] 2020년 코로나19 사태 직후 미국의 신규 실업수당 청구건수 추이(단위: 천 명)

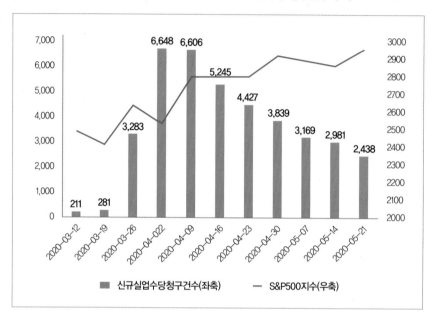

위의 자료는 2020년 코로나19 사태 직후 락다운·셧다운으로 인해 미국 경제가 폐쇄되면서 신규실업수당 청구건수가 급증했던 미국의 상황과 미국 대표 주가지수인 S&P500지수 추이입니다. 신규 실업수당 청구건수만 보자면 4월 2일과 4월 9일에 660만 명을 넘을 정도로 심각한 수준이었습니다만 오히려 그 시기 증시는 꾸준히 상승했던 것을 확인할 수 있습니다. 천문학적인 미국 정부의 재정정책과 연준의 금융정책이 조금씩 효과가 나타나면서 신규 실업수당 청구건수는 서서히 감소했고 그 사이 증시는 더 높이 상승했습니다. 주식시장이 실제 경제 상황보다 먼저 움직인다는 직접적인 증거라 할 수 있겠습니다.

이러한 현상은 경기지표와 주가지수를 함께 놓고 보면 더욱 명확하게 확인할 수 있습니다. 아래의 차트는 경기동행지수 순환변동치[1]와 주가지수 전년 대비 비교 자료입니다. 경기동행지수는 현재의 경기 상황과 동행하는 항목들로 현재의 경제 상황을 반영하는 지수입니다. 따라서 경기동행지수는 경기의 국면 및 전환점을 파악하는 데 활용됩니다. 그런데 이 경기동행지수 순환변동치의 흐름과 주가지수 전년비 흐름을 그래프로 보면, 주가지수가 경기동행지수 순환변동치보다 3개월에서 6개월 정도 빨리 움직이는 것을 볼 수 있습니다.

이렇듯 주식시장은 경기보다 3~6개월 먼저 선행합니다. 필자가 주식과 경

[자료 2-2] 경기동행지수 순환변동치와 주가지수 전년비 비교분석

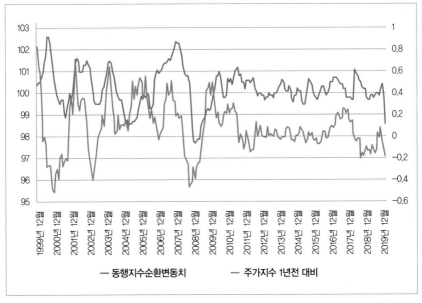

출처: 한국은행

---

1   한국은행 경제통계 시스템: https://ecos.bok.or.kr/

제에 대해 공부를 시작하던 2000년대 초반까지만 하더라도 주식시장은 6~12개월가량 선행한다고 책에 나왔지만 갈수록 주식시장이 경제를 반영하는 속도가 빨라져서 요즘은 3~6개월(1~2분기) 먼저 움직이는 경향이 있습니다.

이런 점을 감안한다면, 2020년 3~5월 사이 코로나19 사태 전후로 주가가 급락하고 급등했던 것은 향후 3~6개월 뒤 경제에 대한 우려와 기대가 선반영되었다 할 수 있을 것입니다.

이렇게 주식시장이 경제에 선행하며 움직이는 경향이 있다 보니 경기선행지수에도 코스피지수가 포함돼 있습니다. 어째서 주식시장이 현재 경제 상황과 달리 움직이는지 이제 이해가 되었을 것입니다. 하지만 사람의 마음이란 것이 참으로 묘해서 아무리 설명을 해도 받아들이지 못하는 경우가 다반사입니다. 필자가 지인들에게 맨투맨으로 직접 설명을 해도, 머리로는 이해해도 감성적으로는 받아들이기 어렵다고 합니다.

이런 이성과 감정의 괴리 때문인지 주식시장을 대하는 투자자들의 반응도 천차만별입니다. 어떤 이는 증시가 경제에 선행한다는 것을 잘 알기에 남보다 빨리 주식시장에서 움직일 것이고, 어떤 이는 증시가 경제에 선행한다는 것을 이성적으로는 이해하지만 감성적으로는 인정하지 못해 주저주저하다가 증시가 상승한 뒤에야 움직이기도 합니다. 대다수의 군중은 이보다도 더 늦게, 경제지표가 모두 확인되는 수준을 넘어서 자신의 경제적 상황이 나아진 후에야 주식시장에 관심을 갖는 경향이 있습니다.

자, 이러한 상황에서 여러분은 어떤 투자자가 되시겠습니까? 아직 마음으로는 인정하지 못하는 분들이 더 많을 듯하군요. 증시가 경제에 선행하는 이유를 더 자세히 이해하기 위해 '증시의 사계절'이라는 원리를 알아둘 필요가 있습니다.

■ 국가(기관)별 선행지수 구성 지표

한국 7개 지표	미국 TCB(10개 지표)	일본 11개 지표
• 재고순환지표 • 경제심리 지수 • 기계류 내수 출하 지수 • 건설수주액 • 코스피 • 수출입 물가비율 • 장단기 금리차	• 상품인도지연 확산지수 • 소비자 기대지수 • 자본재 신규수주 • 소비재 및 원재료 신규수주 • 개인주택 허가건수 • 제조업 평균근로시간 • 신규 실업수당 신청건수 • 주가지수 • 총통화(M2) • 장단기 금리차	• 생산자 제품재고율 지수 (최종수요재, 역계열) • 광공업 생산재고율 지수(역) • 신규 구인율(신규졸업제외) • 기계수주(제조업, 실질) • 신설주택 착공면적 • 소비자 태도지수 • 니케이상품가격지수(42종) • 히가시쇼 주가지수 • 투자환경지수(제조업) • 중소기업판매예측확산지수 • 광의통화량(M2, 전년동월비)

OECD		대만 7개 지표
한국 6개 지표	미국 7개 지표	
• 재고순환지표 • 제조업 경기전망BSI • 자본재 재고지수(역계열) • 수출입 물가비율 • 코스피 • 장단기 금리차	• 소비자 기대지수 • 내구재 신규수주액 • 주택건설 착공건수 • 제조업 주당근로시간 • 구매담당자 판단지수(PM) • 주가지수 • 장단기 금리차	• 생산자 제품재고지수(제조업) • SEMI 수주출하비율 • 건축허가면적 • 수출 수주액 • 주가지수 • 통화량(M1) • 월평균 초과근무시간 (산업및서비스업)

출처: 통계청

2 통계청 이용자용 통계정보보고서_경기종합지수2020.pdf: https://meta.narastat.kr/metasvc/index/do?orgI
d=101&confmNo=101021&kosisYn=Y

경기선행지수(CLI)로 주가지수 매매 시스템을 만든다?

앞서 언급한 것처럼, 주식시장은 대표적인 경기 선행 항목입니다. 경기선행지수는 국가별로 각각 산출하고 있지만, OECD의 경기선행지수 CLI, Composite leading indicators 는 공통기준으로 각국의 선행지수를 산출하고 있습니다. 그리고 OECD 경기선행지수의 곡선은 노이즈가 적고 부드러운 커브를 그리고 있기에 매매 시그널의 참고 자료로 활용하거나 참고할 수 있습니다.

다만, 경기선행지수에 종합주가지수가 녹아있기에 이 자체가 주가 예측력을 가진다고 보기는 어렵습니다. 그저 추세를 추종하는 전략으로 개념을 잡는 것이지요.

매매 시그널의 전제는 간단하게 잡았습니다. OECD 경기선행지수가 하락하다가 상승으로 U자로 턴업하는 시점을 매수로 하고, 반대로 ∩자 모양으로 꺾이는 시점을 청산(매도)하는 것으로 매매 개념을 잡아보고 시뮬레이션했습니다.

데이터는 1990년 초부터 2020년 10월까지의 월간 데이터를 활용하여 계산했습니다. 그리고 수익은 모든 매매를 수익률(%)로 계산하고 이를 복리로 누적했습니다. 즉, 중간에 입출금 없이 그대로 매매를 이어간다고 가정한 것입니다. 그리고 OECD 경기선행지수 발표는 두 달 늦게 발표되기에 이 점을 감안하여 현실적인 데이터를 반영하여 추적했습니다.

(참고: OECD 경기선행지수

https://data.oecd.org/leadind/composite-leading-indicator-cli.htm)

대략 31년 여의 결과는 어떠했을까요? 추세 추종 시스템의 특성처럼 유의미한 결과를 낼 수 있었습니다.

경기선행지수 활용 시스템은 총 18번의 매매 중 13번에서 수익을 내 승률 72%였고, 31년간 총 수익률은 3,660%에 이릅니다. CAGR(연환산수익률)로는 12%로 매우 높은 성과라 할 수 있겠습니다. 같은 기간 종합주가지수는 306% 상승했습니다.

생각보다 매우 양호한 성과입니다. 참고로 이 매매 시스템에는 배당수익률을 감안하지 않았고, 청산 후 안전자산에 들어갔을 경우의 이자수익을 감안하지 않았습니다. 만약 이자나

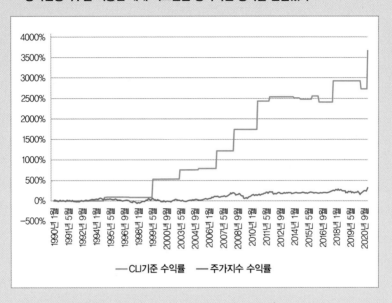

■ 경기선행지수를 이용한 매매 시그널은 장기적인 성과를 만들었다

—CLI기준 수익률   — 주가지수 수익률

배당수익률까지 감안한다면 CAGR이 1~2%p 정도 더 높아질 것입니다.

하지만 이 CLI를 활용한 매매시스템을 현실에서 사용하기는 매우 어렵습니다. 경기선행지수 데이터는 OECD나 통계청, 한국은행 등에서 쉽게 구할 수 있고 종합주가지수는 지수 ETF를 활용하면 되기에 문제될 것이 없습니다. 하지만 현실적인 문제와 투자심리 측면의 문제가 있습니다.

첫 번째로 매매 주기입니다. 31년간 총 18번의 매매가 있었습니다. 2년에 한 번 정도 매매했다는 의미입니다. 보유하고 1년 이상 기다려야 하기도 하고, 1년 이상 포지션을 보유하지 않고 기다려야 할 수도 있습니다. 과연 이렇게 인내할 수 있는 투자자가 얼마나 될까요? 그리고 이를 개발한 펀드매니저가 있다고 한다면, 회사에서는 그 펀드매니저를 1~2년에 한 번만 일하는 한량으로 보겠지요? 아마 매매 주기를 짧게 하라고 압박을 가할 것입니다.

두 번째로 매매 주기 기간 동안 마음의 갈등입니다. 오랜 기간이 지난 후 결과만 보면 깜짝 놀랄 성과지만, 1~2년 보유하는 동안 주식시장 등락 때마다 혹은 포지션이 없을 때 만약 상승하는 상황이 발생한다면 투자자는 애간장이 녹아날 것입니다.

세 번째로 현실적으로 OECD 경기선행지수 데이터의 문제도 있습니다. 가끔 OECD 선행지수가 사후에 보정되는 경우가 있습니다. 이런 상황이 발생되면 매수 신호가 발생했는데 사후에 사라지는 현실적인 문제가 발생할 수 있습니다.

CLI를 활용한 매매 시스템은 추세 추종형 매매 시스템(MACD, TRIX, 이평선 등)과 비슷한 성격을 가지고 있습니다. 승률이 높고 손익비가 높습니다만 한편으로는 매매 주기가 길기 때문에 그 과정에서 많은 심리적 갈등을 만들게 됩니다. 하지만 경기지표를 활용하여 자산배분전략이나 경기 상황을 실질적인 투자 참고 자료로 활용할 수 있다는 점에서 CLI를 이용한 투자 연구는 다양한 아이디어를 여러분에게 제공할 것입니다.

참고로, OECD 데이터에는 OECD 국가들의 경기선행지수 및 다양한 경제지표들의 자료가 공개되어 있으니, 여러분만의 투자 기준과 자산배분전략을 세우기 위해 활용해 보기 바랍니다.

금리와 유동성이 주가에 미치는 영향

VALUE INVESTMENT

주식시장은 경제 상황보다 먼저 움직인다고 설명드렸습니다. 주식시장이 경제 상황보다 선행하여 움직이는 가장 큰 이유는 바로 유동성 변화 때문입니다. 유동성은 실물경제로 퍼지기 전에 먼저 주식시장을 거칩니다. 시중의 자금 유동성이 만드는 증시 현상을 간단한 모형으로 설명한 몇몇 이론들이 있습니다.

대표적인 것이 우라카미 구니오의 주식시장 사계절[3]과 앙드레 코스톨라니의 달걀[4]입니다. 특히 주식시장 사계절 모형은 금융투자 관련 자격증 문제에 출제될 정도로 교과서적인 개념입니다.

두 모형 모두 시장 유동성이 주식시장과 실물경제(혹은 기업실적)에 어떤 영향을 미치는지를 순환하는 개념으로 설명하고 있습니다.

---

3 우라카미 구니오 저(한국경제신문사): 《주식시장 흐름 읽는 법》
4 앙드레 코스톨라니 저(미래의창): 《돈, 뜨겁게 사랑하고 차갑게 다루어라》

① 주식시장의 사계절 모형

먼저 우라카미 구니오의 주식시장의 사계절에 대해서 알아보겠습니다. 주식시장 사계절 모형에서는 장세를 금융장세, 실적장세, 역금융장세, 역실적장세의 네 가지 국면으로 나누고 있습니다. 생각보다 구분하기 쉽지요? 금융·실적장세를 역금융·역실적으로 나눈 정도이니 말입니다.

주식시장 사계절의 첫 번째 국면인 '금융장세'는 금리가 급격하게 낮아지며 유동성 공급이 시장에 넘치는 상황입니다. 미국 연준이 금리인하를 하거나 양적완화를 통해 시중에 돈을 풀고 있는 상황입니다. 금리가 워낙 낮기 때문에 사람들은 예금을 깨서 투자활동을 늘리는 등 저금리에 따른 복합적인 이유로 시장엔 유동성이 넘치게 됩니다.

그런데 이 시기 기업들의 실적은 아직 하락 국면입니다. 이전 역실적장세의 쇼크가 완전히 끝나지 않았기 때문입니다. 다만 역실적장세에 비해 기업 실적의 악화 속도는 완만해지고 있지요. 그런데 기업들의 실적 감소에도 불구하고 주가가 튀어오르는 현상이 나타나는데, 이 국면이 바로 금융장세 국면입니다.

예전에는 금융장세 구간에서 증권주나 금융주들이 먼저 폭발적인 시세를 내며 강하게 상승했기에, 이렇게 유동성이 넘치면서 증시가 상승하는 이 시기를 금융장세라 불렀습니다. 요즘은 금융주들이 과거처럼 폭발적으로 상승하지는 않지만 대부분의 금융주들이 금융장세 초기에 강세를 보이곤 합니다. 그리고 주식시장이 상승하니 투자자들의 자산가치가 높아지고 자연스럽게 '부의 효과 Wealth Effect'가 커지면서 실물경기에 긍정적

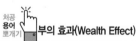

처음 용어 뽀개기 · 부의 효과(Wealth Effect)

주식이나 부동산 등 개인의 투자자산의 평가금액이 늘어나면 그 영향으로 소비도 증가하는 현상을 말한다. '자산효과'라고도 한다.

인 훈풍을 불어넣기 시작합니다.

이렇게 시중에 유동성이 돌고 부의 효과가 점점 가속화되면 실물경제가 살아나고 기업들의 실적이 개선되기 시작합니다. 이때부터는 두 번째 국면인 '실적장세'입니다. 실물경제 회복 조짐이 보이기에 각국 중앙은행은 금리 인하를 멈추거나 금리를 서서히 인상하기 시작합니다. 하지만 금융장세 때 워낙 급하게 금리를 인하했기에 금리를 약간 인상했다고 해도 아직 체감이 되지 않습니다. 오히려 중앙은행들이 금리인상을 하더라도 기업의 성장성과 실적 개선이 모든 것을 덮습니다. 이 시기에는 기업 실적에 대한 확신과 향후 추세가 이어질 것이라는 기대 속에 성장성이 있는 기업들의 주가가 폭발적으로 상승합니다.

하지만 달이 차면 기울듯, 경제와 기업 실적이 뜨겁게 달구어지기 시작하면 중앙은행은 급하게 금리를 인상하면서 긴축 속도를 가속화합니다. 인플레이션에 대한 우려감이 커지기 때문입니다. 금융장세-실적장세를 거치면서 자산시장 가격 폭등에 따른 버블 우려감이 커지고 생필품 가격도 급격히 상승하며 인플레이션에 대한 염려를 넘어 폭주하는 분위기가 만들어지면 각국의 중앙은행은 금리를 급격히 인상합니다. 금리가 인상되면 시중 자금은 기대수익률이 높아진 은행 예금으로 다시 들어가면서 자금흐름 속도가 줄어들기 시작합니다.

다만, 그전까지 지속된 기업들의 실적 증가 관성이 남아있어 실적은 증가하지만 주가는 먼저 꺾이기 시작합니다. 증시가 꺾이면서 투자자들의 부의 효과도 감소하고 이것이 경제에 부담으로 작용하며 역실적장세로 넘어가는 결정적 원인이 됩니다.

시중의 유동성이 줄어들고 부의 효과가 역으로 발생하면서 경제가 급격히 위축되고 기업 실적이 급하게 추락하기 시작합니다. 이에 따라 역금융장세에서 나타난 증시 하락세가 역실적장세에서도 이어지게 됩니다. 각국의 중앙은행은 경제와 증시를 부양하기 위하여 다시 완화적 정책들을 펼치기 시작합니다. 단계적으로 금리를 인하하면서 경제와 시장 동향을 체크하지만 역실적장세에서는 경제를 갑자기 끌어올리는 데 한계가 있습니다. 계속해서 경제지표와 기업들의 실적이 나쁘게 나오면 결국 중앙은행은 금리를 파격적으로 인하하거나 양적완화를 실시하고 다시 금융장세의 싸이클로 회귀합니다.

이것이 바로 주식시장의 사계절입니다. 주식시장의 사계절을 표로 정리하여 보았습니다.

[자료 2-4] 주식시장의 사계절 개념도

구분	금리(완화적 금융정책)	실적(혹은 실물경기)	주가
금융장세	초저금리/양적완화	하락세 지속	이상급등 현상
실적장세	금리인상 시작/완화책 종료	회복/강세	지속적 상승
역금융장세	초고금리/양적긴축	완만한 상승	이상폭락 현상
역실적장세	금리인하 시작/완화책 시작	급격한 위축	약세국면 지속

앞서 설명드린 주식시장의 사계절 개념을 일목요연하게 보고 이해할 수 있으리라 생각합니다. 그렇다면 실제 주식시장에서는 사계절 개념이 어떻게 나타났을까요? 과거의 한국 증시와 미국 연준의 기준금리 추이를 함께 살펴보겠습니다.

[자료 2-5] 연준의 기준금리 추이와 한국 코스피 종합주가지수 추이

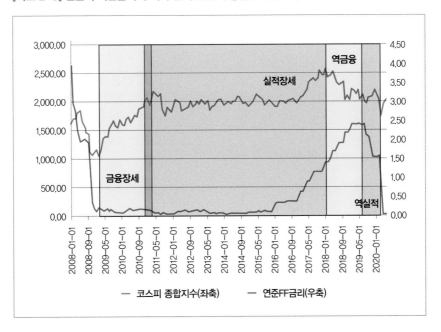

위의 자료는 2008년 금융위기 이후의 금융장세-실적장세-역금융장세-역실적장세를 시각적으로 보여드리기 위하여 연준의 기준금리와 코스피 종합주가지수를 같이 표시한 차트입니다. 2008년 금융위기 당시 급격한 금융시스템 붕괴 속에 금리를 파격적으로 인하했음에도 금융시장 붕괴가 지속되자 양적완화라는 극단적인 카드를 꺼내 강제로 금융시장에 유동성을 공급했습니다. 시장이 안정되기 시작하면서 2009년부터 초저금리와 양적완화 속에 전 세계 증시에는 훈풍이 불기 시작했습니다. 초기에는 금융장세의 전형적인 모습이 나타났습니다. 경제침체와 실적부진이 지속되고 있었지만 주식시장이 상승하고 있었던 것이지요. 그러다 2010년 즈음부터 실적 개선이 가시적으로 나타나면서 실적장세로 전환됩니다. 안타깝게도 한국 증시는 2011

년 이후 2016년까지 장기 횡보장이 발생했지만 미국 증시는 승승장구했습니다. 이 실적장세 과정에서 미국 기준금리는 계속 0% 수준에 있었지만 2013년 연말 양적완화를 단계적으로 축소하는 출구전략을 시작했습니다. 그리고 경제 회복에 대한 확신으로 미국은 단계적으로 금리를 인상했고 이 과정에서 기업들의 실적이 튀었으며 한국 증시는 2018년 초 2500p까지 상승하는 실적장세를 보입니다.

하지만 이후 금리인상에 대한 피로감과 더불어 양적긴축이 시행되며 역금융장세가 시작되었고, 2019년에 경제침체 조짐이 보이자 금리를 인하했지만 역실적장세로 이어지는 것은 피할 수 없었습니다. 급기야 2020년 3월 코로나19 사태와 함께 또 다시 금리는 초저금리로 회귀하고 양적완화도 재개되면서 12년 전인 2008년 연말 상황으로 돌아오게 되었습니다.

양적완화

양적완화란 중앙은행이 시장에서 국채나 모기지 채권 등을 매입함으로써 시중에 유동성을 공급하는 정책입니다. 이전부터 세계 금융 역사에 있었으나 2008년 금융위기 이후 전 세계적으로 알려진 금융정책이 되었습니다. 그러다 보니 과거에는 중앙은행의 금리 결정이 중요한 금융정책이었으나 현재는 양적완화의 시행·중단 여부가 과거 금리 인하·인상 수준의 영향력을 가지게 되었습니다.

② 달걀 모형

사계절 모형과 비슷한 개념으로 코스톨라니의 달걀 모형도 시장 국면을 이해하고 참고하는 데 좋은 기준입니다. 앙드레 코스톨라니(1906~1999년)는 '유럽의 버핏'으로 불리는 20세기 투자의 대가입니다. 코스톨라니의 달걀 모형에는 앞서 언급드린 주식시장의 사계절처럼 금리상황에 따른 주식시장에서의 대응을 제시하고 있습니다.

코스톨라니의 달걀 모형을 이해하기 위해서는 채권 가격과 금리의 관계를 알아둘 필요가 있습니다. 채권 가격과 금리는 서로 역의 관계에 있습니다. 즉 금리가 상승하면 채권은 싸지고 반대로 금리가 하락하면 채권은 비싸집니다. 금리가 높아질 경우 그 수익률을 채우기 위해서는 가격이 싸져야만 수익률이 높아지고 반대로 채권 가격이 비싸지면 채권투자자 입장에서는 수익률이 낮아지게 되지요.

[자료 2–6] 앙드레 코스톨라니의 투자 전략 모형

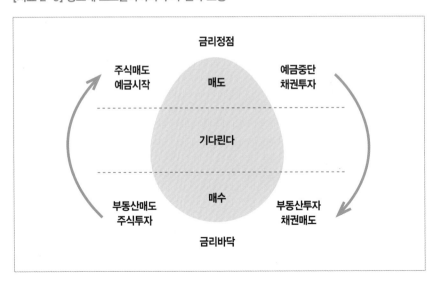

채권 가격과 채권 금리와의 관계

우리는 채권에 대해 예금처럼 만기에 원리금을 일시에 지급하는 것처럼 생각합니다만 채권은 만기 전에도 얼마든지 시장에서 거래할 수 있습니다. 그런데 거래를 하려면 가격이 형성되어야겠지요? 채권 금리와 채권 가격은 서로 반대 관계에 있다고 기억하면 이해하기 쉽습니다. 채권 가격과 채권 금리의 관계는 한쪽이 내려가면 반대쪽은 올라가는 놀이기구 시소와 같습니다. 따라서 채권 금리가 하락하는 추세에서는 놀이기구 시소처럼 반대편에 있는 채권 가격이 상승하기에 채권 가격 상승에 따른 시세차익을 기대할 수 있습니다. 반대로 채권 금리가 상승하는 추세에서는 반대쪽에 있는 채권 가격이 하락하게 됩니다.

따라서 앙드레 코스톨라니는 금리가 정점에 있을 때 채권 투자를 시작하고 금리가 바닥권에 들어오면 채권을 매도하여 채권 매매에 따른 시세차익을 실현하라고 달걀 모형에서 설명하고 있습니다.

조금 더 현실적으로 설명하기 위해 부동산 임대수익과 건물 가격으로 설명하겠습니다. 앞의 설명보다 부동산에 비유한 설명이 더 쉽게 이해될 것이라고 생각합니다. 예를 들어 1년에 1천만 원의 임대수익이 발생하는 건물이 있다고 가정하겠습니다. 만약 할인율(여기서는 금리)이 10%라면 적정건물 가격은 1천만 원을 10%로 나눈 1억 원일 것입니다. 그런데 만약 할인율(금리)이 5%로 낮아지다면 건물 가격은 1천만 원을 5%로 나눈 2억 원으로 계산될 것입니다. 금리와 채권 가격이 반대로 움직이는 원리와 같습니다.

이도 저도 어렵다면 본능에 충실한 방법을 알려드리겠습니다. 제가 처음 채권 공부할 때 채권 가격 구조를 이해하려 사용했던 방법입니다.

– 채권 매입 후 금리가 급등하면 왠지 기분 나쁘고 섭섭하지요? 채권 가격 하락

– 채권 매입 후 금리가 급락하면 나는 이자를 높게 받아 기분 좋지요? 채권 가격 상승

이 관계를 이해하면 위의 코스톨라니의 달걀 모형이 바로 이해가 될 것입니다.

달걀의 가장 높은 정점에서는 금리가 최고치에 있기에 투자자는 주식을 매도하고 예금으로 갈아탑니다. 그리고 그 국면을 넘어 증시가 하락하기 시작하고 경제도 하락할 것으로 예상되면 고정금리를 주는 예금에서 자금을 빼내 채권에 투자합니다. 증시가 폭락하고 경제가 안 좋아지면 중앙은행은 금리를 인하하겠지요? 결국 시장금리가 하락하면서 채권 가격이 충분히 상승하게 되면 채권에서 금리와 시세차익을 거두면서 일석이조의 효과를 얻습 니다.

그 이후에는 채권을 매도하여 차익실현 후 부동산에 투자했다가 금리 저점을 넘어서면 부동산을 매도하고 주식에 투자하라고 제시하고 있습니다. 이후 주식시장의 사계절처럼 경제는 후끈 달아오르고 금리가 상승하고 있을 것입니다. 금리가 정점에 가까워오면 주식을 매도하여 차익실현 후 예금으로 전환합니다. 이것이 바로 코스톨라니의 달걀 모형 개념입니다.

이 두 가지 모형에는 공통점이 있습니다.

바로 금리 상황에 따라 증시를 판단한다는 것입니다. 이것은 시장 유동성과 밀접한 연관이 있습니다. 금리가 낮아지면 시장에 유동성이 넘치고 시장 금리가 낮으니 위험을 감안하더라도 기대수익률이 높은 주식투자 메리트가 높아지는 것입니다. 반대로 금리가 정점에 이르면 주식시장은 충분히 상승해 있고 금리 자체가 높다 보니 리스크를 감안한 주식투자 기대수익률은 시장금리 혹은 은행이자보다도 메리트가 현격히 낮아지게 됩니다.

이 원리를 이해한다면 금리가 주식시장에 어떤 메커니즘을 통해 영향을 주고 있는지 알 수 있을 것입니다. 다만, 2008년 금융위기 이후 전 세계적으로 유동성 함정에 빠져있어 금리가 더 낮아지더라도 더 많은 유동성을 공급하기 어렵기에 양적완화가 그 자리를 대신하였습니다. 반대로 양적완화 종료나 긴축은 금리 정점의 의미를 가지게 되었습니다.

3

경기 사이클이란
무엇인가?

VALUE INVESTMENT

유동성의 증감에 따른 주식시장과 실물시장의 순환을 보면, 경제의 순환을 실감할 수 있습니다. 이렇게 경기가 주기에 따라 사이클로 나타나는 것을 경기순환 사이클이라고 합니다. 경기순환 사이클[5]은 주식시장의 사계절과 유사하게 네 가지 국면으로 설명되곤 합니다.

- 경기가 저점에서 올라오기 시작하는 **회복기**
- 경기가 회복 수준을 넘어 확장세로 들어선 **활황기**
- 경기가 고점을 찍고 수축 국면으로 들어가는 **후퇴기**
- 경기가 심각한 침체를 맞게 되는 **침체기**

---

5 한국은행 "알기쉬운 경제지표 해설(2019년판)" :
   https://www.bok.or.kr/portal/bbs/P0000605/list.do?menuNo=200462

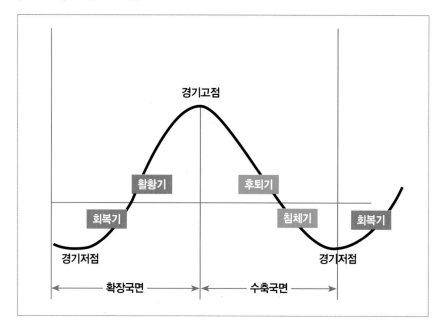

① 경기순환의 네 가지 국면

네 가지 국면의 경기순환 사이클은 주식시장 사계절이나 코스톨라니의 달걀 모형과 비슷한 부분이 많습니다. 다만, 주식시장은 경기 사이클보다 한 걸음 앞서 움직인다는 점이 다르지요. 사실 경기 사이클은 주식시장 사계절 모형보다 더 자세한 경제 상황을 보여 줍니다. 경기순환 사이클과 주식시장 사계절 모형을 함께 이해한다면 증시 상황을 더 체계적으로 가늠하는 중요한 기준을 만들 수 있습니다.

첫 번째 국면인 경기 회복기는 경기 바닥론이 증가하면서 자금 수요 또한 증가하는 시기입니다. 기업들은 최악의 상황이 끝났다는 기대감으로 설비투자를 하고 기업 생산량도 증가하기 시작합니다. 슬슬 경제에 온기가 피어오르는 상황이지요. 주식시장은 경기회복기 전에 금융장세를 만들고 있을 것입니다.

두 번째 국면인 경기 활황기는 기업투자와 생산량의 증가와 함께 실업률이 눈에 띄게 감소하고 피고용인들의 수입(월급)도 증가하면서 소비가 증가하게 됩니다. 경기 활황이라는 말처럼 국민소득도 증가하는 훈훈한 상황 속에 자금 회전율도 높아지면서 통화량이 증가하며 인플레이션이 발생하게 됩니다. 주식시장에서는 실적장세로 뜨겁게 달아오르지만 한편으로는 중앙은행들이 금리를 인상하는 등 긴축정책을 펼치면서 역금융장세 조짐이 나타나기 시작합니다.

세 번째 국면인 후퇴기에는 과잉투자로 인한 재고증가가 부담으로 작용하기 시작합니다. 재고증가는 자연스럽게 R&D 감소 및 시설투자 감소 등으로 이어져 실업률이 증가하기 시작합니다. 조금씩 경기침체 조짐이 나타나는 와중 주식시장은 먼저 움직여 역금융장세가 현실적으로 나타나기 시작합니다. 이미 이러한 경기 사이클을 학습한 투자자의 투매 속에 역금융장세는 역실적장세로 전이되어갈 것입니다.

네 번째 국면인 침체기에는 모든 경제주체들이 바짝 움츠러들어 있습니다. 기업들은 생산량을 최소화하고, 실업자가 급증하면서 가계 소비도 급감합니다. 따라서 기업의 이윤 감소와 적자기업 증가 상황이 발생합니다. 재고 또한 부담스러운 상황이다 보니 물가는 하락세를 보이지요. 중앙은행들은 경기를 부양하기 위해 금리를 인하하는 등 통화완화 정책을 펼치기 시작합니다. 시중에 유동성이 넘치기 시작하고 그 자금이 주식시장에 먼저 들어오면서 금융장세 초기 모습이 관찰되기 시작합니다.

② 다양한 경제 사이클

경기를 4개 국면으로 나누었지만 경제 사이클은 시각에 따라 더 다양한 사이클이 관찰됩니다.

짧은 시계열로 바라보면 대략 40개월 주기로 경제사이클이 형성되는 키친 파동(2년~6년)으로 해석되기도 하고 조금 긴 사이클에서는 10년 주기로 관찰되는 주글라 파동, 이보다 긴 20년 주기의 쿠즈네츠 파동 그리고 대략 50년이라는 초장기 주기로 사이클이 형성되는 콘트라티예프 파동 등이 있습니다.

[자료 2-8] 경기 사이클 이론별 파동

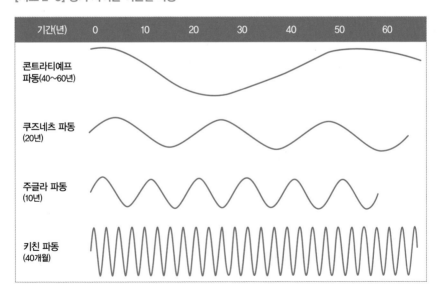

키친 파동, 주글라 파동, 쿠즈네츠 파동, 콘트라티예프 파동으로 대표되는 단기-장기-초장기 경기 사이클의 개념을 알아보도록 하겠습니다.

(1) 키친 파동

조셉 키친은 1890~1922년의 기간 동안 영국과 미국의 어음교환액, 도매 물가 그리고 이자율의 변동을 분석하여 장기 사이클인 주글러 파동과 콘트라디예프 파동 외에 대략 40개월 주기의 단기 파동이 있다는 것을 발견했습니다. 비슷한 시기에 크럼이라는 사람도 비슷한 단기 경제 사이클을 발견하여 한때 키친-크럼 파동으로 불리기도 했습니다만. 키친의 증명이 더 우수하여 키친 파동으로 불리고 있습니다. 키친 파동은 단기 주기이기 때문에 소순환Minor Cycle이라고도 부릅니다. 키친 파동에 의한 소순환은 재고투자의 순환적 변동이 경기 변동을 발생시키는 것으로 설명되곤 합니다.

금리와 유동성 영향으로 경제 사이클이 일어나기도 하지만, 기업투자·고용창출은 재고순환 사이클에 의해 영향을 받는다는 것을 다시 한 번 떠올릴 수 있습니다.

(2) 주글라 파동

키친 파동보다 더 긴 주기의 중기 파동 이론이 있는데, 이를 주글라 파동[6](혹은 쥐글라르 파동)이라고 합니다. 주글라 파동은 프랑스 경제학자 주글라 Joseph clement Juglar가 발견한 8~10년 주기의 중기 경제 파동입니다. 1803~1882년 사이의 가격·이자율·금 가격·중앙은행 잔고 등을 분석한 결과

---

6 [시사금융용어 3분 해설] 주글라 파동과 키친 파동 (2006년 8월 22일 연합인포맥스)
  https://news.naver.com/main/read.nhn?mode=LSD&mid=sec&sid1=101&oid=013&aid=0000149030

일정 주기로 호황-침체-파산 현상이 반복되는 것을 발견했습니다. 투자된 설비가 10년이면 노후화되면서 경기 사이클이 만들어진다는 개념이 반영된 이론입니다. 한국 금융시장에서 종종 10년 위기론의 근거 중 하나로 주글라 파동이 등장하곤 합니다.

(3) 쿠즈네츠 파동

주글라 10년 사이클보다 한 단계 긴 장기 사이클부터는 금리나 재고자산보다 더 큰 개념에서의 경기 사이클 개념이 도입됩니다. 쿠즈네츠[7]는 인구 증가와 건축물 수명을 고려하여 변화하는 건축순환주기라는 것을 설정했는데, 이 건축순환주기에 맞춘 20년 주기로 경제가 순환하는 사이클을 발견했습니다. 이 20년 주기의 장기 경제사이클을 쿠즈네츠 파동이라 부릅니다.

(4) 콘트라티예프 파동

쿠즈네츠 파동보다 더 긴 초장기 경기사이클 이론이 있습니다. 콘트라티예프 파동[8]입니다. 콘트라티예프는 이름에서 느껴지는 것처럼 러시아의 경제학자입니다. 그의 경기 사이클 이론은 40~60년이라는 초장기 사이클입니다. 경제 사이클의 원인으로는 금리, 유동성, 재고, 설비 등이 아닌 산업과 기술의 혁명을 제시합니다. 콘트라티예프는 1780~1830년에 1차 파동이 형성되었다고 주장합니다. 바로 증기기관혁명 시기였지요. 그 후 2차 파동이 1830년에서 1880년 철도·철강 혁명으로 상승기로 찾아왔습니다. 3차 파동은 1880년에서 1930년까지의 전기·화학산업 혁명, 이후 4차 파동은 1930~1970

---

7 [경제역사로 본 인물] 쿠즈네츠 (2010년 9월 29일, 매일경제): https://www.mk.co.kr/news/economy/view/2010/09/524633

8 콘드라티예프 파동, 한경닷컴 경제용어사전: https://dic.hankyung.com/apps/economy.view?seq=2365

년대 자동차 및 석유화학 혁명, 5차 사이클은 1970~2010년의 IT 및 통신기술 혁명이라고 경제학자들이 평가하기도 합니다. 2010년대부터의 콘트라티에프 파동은 바이오, 헬스케어, 인공지능 등의 기술혁명이 만들고 있다고 분석합니다.

③ 경제 사이클 이론의 모순점

장기 사이클로 갈수록 약간은 끼워맞추기식으로 해석되는 경향이 있어 논리적 근거가 약하다는 평가가 등장하곤 합니다. 콘트라티에프 파동의 경우 40년에서 60년에 이르는 시간을 '주기'라는 긴 사이클로 설명하지만 최저값과 최대값의 차이는 20년에 이릅니다. 그리고 쿠즈네츠 파동 역시 해석에 따라 20년보다도 짧은 주기로 해석하는 경우가 있습니다.

그러하기에 경제 사이클은 경제를 읽는 하나의 도구로 활용하되 절대적인 공식처럼 맹신하면 안 됩니다. 특정 사이클 이론에 매몰될 경우 실제 주식시장을 제대로 읽지 못할 수 있기 때문입니다.

필자의 의견을 간략하게 덧붙이자면, 키친 파동이나 주글라 파동까지는 경제 사이클을 참고하는 데 투자 참고 자료로 활용할 수 있다고 봅니다. 하지만 20년, 50년이라는 우리 인생 수준의 긴 사이클을 제시하는 쿠즈네츠 파동과 콘트라티에프 파동은 주식투자에 활용하기에는 무리가 있다고 생각합니다. 주식시장의 사계절과 유사한 키친 파동 그리고 이를 결합한 형태인 주글라 파동이 투자에서 참고 자료로 활용할 수 있겠습니다.

환율과 주가는
어떤 관계에 있을까?

VALUE INVESTMENT

주식시장과 밀접한 연관이 있는 지표들 중 중요한 것으로 환율이 있습니다. 환율은 다양한 원인에 의해 움직입니다. 교과서적으로는 국가간 금리차나 국가간 인플레이션 차이가 환율의 결정요인이지만 실제로는 이보다 더 복잡하고 다양한 원인들이 환율을 움직입니다. 환율은 글로벌 금융시장에서 자금이 이동하면서 만들어지는 현상이라는 점을 이해한다면 환율이 왜 움직이고 그에 따른 주식시장이 어떻게 영향 받을지를 알 수 있습니다.

2008년 금융위기 때로 돌아가 보겠습니다. 당시 글로벌 금융회사들은 서브프라임 모기지 부실로 시작된 전대미문의 금융시스템 붕괴로 인해 달러 현금이 급했습니다. 이머징 시장 및 해외에 투자했던 자금을 손익 불문하고 빨리 회수하여 달러로 가지고 와야 하는 절체절명의 상황이었죠. 당시 한국 시장에서만 외국인은 33조 원이 넘는 순매도를 쏟아내었고 그 매도한 자금을 빨리 본국으로 가지고 돌아가려 했습니다. 빠른 시간 내에 많은 자금을 달러로 환전을 해야 하니 자연스럽게 달러원 환율은 폭등했지요. 2008년 초 900원대 초반이었던 달러원 환율은 2008년 위기가 최악에 이른 시점에는 1500원대까지 올라섰을 정도로 급하게 달러원 환율이 급등했습니다. 2008년 패닉 상황에서 한국의 기준금리가 미국의 기준금리보다 높았지만, 외국인의 자금이 빠져나가면서 달러로 환전했기 때문에 환율 급등을 막을 수 없었습니다.

한편 그 당시 달러원 환율 급등(원화 가치 하락)을 정부가 수출 증대를 목적으로 방치한 것이 아니냐는 의견도 있었습니다만, 적어도 2008년 당시는 외국인들이 달러 자금이 급히 필요했기에 환율이 급등했던 것입니다.

그런데 2009년이 되자 전혀 다른 상황이 전개됩니다. 2008년 금융위기로 붕괴될 것 같았던 미국의 금융시스템이 양적완화 등으로 급격히 안정을 찾기 시작하자 외국인 투자자들은 다시 한국으로 자금을 유입시키기 시작했습니다. 2009년 한 해 동안 코스피 시장에서 외국인은 32조 원을 순매수했고, 그 흐름은 2010년에도 이어져 2010년 외국인 투자자는 21조 원에 이르는 대규모 매수세를 만들게 됩니다.

미국 연준의 양적완화로 금융시스템 붕괴에서 벗어난 글로벌 금융회사들이 다시 투자를 재개하면서 한국 금융시장에 달러가 유입되고 자연스럽게 달러값이 하향 안정세를 그리게 됩니다. 그리고 한국으로 유입된 글로벌 자금으로 한국 증시가 상승하는 효과가 발생했습니다.

장황하게 글로 설명하는 것보다 차트를 통해 보면 더 명쾌하게 외국인 자금이 만드는 달러원 환율 추이 그리고 주식시장의 흐름을 이해할 수 있습니다.

외국인 매매와 달러원 환율 추이를 보겠습니다.

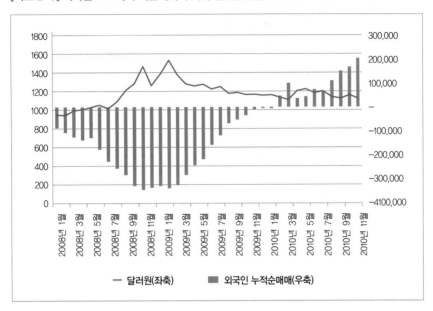

위의 그래프에서 외국인의 코스피 누적 순매매 추이와 달러원 환율 추이를 보시면 2008년 연초부터 2008년 가을 사이, 외국인이 매도세로 일관하던 때에는 달러가 급등했지만 2008년 연말부터 외국인의 매도세가 멈추고 오히려 매수세가 발생하여 누적순매도 규모가 감소하자 달러원 환율은 급격한 속도로 하향안정세를 보이기 시작합니다(달러원 환율 하락 = 원화 가치 상승).

이러한 외국인 매수세 속에 달러원 환율은 2010년대에도 하향안정세를 그려갔습니다.

여기까지는 외국인 누적순매매와 달러원 환율의 모습입니다. 그런데 다음 자료를 보면 달러원 환율과 주가지수 간에 재미있는 현상을 볼 수 있습니다.

달러 환율과 달러 가치와 원화 가치에 대한 개념이 익숙지 않은 분이 많습니다. 간단히 해외여행 간다고 생각해 보세요. 달러원 환율이 상승하면 원화를 달러로 바꿨을 때 받을 수 있는 금액이 줄어들지요. 달러 가치가 높아지고 원화 가치가 낮아졌으니까요. 반대로 달러원 환율이 하락하면 달러로는 더 많이 받습니다. 기분 좋지요. 이는 달러 가치가 낮아지고 원화 가치가 높아졌기 때문입니다.

달러원 환율을 외국인 투자자 과점에서 살펴보겠습니다. 한국에 투자하고 있는 외국인 투자자는 달러 기준으로 한국에 투자한 자산을 평가할 것입니다. 따라서 달러원 환율이 상승하면 달러로 환전받을 수 있는 금액이 줄어들 수밖에 없습니다. 달러 기준으로 볼 때 자신의 투자 금액이 현실적으로 감소된 것입니다. 조금 재미있게 비유하자면 4딸라(!) 투자했는데 달러원 환율 상승으로 인해 3딸라(!)만 손에 쥐게 되는 꼴이니 외국인 투자자 입장에서는 손해지요.

따라서 달러원 환율이 상승(원화 약세, 달러 강세) 추세가 지속될 것으로 예상되면 외국인 투자자 가만히 앉아서 환차손을 당하느니 한국 주식 비중을 줄이고 달러로 환전하여 본국으로 자금을 다시 돌리고 싶어질 것입니다.

반대로 달러원 환율이 하락하는 상황을 가정해 보겠습니다. 달러원 환율이 하락하게 되면 원화 자산을 달러로 환전할 때 더 큰 금액의 달러를 받을 수 있습니다. 4딸라(!) 투자했는데 5딸라로 평가 받는 상황이 발생한 것입니다. 이러한 달러원 환율의 하락 즉, 원화 강세가 추세적으로 지속될 것으로 예상되면 외국인 투자자는 한국주식을 매수해야 하는 동인이 커집니다. 가만히 들고만 있어도 달러 기준 환차익을 거둘 수 있기 때문이지요.

이러한 메커니즘을 이해한다면 외국인의 한국 증시 매매와 달러원 환율의 관계를 쉽게 이해할 수 있을 것입니다.

옆의 자료는 달러원 환율 추이와 종합주가지수를 함께 표시한 차트입니다. 2008년 초에서 2010년 말 사이 달러원 환율과 종합주가지수 간에는 흥미로운 현상이 발생했습니다 2008년 가을 외국인 매도 속에 종합주가지수가

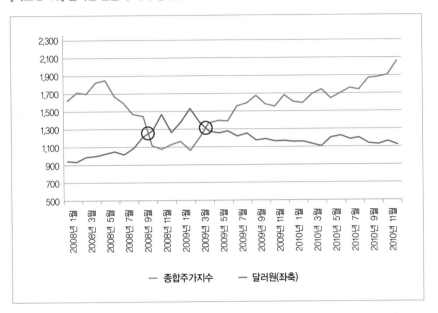

[자료 2-10] 달러원 환율 추이와 종합주가지수(2008년 초~2010년 말)

종합주가지수   달러원(좌축)

폭락하는 사이 달러원 환율이 폭등하며서 지수·달러 단위를 뺀 수치상의 크로스 현상이 발생했습니다. 주식시장이 하락하면서 발생했으니 우울한 느낌의 데드크로스라 하겠습니다.

그후 금융시장이 안정된 이후 2009년 봄 외국인 매수세 속에 종합주가지수가 상승세에 있던 중 달러원 환율이 하락세에 있다가 서로 수치상의 크로스 현상이 발생됩니다. 주식시장이 상승하면서 발생했으니 기분 좋은 골든크로스라 하겠습니다.

1년도 안 되는 시간 동안 데드크로스와 골든크로스가 발생했던 것입니다. 여기서 우리는 주식시장과

골든크로스와 데드크로스

주가의 상승세와 하강세를 판단하는 분석 지표. 일정기간 동안의 주가를 평균 내서 점을 찍고 그 점을 이어서 만든 선을 '이동평균선'이라 하는데, 이동평균선은 5일선을 단기, 20일·60일선을 중기, 120일 이상은 장기 이동평균선이라고 부른다. 골든크로스(golden cross)는 단기 이평선이 중기·장기 이평선을 아래에서 위로 뚫고 올라가는 것으로, 주가가 상승 추세로 돌아섰다는 확인 신호이다. 반대로 데드크로스(dead cross)는 단기 이동평균선이 중기·장기 이평선을 위에서 아래로 뚫고 내려가는 현상이며 하강 추세로 접어들었다는 신호이다. 즉, 일반적으로 골든크로스는 상승 신호, 데드크로스는 하락 신호로 본다. 이 페이지에서는 이동평균선 개념 대신 종합주가지수와 달러원에 비유적으로 사용하였다.

달러원 환율의 중요한 관계를 직관적으로 인지할 수 있습니다. 바로 **주식시장과 달러원 환율이 '역의 상관관계'에 있다**는 점이지요. 실제 2008년 초 이후 2020년 5월 말까지 달러원 환율과 코스피 종합주가지수의 월간등락률의 상관계수는 -0.52로 제법 강한 역의 상관관계를 보여주고 있습니다.

특히나 2008년 금융위기, 2000년 IT 버블 붕괴, IMF 사태, 최근에는 2020년 3월 코로나 사태처럼 굵직한 글로벌 금융불안이 발생하면 국내 시장에서 외국인 자금이 대규모로 빠져나가면서 증시를 억누르고 달러원 환율을 폭등시키는 원인이 되어 왔습니다. 그러다보니 일종의 헷지 차원에서 안전자산으로 미국 국채를 포트폴리오에 담는 투자자도 점점 늘어나고 있습니다.

앞서 설명드린 2008년 케이스를 통해 달러원 환율과 주가지수가 서로 반대로 움직이는 역의 상관관계가 있다는 점을 알았습니다. 이것을 조금 관점을 틀어서 외국인 투자자 입장으로 보겠습니다.

달러원 환율이 상승합니다. 달러원 환율 상승은 달러 가치가 높아진다는 의미를 가지고 있지요. 원화 관점에서 보자면 원화 자산(주식)의 가치가 낮아지고 있다는 점을 의미합니다. 달러 기준으로 보면 달러원 환율 상승은 외국인 투자자 입장에서는 달러 기준 평가 손실이 발생하는 것입니다.

그러하기에 본국 금융회사의 자금 경색 여부와 상관없이 달러원 환율 상승(원화 가치 하락)이 추세적으로 나타나게 되면 외국인 투자자의 한국주식 매도 명분이 높아지게 됩니다. 주가지수가 움지이지 않더라도 환차손으로 인해 가만히 있어도 손실이 쌓이기 때문이지요.

반대로 달러원 환율이 하락하는 상황을 생각해 보겠습니다. 이는 원화 가치가 높아지고 있는 상황입니다. 즉, 달러원 환율이 하락세에 있을 때에는 원화 자산(주식)을 들고만 있어도 달러 기준으로는 환차익이 발생하여 저절로 수익률이 높아지게 됩니다. 자연스럽게 한국 주식에 대한 투자 메리트가 높아지고, 매수세를 추세적으로 늘리는 현상이 나타나게 됩니다.

이 두 상황을 가상의 상황으로 생각해 볼까요?

미국인 투자자 스튜핏 씨가 4달러로 달러원 환율 1천 원일 때 한국주식을 매수했다고 가정해 보겠습니다. 환율이 1천 원이니 4달러면 4천 원어치 주식을 매수했겠지요?

그런데 글로벌 금융위기가 발생하여 달러원 환율이 달러당 2천 원이 되었다면 한국 주식이 움직이지 않았어도 달러 기준 평가금액은 2달러로 반토막 나게 됩니다. 소중한 사딸라가 이딸라가 되었으니 속상해서 한국 주식을 매도하고 떠나고 싶을 것입니다. 결국 외국인이 매도하고 주식시장을 떠나니 달러원 환율이 또 오르면서 다른 외국인들의 달러 수요(원화 매도)를 증가시키는 악순환이 반복됩니다.

반대 상황을 생각해 보지요. 스마트 씨가 똑같이 4달러를 달러원 환율 1천 원에 매수했다고 가정하겠습니다. 그런데 한국이 경제가 무역을 잘해서 수출기업들이 열심히 외화를 벌어와서 달러원 환율이 달러당 500원이 되었습니다. 이런 상황에서는 원화 가치가 달러 대비 두 배나 비싸진 것이지요? 1달러를 1천 원에 교환했던 것이 500원만 있어도 1달러가 생기니 말입니다. 스마트 씨의 한국주식이 제자리걸음이었더라도 달러 기준으로는 4달러였던 것이 8달러가 되었습니다. 미국 통화 기준 두 배로 자산이 불어난 것입니다. 자연스럽게 달러원 환율 하락 추세에서는 추가 외국인 매수 메리트가 높아지게 되고 긍정적인 선순환이 추세적으로 지속됩니다.

이러한 상황은 임계치가 있다 보니 무한히 지속되지는 않습니다만, 달러원 환율변화는 외국인 매매를 추세적으로 만드는 원인이 되고 외국인 매매 추이는 중시에 모멘텀을 만듭니다.

[자료 2-11] 달러원 환율로 환산해서 본 주가지수

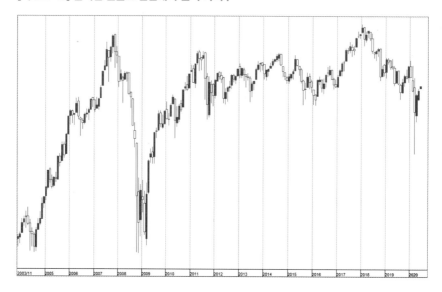

외국인이 달러 환율 기준으로 볼 때 한국 주식시장이 어떻게 보이는지 가늠할 수 있는 기능이 있습니다. 몇몇 증권사에서 제공하는 '달러차트 기능' 옵션입니다. 이 옵션을 사용하면 주가지수가 달러원 환율을 감안하여 계산된 차트로 구현됩니다. 위의 그래프를 보면 한눈에 2008년 달러원 폭등 시 달러 기준 주가지수는 폭락, 2009~2010년 달러원 하락 시기에는 달러 기준 한국 주가지수가 급등했음을 확인할 수 있습니다.

그런데 말입니다. 환율은 외국인 수급에만 영향을 미치는 것이 아닙니다. 국내 상장사의 실적에도 직·간접적인 영향을 미칩니다. 2008년 금융위기 이후 2010년 초반까지 한국은 고환율(달러 강세) 정책을 은연중에 유도했습니다. 그러다 보니 달러원 환율이 1,100원대에 머물러 있었습니다. 국내 수출

기업에게는 매우 좋은 시기였습니다. 원화가 약세여서 한국 제품이 해외에서 가격 경쟁력을 가지게 되었으니까요. 2007년에는 900원짜리를 1달러에 팔아야 했지만 2009년에는 1,200원짜리를 1달러에 팔 수 있으니 말입니다. 그래서 당시 수출 증가 기대 속에 자동차 기업들의 주가가 폭발적으로 상승했고 화학·정유 업종들도 수혜 기대가 높아지면서 2009~2011년 차화정 랠리의 원동력이 되었습니다.

그렇다면 원화 약세가 무조건 좋을까요? 꼭 그렇다고 할 수는 없습니다. 왜냐하면 수입 물가 가격이 급등하면서 내수에 부담을 줄 수 있기 때문입니다. 내수 중심의 종목들이 많은 중소형 종목에는 부담이 될 수 있습니다.

반대로 2005~2007년 사이에는 달러원 환율이 하락하는 가운데 수입 물가가 하락하고 수입 원자재 가격이 하락하면서 원가 부담이 감소하여 상대적으로 내수주와 중소형주가 강세를 보였습니다.

해외 부채가 많은 기업들은 달러원 상승은 부담스러울 수 있지요. 부채비율이 높은 대기업들 중에는 달러원 환율 하락시 해외 부채 부담이 줄어들어 주가가 상승하고 반대로 환율이 급격히 높아지면 해외 부채 부담이 급격히 높아져 기업 생존 위기로 번지기도 합니다.

이렇게 보니 환율이 주식시장에 미치는 영향은 단순히 외국인 투자자의 수급 문제뿐만 아니라 업종 및 개별 종목 단위까지 다양한 관점에서 영향을 미치는 큰 변수라는 것을 알 수 있죠.

이 모든 상황을 간단하게 그림으로 정리해 보았습니다. 다음 페이지를 보시죠.

[자료 2-12] 달러원 환율 추이에 따른 증시 효과

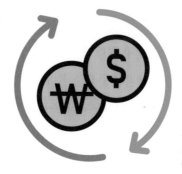

달러원 상승

외국인 매도 증가

수출기업 긍정적
(수출경쟁력/환차익)

해외 채무기업 부담 증가

달러원 하락

외국인 매수 증가

내수주 긍정적
(원가부담감소)

해외 채무 부담 감소

5

가격 버블을 넘어서는
심리적 버블

VALUE INVESTMENT

〈튤립 피버〉는 17세기 네덜란드 튤립 광풍을 배경으로 한 영화입니다. 버블의 역사에 관심이 있다면 참고 삼아 한번 보십시오. 당시 네덜란드 사람들은 튤립 가격 급등에 남녀노소, 귀천을 가리지 않고 모두가 튤립 버블의 한가운데로 뛰어들었지요.

인류 투자 역사의 대표적인 버블로 기록된 튤립 광풍 그 이후, 투자의 세계에는 버블이 종종 발생되어왔습니다. 그런데 그 버블을 설명할 때는 필자는 두 가지 개념으로 설명하곤 합니다. 바로 '심리적 버블'과 '밸류에이션 버블' 입니다.

① 심리적 버블

먼저 심리적 버블 개념에 대해 알아보겠습니다.

투자와 투기의 세계에 버블은 항상 존재합니다. 버블이 존재해야만 새로운 산업이 발생한다는 논리도 있습니다. 그 버블의 중심에 있는 투자자는 버블이 생성되고 붕괴되는 과정에서 흥분과 분노 그리고 광기와 탐욕과 같은 심리 상태의 변화를 겪습니다. 이때 발생하는 투자심리를 바탕으로 심리적 버블 상태를 가늠할 수 있습니다.

버블이 커져갈수록 나타나는 대표적인 심리 상태는 바로 '지금 쫓아가지 않으면 남들에게 뒤처진다!'라는 박탈감과 유사한 심리입니다. 남들보다 뒤처진다는 생각처럼 사람의 애간장을 녹이는 것은 없을 것입니다. 2020년대 들어 이러한 심리적 현상을 FOMO fear of missing out라는 신조어로 표현하고 있습니다. 수익을 내는 투자 대상을 갖지 못한 공포라고 할까요?

사람은 사회적 동물이기에 본능적으로 남들과 비교합니다. 내가 남들보다 재산이 적다거나 혹은 다른 집보다 벌이가 좋지 않다거나, 자녀의 성적이 친구네 자식보다 못할 경우 잠을 자지 못할 정도로 상대적 박탈감을 심하게 느끼게 되지요.

이는 투자의 세계에서도 마찬가지입니다. 자신의 투자나 재테크가 남들보다 뒤처진다고 생각되면 살짝 배아플 수는 있습니다. 그런데 심리적 버블 단계에 접어든 투자 대상에 대해서는 "지금이라도 쫓아 들어가지 않으면 늦는다"라는 공황심리가 대부분의 사람을 지배하게 됩니다.

지금은 믿기 어렵겠지만 1999년 IT 버블 당시에는 코스닥·벤처 기업에 투자하지 않으면 바보로 몰리기도 했고, 2007년에는 차이나 펀드에 가입하기 위해 증권사에서 길게 줄을 서면서까지 투자에 뛰어들기도 했습니다. 워낙 예전 일이라 이 상황을 모르거나 기억이 안 나는 분도 있겠군요. 최근 사례로 떠올려보자면 2017년 연말과 2018년 연초에 전국을 강타한 가상화폐 열풍이 있습니다. 별다른 설명 없이도 심리적 버블 상태가 무엇인지 바로 이해될 것입니다. 그 당시 전 국민이 가상화폐 투자에 혈안이 되어 지하철에서도 가상화폐 가격을 보고, 사람들이 모이는 곳에서는 꼭 가상화폐 이야기가 등장했습니다.

여러분 중에도 그 당시 버블에 참여했던 분들도 있을 것입니다. 당시 국가가 그 버블을 통제하자 투자자들이 크게 저항했지요. 버블 심리에 쏠린 더 큰 바보가 들어와야 내가 수익을 거두는데, 국가의 통제와 제약이 시작되면 나 자신이 마지막 큰 바보가 되고 말기 때문입니다.

1999년 IT 버블이 한창이던 12월, 금융 당국 관계자가 코스닥 버블을 조심하라 발언했다가 뭇매를 맞았던 일이 있었습니다. 2018년 연초 가상화폐 버블을 정부가 다른 나라보다 먼저 통제를 가하려 하자 정부를 뒤집어엎겠다는 등 가상화폐 투자자들의 반감이 매우 거셌습니다. 이런 모습들이 심리적 버블 상태에 있는 투자자들의 전형적인 모습이라 할 수 있겠습니다. (심리적 버블 상태에 있는 투자자들은 갑자기 자유주의 경제학자들로 바뀌곤 하지요. 경제는 보이지 않는 손에 맡기라면서 말입니다.)

그런데 국가가 버블을 통제하지 않으면, 심리적 버블 상태에 빠진 투자 대상은 가격이 어디까지 상승할지 모릅니다. 버블인 것은 알더라도 투자자들은 지금 투자하지 않으면 내 자신이 바보가 된다는 생각에 급하게 매수하고 가격은 끝없이 상승하게 되지요. 1999년 새롬기술이 묻지도 따지지도 않는 매수세 속에 1년도 안 되어 100배 상승한 것처럼 말입니다.

하지만 심리적 버블은 마치 영화 〈튤립 피버〉에서 볼 수 있듯이, 사람들을 버블에 뛰어들게 했다가 버블이 꺼지기 시작하면 언제 그랬냐는 듯 냉정하게 바뀌고 버블은 조용히 사람들 사이에서 잊혀져 갑니다. 이 과정에서 가격은 끝없는 폭등 후 폭락이 나타나지요. 이 모든 과정이 끝나고 나면 경제는 오랜 기간 큰 후유증을 겪습니다.

② 밸류에이션 버블

가격이 가치보다 월등히 높게 있는 밸류에이션 버블(가격 버블)에 대해 알아보겠습니다.

대부분의 투자 대상들은 나름대로의 가격 기준들이 존재합니다. 주식은 PER, PBR, PCR, EV/EBITDA, 현금 할인 모형 등 다양한 주가 추정 모형이 있고, 채권은 거의 완벽한 채권 가격 공식이 있으며 옵션시장은 블랙숄츠 모형처럼 각각의 투자 공식들을 가지고 있습니다. 가격 기준이 두리뭉실한 투자 대상이라도 나름의 기준은 있습니다. 금의 경우는 특정 시기의 동일한 물건에 대한 교환가치를 기준으로 삼지요.

그런데 심리적 버블이 발생했더라도 밸류에이션 버블이 발생할 수도 있고 발생하지 않을 수도 있습니다. 가격이 합리적인 가격을 넘어서지 않는 선에서 심리적 버블이 생긴 경우는 큰 충격 없이 찻잔 속 태풍처럼 끝나고 투자자들에게 심각한 후유증을 남기지 않습니다. 오히려 심리적 버블 분위기가 가라앉고 나면 더 강한 가격을 형성하기도 합니다.

하지만 심리적 버블이 발생했을 때 밸류에이션 버블까지 발생한 경우에는 심각한 폭등·폭락을 만들고 맙니다. 이 과정에서 밸류에이션 기준을 넘어선 가격을 설명하기 위하여 다양한 기준들이 새로이 제시되기도 하면서 '기준이 없는 밸류에이션' 상황에 빠지고 맙니다. 1999년 IT 버블 당시를 떠올려 보겠습니다. 주가가 버블 속에서 상승하는 이유가 PER로 설명이 안 되니 PSR, PEG 등의 기준을 들이댔지만 무엇으로도 설명이 되지 않았지요. 웹사이트 회원수 증가 속도나 웹사이트 회원수와 시총 가치를 연결시키는 등의 말도 안 되는 기준이 등장하기도 했습니다.

심리적 버블과 밸류에이션 버블이 동시에 나타나면 그 결과는 반드시 폭등 후 폭락입니다. 끝없이 폭등할 것만 같지만 반대로 하락할 때에는 가격 기준이 없기 때문에 끝없이 하락하게 되지요. IT 버블이 붕괴되던 그 해 코스닥지수가 1/6 수준의 하락을 했고 90% 이상 하락한 기업들이 수두룩했던 것이 이 사례라 할 수 있겠습니다.

[자료 2-13] 밸류에이션 버블과 심리적 버블이 동반 발생한 대표적인 케이스인 1999년 IT 버블 시 그래프

익숙한 사례를 위해 가상화폐를 다시 한번 꺼내지 않을 수 없군요.

가상화폐는 밸류에이션 기준 자체가 없는데 심리적 버블이 형성되면서 끝이 없는 듯 가격이 상승했습니다. 사람들은 지금 아니면 뒤처진다는 생각에 빠졌고, 당시 가상화폐 버블을 경고하던 시사다큐 방송을 오히려 '호재'로 해석하면서 가즈아!를 외쳐댔습니다. 하지만 그 결과는 버블 붕괴였지요.

이렇게 심리적 버블과 밸류에이션 버블의 개념을 구분하게 되면 주식시장이 현재 군중심리가 몰려 일시적으로 발생한 심리적 버블인지, 아니면 심리적 버블과 밸류에이션 버블이 겹친 복합 버블인지 짐작할 수 있습니다.

주식시장에 대해 사람들과 대화를 나누다 보면 간혹 밑도 끝도 없이 한국 증시는 버블이라고 말하는 분이 있습니다. 정말로 한국 증시는 버블일까요? 위에서 언급한 심리적 버블과 밸류에이션 버블을 기준으로 생각해 보면 현재 시점의 한국 증시에 어느 정도의 버블이 있는지 혹은 버블이 아예 없는지를 가늠할 수 있습니다.

첫째, 심리적 버블인지의 여부를 분석할 때에는 여러분 주변을 관찰하면 가늠할 수 있습니다. 이를 활용한 대표적인 이론이 피터 린치의 '칵테일 파티 이론'입니다. 심리적 버블이 없는 침체 시기에 파티장에 가면 사람들은 펀드매니저인 피터 린치에게 관심도 없고 오히려 주식투자는 위험하니 조심하라는 훈계만 듣습니다. 하지만 증시가 활황장이고 너도나도 주식시장에 뛰어드는 시기에 파티장에 가면 펀드매니저 주변에 몰려 주식투자에 대해 물어보고 심지어는 펀드매니저를 가르치려 드는 개인투자자까지 등장하게 됩니다.

당장 주식을 사지 않으면 안 된다는 절박한 분위기가 여러분 주변에서 관찰된다면 심리적 버블이 매우 심각한 상황일 수 있습니다. 2010년대에는 누구도 지금 당장 주식투자를 하지 않으면 삶이 뒤처진다는 생각을 하지 않았

지요. 오히려 주식투자는 패가망신의 지름길이라며 예능 프로그램에서 웃음
거리로 사용됐습니다. 그런데 2020년대가 되면서 이런 분위기가 단숨에 바
뀌어가는 듯합니다.

둘째, 밸류에이션 버블 여부를 볼 때는 시장 PBR 레벨로 가늠할 수 있습
니다. 시장 PBR은 현재 상장 주식들의 자산가치 대비 현재 상장기업들의 시
장 가치(시가총액)의 비율을 의미합니다. 낮을수록 저평가이고 높을수록 고
평가되었다 할 수 있습니다. 여러 가지 밸류에이션 지표들이 있겠지만, 간단
하게는 시장 PBR 레벨을 이용하여 현재 주식시장의 밸류에이션 버블·침체
여부를 가늠하곤 합니다. 시장 PBR 밴드로 본 코스피 종합주가지수를 보면
과거 한국 증시가 버블이었던 시기와 반대로 버블이 없던 시기를 미루어 짐
작해 볼 수 있습니다. 1999년과 2007년 당시를 PBR 밴드 상단으로 볼 수 있

[자료 2-14] 시장 PBR 밴드로 본 코스피 종합주가지수

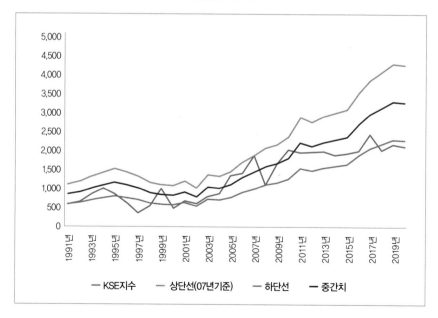

고 2008년 연말을 PBR 밴드 하단으로 잡아볼 수 있습니다. 2010년대 중반부터 2020년대 초반까지 한국 증시는 PBR 밴드 하단선을 깨고 내려가는 등 밸류에이션 버블은 없었습니다.

그렇다면 앞으로 증시는 어떠할까요? 그 부분은 지켜봐야 알게 될 변수이지만, 확실한 것은 2010년 중반 이후 2020년 초반까지는 한국 증시에 심리적 버블과 가격 버블 모두 없었던 시기였다고 기록될 것입니다.

마지막으로 심리적 버블에 관하여 제가 경험한 에피소드로 이번 단락을 마치겠습니다. 2017년부터 부동산 가격이 급등하면서 심리적 버블이 형성되어 사람들의 애간장을 녹이고 지금 당장 뛰어들지 않으면 뒤처진다는 생각을 가지게 했습니다. 가격의 버블 여부는 잣대에 따라 다르기에 밸류에이션 버블은 아닐 수 있지만, 심리적 버블이었던 것은 확실합니다.

2018년 여름, 필자는 지인들에게서 전화를 자주 받았습니다.

"친구야, 지금 서울 어디에 집을 사는 것 어떨까? 가격이 너무 오르네." 주로 이런 이야기입니다. 2016년부터 슬슬 오르다가 2018년 들어 급격히 상승한 집값에 당시 지인들은 애간장이 타서 저에게 한탄을 했지요. 호가가 끝없이 올라 이젠 대출을 몇 억을 내야만 집을 살 수 있다며 한탄합니다.

그런 지인에게 저는 강한 어조로 말했습니다.

"5년 전에 내가 그렇게 사라고 할 때 왜 안 샀나? 그때는 1억 5천만 원이나 대출받는 게 부담스럽다고 하더니 지금은 3억 원 대출이 전혀 부담이 없나 보구나."

그 당시 심리적 버블 분위기는 너무도 강렬하여 어디까지 이어질지 몰랐고 그 끝은 어딘지 알 수 없는 상황이었습니다. 버블은 2020년까지 꾸준히 부풀어 올랐지요. 더 큰 바보가 빨리 들어오기를 바라며 버블에 대한 경고와 국가의 규제를 비웃는 사람이 대부분이었습니다. 그리고 시장을 보이지 않는 손에 맡기고 통제하지 말라 외쳤지요. 그 옛날 모든 버블이 그러했던 것처럼 말입니다.

버블의 상투를 잡는 그 더 큰 바보는 누가 될지 아무도 모릅니다. 그리고 가격은 어디까지 갈지 아무도 알 수 없습니다. 다만, 향후 여러분의 투자 기간 동안 주식시장에서 심리적 버블과 밸류에이션 버블을 모두 경험하는 날이 찾아온다면, 이 내용을 기억하고 다시 책을 꺼내어 읽어보기를 바랍니다.

6

효율적이든 비효율적이든 시장에 꼭 필요한 투자자의 자세

VALUE INVESTMENT

투자서를 읽다 보면, 주식시장은 효율적이므로 시장을 앞서는 수익률을 만들 수 없다는 내용을 자주 접합니다. 주식투자 정보는 이미 주가에 선반영 되어 있다고도 합니다.

투자 이론에서는 정보가 얼마나 주식시장에 반영되었는가에 따라 약형 효율적 시장, 준강형 효율적 시장, 강형 효율적 시장으로 구분하고 있습니다.

약형 효율적 시장은 과거의 모든 정보는 주가에 모두 반영되어있다는 개념입니다. 그러하기에 주가차트 분석과 같은 과거 데이터는 투자에 무의미하다고 설명하거나 과거에 나온 투자 정보들은 무의미하다고 말합니다.

준강형 효율적 시장은 현재 이 시점의 모든 정보는 주가에 이미 선반영 되었기 때문에 공시데이터와 같은 정보를 토대로 초과수익률을 만들 수 없다고 설명합니다.

강형 효율적 시장은, 주가는 아예 미래 데이터를 모두 반영하고 있기에 미래 데이터를 토대로 투자를 한다 하더라도 초과수익률을 만들 수 있다는 개념입니다.

여러 연구 자료들은 주식시장을 준강형 효율적 시장과 강형 효율적 시장의 중간 정도로 보고 있습니다. 즉, 주가에는 이미 현재 데이터가 선반영되었다고 보는 것이죠.

[자료 2-15] 효율적 시장 가설의 개념도

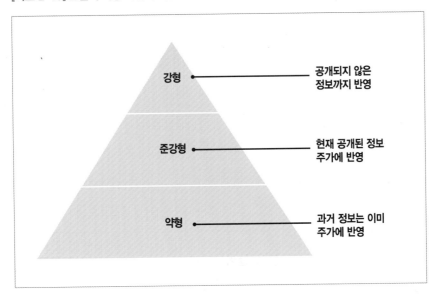

시장의 효율성에 대한 주장은 유진 파마 교수를 중심으로 한 현대투자론 학파에서 주장하는 내용입니다. 시장에 모든 정보가 가격에 즉각 반영되고, 합리적으로 판단하는 이성적인 인간들에 의해 형성된 주식시장은 스스로 균형을 찾아간다고 설명합니다.

이러한 현대투자론에서 제시하는 정보의 효율성에 대한 반대편 의견도 만만치 않습니다. 시장의 효율성의 전제 조건은 '이성적인 인간들에 의해 형성된 주식시장'입니다만, 일반적인 개인투자자를 생각하면 전제 조건 자체가 모순이지요. 주가에 민감하게 반응하고 광분하거나 패닉에 빠지면서 감정적으로 대응하는 경우가 다반사입니다.

대표적으로 로버트 실러 예일대 교수는 사람들은 비이성적이기에 투기적 성향을 가지고 있으며, 이들이 참여하는 시장은 비효율적이어서 거품의 형성과 붕괴로 인해 시장이 망가질 수 있다고 주장합니다. 투자자들의 행태에 의해 시장 가격이 비합리적으로 움직일 수 있음을 감안하여 연구된 학문이 바로 행태투자론입니다.

서로 상충되는 이론인 현대투자론의 대가 유진 파마 교수, 행태투자론의 대가 로버트 실러 교수는 아이러니하게도 2013년 노벨 경제학상을 공동 수상했습니다.[9]

주식시장은 과연 효율적일까요 아니면 비효율적일까요? 최근 다양한 연구들은 시장을 이분법으로 구분하지 않고 "시장 전반적으로는 효율적이지만 비효율적인 면도 많다"라는 결론에 이르고 있습니다.

실제 주식시장을 지켜보면, 이러한 경향을 자주 목격할 수 있습니다. 일단 시장이 효율적이라는 부분을 살펴보겠습니다. 시장에 큰 변동이 없는 완만한 주가 구간에서 대형주의 경우 주가에 재료가 선반영된 경향이 있습니다. 예를 들어 어떤 회사가 대규모 수주 계약을 따내고 이를 공시한 시점에는 오히려 주가가 밀리는 현상이 발생합니다. 일반적인 생각으로는 대규모 수주 계약은 호재성 재료이니 주가가 크게 상승해야 하지만 이미 주가에 선반영되어 있다 보니 수주 공시가 오히려 차익실현 매물을 부르면서 주가를 하락시키는 아이러니한 상황이 만들어지는 것이지요.

---

9 [아하! 경제뉴스] 시장은 합리적이라는데… 주식·부동산 거품은 왜? (2013년 10월 28일, 동아일보): https://www.donga.com/news/Economy/article/all/20131027/58498605/1

이러한 현상이 발생하는 원리를 이해하는 데에는 1967년 하버드대학 심리학 교수였던 스탠리 밀그램의 6단계 분리 이론에 대한 실험이 좋은 예시입니다. 6단계 분리 이론에 따르면 여섯 명을 거치면 전 세계 누구나 아는 사이라고 합니다. 밀그램의 실험에서는 평균 5.5명이라는 결과를 내었고, 2011년 페이스북과 밀라노 대학 연구팀에 따르면 4.7단계까지 줄어들었다고도 합니다.[10]

　이 개념을 활용하면 정보가 얼마나 빨리 퍼져나가는지 알 수 있지요. 만약 여러분이 어떤 회사의 수주 계약을 알았고 이 정보를 지인들에게 알려준다고 가정하겠습니다. 여러분이 열 명에게만 알려주더라도 3~4단계를 거치면 최소 1천 명에서 1만 명까지 아는 정보가 되어버립니다. 5~6단계까지 간다면 모든 투자자가 아는 정보가 될 것입니다. 모든 투자자가 알기 전에 3~4단계 정도에서 투자를 시행한 이들로 인해 주가는 선반영되어 재료를 반영한 주가 수준으로 올라가 있을 것입니다.

　이처럼 정보가 빨리 퍼지고 투자자들이 합리적으로 반영한다는 점에서 시장은 효율적 시장이라고 보는 것입니다.

　이 원리는 투자에 있어서 개인투자자가 생각해볼 문제를 제시합니다. 보통 개인투자자들은 '정보'에 목말라합니다. 그래서 지인들에게 농담 삼아 '좋은 종목이나 투자 정보'를 달라고 하지요. 하지만 그렇게 해서 얻게 되는 정보가 과연 투자에 유용한 정보일까요? 앞서 언급한 효율적 시장 개념과 스탠리 밀그램의 6단계 분리 이론을 생각한다면, 그렇게 해서 얻은 정보는 모두가 아는 무의미한 투자 정보일 가능성이 매우 높습니다. 그렇게 얻은 정보로 투자에 임했다가는 손실만 키우는 경우가 다반사입니다.

10　페이스북 '6단계 분리' 정말 줄였을까? (2011년 11월 23일, 아이뉴스24): http://www.inews24.com/view/620092

내부자 정보를 이용한 주식투자는 시장의 건전성을 방해하기에 내부자 거래 금지법에 의해 처벌받을 수 있습니다. 몇 단계를 거쳐 얻은 정보라 하더라도 내부자 정보임을 알고 투자에 활용할 경우 내부자 거래 금지에 해당됩니다. 앞서 수주 계약 사례는 설명을 위한 가상의 케이스일 뿐입니다.

이러한 내부자 정보 이용금지는 해당 기업의 경영상태가 좋아지는 호재성 재료뿐만 아니라 경영상태가 나빠지는 악재성 재료 모두에 해당합니다. 즉, 호재성 재료가 공시되기 전에 저가에 주식을 매수한 후 정보가 공개(뉴스, 공시 등)되면 주가 상승을 이용하여 매도한 경우 또는 부도 등 악재성 재료가 뉴스 또는 공시로 공개되기 전에 주가 하락에 따른 손실 회피를 위해 매도하는 매매들이 내부자 정보 이용금지에 해당됩니다.

특히 주요 주주, 임직원 및 회사와 일정한 관계가 있는 이들이 중요 정보를 이용한 매매는 금지되어 있습니다. 만약 이를 어길 시에는 최고 무기징역과 함께 매매차익 또는 손실 회피 금액의 5배의 벌금형을 받게 됩니다.

개인이든 기관 투자자든 무의식중에 내부자 거래를 하는 것을 마치 당당한 투자처럼 여기는 경우가 많습니다. 그런데 내부자 정보를 이용한 매매의 패악을 부동산에 비유한다면 바로 이해가 될 것입니다. 만약 어떤 지역에 신도시가 개발된다는 정보를 누군가 미리 알고 그 지역을 선취매해 엄청난 수익을 거두었다는 사실이 알려지면 어떨까요? 아마 전 국민이 분노에 빠질 것입니다.

주식투자 내부자 거래도 똑같습니다. 그것은 투자 실력이 아닌 증시를 망가트리는 행위입니다.

그런데 시장은 비효율적인 면도 짙게 가지고 있습니다. 시장 참여자들은 정보를 분석하고 행동하기 전에 '감정'에 의해 흔들리게 됩니다. 만약 대규모 수주 계약 소식을 알고 있었다 하더라도 2020년 3월처럼 대폭락장인 상황에서 과연 매수 주문을 과감하게 넣을 수 있을까요? 아마 못할 가능성이 큽니다. 이처럼 주식시장은 감정에 의해서 지배받는 경향이 강하다 보니 비효율적인 면을 강하게 가지고 있습니다.

매년 안정적인 매출과 이익을 만들고 있고 좋은 배당수익률을 주며 재무구조가 안정적인 주식이 한 해 이익의 5배도 안 되는 가격에, 그리고 회사의 순자산가치의 50%도 안 되는 가격에 주가가 형성되어있더라도 투자자들은 이런저런 이유로 이러한 종목을 무시하고 외면하면서 비합리적인 주가를 방치하는 일들이 자주 발생합니다.

2020년 3월 19일 시장에는 전년 배당 기준 배당수익률이 3%를 넘는 종목 수가 2,000여 종목 중 601개에 이르렀습니다. 그러나 많은 이들이 주가가 하락한다는 이유만으로 투매했습니다. 이렇게 투매가 발생하니 주가는 더 깊이 하락하고 말았습니다.

그런데 이렇게 비효율적인 주가가 지금도 제법 긴 시간 지속되고 있습니다. 주가가 하락 추세에 있다는 이유만으로 혹은 다른 공포심리가 투자심리를 점령했다는 이유로 인해 비합리적인 가격으로 주식이 버려지는 일이 비일비재합니다. 기계적인 매매들이 비합리적인 시장을 가속화하기도 합니다.

예를 들어 신용·융자의 경우 담보가치가 미달하면 RMS(리스크 관리 시스템)에 의해 일방적으로 시장가 매도를 당하게 됩니다. 이런 상황은 개별 종목의 주가를 비합리적인 가격으로 추락시키고 말지요. 혹은 효율적 시장과 현대 투자론에 기반하여 탄생한 패시브 전략의 경우 투자자들의 자금이 빠져나가거나 일방적으로 자금이 몰릴 경우 패시브 인덱스에 해당하는 종목들만 사들이는 현상이 나타나면서 지수 관련 종목만 하락하거나 지수 관련 종목만 상승하면서 비효율적인 가격을 만들기도 합니다.

효율적 시장과 비효율적인 시장이 공존한다는 점은 가치투자자에게 매우

KRX 통계 페이지에서는 특정일자에 종목들의 PER · PBR · 배당수익률을 조회할 수 있습니다. 30009 화면 PER · PBR · 배당수익률(개별종목) 참조

[자료 2-16] 2020년 3월 코로나19 쇼크 당시 시장에는 저평가된 종목들이 넘쳤다

유리한 조건이 됩니다.

주식시장은 모든 정보가 반영되어 있고, 투자자들이 합리적인 판단을 내리는 이성적이며 합리적이고 효율적인 시장인 것 같지만 시기나 종목군에 따라 비효율적인 주가도 발생할 수 있습니다.

그 이유는 인간의 감정적인 요인도 있겠지만 인간의 판단이 100% 합리적이지 않고 상장기업과 주식시장은 역동적인 유기체라서 계속 변화하기 때문입니다.

그래서 효율적인 시장과 비효율적인 시장의 특징에 대해 저는 이렇게 설명하곤 합니다. 시장이 비효율적인 시기가 찾아오면 투자 수익률을 극대화하는 알파 수익률이 넘치는 시장이 되고 그 후 효율적인 시장으로 돌아가면 그 수익률은 실현된다고 말입니다.

이러한 주가 형성 원리를 이해한다면 가치투자자로서 수익률을 극대화할 수 있는 방법이 무엇인지 알게 되었을 것입니다. 우리가 합리적인 투자 기준을 세우고 있다면 비합리적인 주가가 형성되었을 때 혹은 비정상적인 가격대에 있는 종목들을 기회로 만들 수 있는 것입니다. 물론, 과거에 비해서는 그 빈도나 기대수익률이 낮아지기는 했습니다만 적어도 2020년 3월 코로나 19 쇼크 전후 증시를 보면서, 시장은 효율적인 척하면서도 비효율적인 모습을 매우 강하게 보여주고 있다는 것을 실감했습니다.

이와 관련하여 워런 버핏의 명언 한 마디와 함께 이번 장을 마무리하겠습니다.

"시장이 항상 효율적이었다면, 나는 거리에 노숙자가 되었을 것이요."[11]

---

11 [Stock&Book] 가치투자자는 손실험오증 환자들? (2013년 5월 3일, 아시아경제): https://www.asiae.co.kr/article/2013032302541194648

SUMMARY

- 주식시장은 경기에 선행한다.

- 우라카미 구니오의 주식시장 사계절과 앙드레 코스톨라니의 달걀 모형은 금리와 경제 상황이 순환되는 과정을 사계절의 순환과 달걀 모양으로 각각 설명하고 있다.

- 유동성은 금융시장에 먼저 흐르면서 금융장세를 만들고 이후 실물경기로 이동하여 경기를 달구며 실적장세를 만든다.

- 경기순환 사이클은 회복기, 활황기, 후퇴기, 침체기로 나누어진다.

- 경제 사이클을 설명하는 이론에는 40개월 주기의 키친 파동, 10년 주기의 주글라 파동, 20년 주기의 쿠즈네츠 파동, 40~60년 주기의 콘트라티예프 파동이 있다.

- 환율, 특히 달러원 환율은 한국 주식시장의 외국인 수급에 직접적인 영향을 준다.

- 달러가 강세일 때는 외국인 자금 이탈과 한국 증시 약세, 달러가 약세(원화강세)일 때는 외국인 자금 유입과 한국 증시 강세 현상이 나타난다.

- 투자 시장의 버블은 가격 버블과 심리적 버블 두 가지가 있는데 가장 무서운 것은 가격버블과 심리적 버블이 동시에 발생했을 때이다(ex. 1999년 IT 버블, 2018년 초 가상화폐).

- 시장은 전체적으로 효율적 시장이긴 하지만 비이성적이고 비효율적인 성격도 동시에 가지고 있다. 비이성적인 상황들은 가치투자자들에게 큰 기회를 안겨준다.

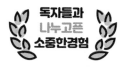

증시 버블과 붕괴를 경험하며
뼈에 새긴 교훈

주식 시장 활황기가 지속되다 보면 주식시장의 변화를 망각하고, 상승이 지속될 것이라 착각하게 됩니다. 특히 주식시장이 강세장을 넘어 버블 영역에 들어가면 그 버블이 끝없이 커지리라는 확신에 빠지죠. 이미 시장 한 구석부터 무너지고 있는 상황인데도요.

필자는 주식투자를 시작한 뒤 1999년 IT 버블 장세와 2000년 IT 버블 붕괴 때 이 과정을 경험했습니다. 1999년 IT 버블은 엄청난 강세장이었습니다. 당시 코스닥 시장은 측정불가능한 영역의 버블 수준이었습니다. 초보투자자였던 필자는 당시 대장주가 계속 상승할 것으로 착각했고 시장 상황은 무시했습니다. 그리고 버블이 터졌죠. 대다수의 개인투자자처럼 필자도 버블 붕괴와 함께 치명적인 투자 손실을 경험하고 말았습니다. 코스닥 시장은 1999년 240%나 상승했고 당시 대장주들은 연일 상한가를 기록하면서 IT 기술 혁명의 꿈과 희망을 주가로 보여주고 있었습니다. 개별 종목 중에서 10배, 100배 상승한 경우가 비일비재했습니다. 주식시장 참여자들은 버블에 취해 2000년에도 그 버블이 더욱 커지리라 기대했습니다.

하지만 실적 없이 꿈과 희망만으로 상승했던 IT 버블과 닷컴 버블은 허무하게 무너졌습니다. 연속 하한가 속에 손쓸 틈도 없이 증시는 무너져 내렸습니다. 밀레니엄의 꿈은 깨지지 않는다는 오만과 아집 속에 2000년 주가 대폭락이 발생했습니다. 필자는 1999년 연말 대비 1/10토막이라는 치명적인 손실을 냈습니다. 코스닥 지수는 거의 -80% 하락했습니다.

버블 붕괴에 심각한 피해를 입은 후에야 필자는 이번 교시에서 설명드린 방식을 활용하며 시장을 볼 수 있게 되었습니다. 그 덕분에 2008년 금융위기가 왔을 때는 자산배분전략과 안전한 종목 투자로 시장 하락률 대비 양호한 성과를 내며 금융위기를 무난히 넘길 수 있었습니다.

2000년 IT 버블 붕괴 당시의 치명적인 경험은 이후 20년이 넘는 투자 기간 내내 쓰라린 교훈으로 남았습니다. 그리고 그 교훈은 소중한 밑거름이 되어 꾸준한 성과를 만들어내고 있습니다.

NOTE

Chapter 3

어떤 곳이 좋은 회사일까?

- 기업의 본질 꿰뚫어보기

어떻게 좋은 회사를
찾아야 할까?

VALUE INVESTMENT

　주식투자를 할 때 좋은 회사는 어떤 회사일까요? 이에 대해 사람들과 대화를 나눠보았는데요. 많은 사람들이 가격이 상승하는 종목을 좋은 회사라고 말하더군요. 하기야 주식투자의 궁극적인 목표는 수익을 내는 데 있고, 이 수익은 주가가 상승해야만 얻을 수 있는 것이죠. 그런데 주가가 계속 상승하면 다 좋은 회사일까요?

　주가는 결국 기업의 가치를 따라 장기적으로 움직입니다. 그런데 어떤 기업이 아무런 활동을 하지 않는데도 주가가 상승한다면 그 주가가 계속 지속된다고 보기는 어렵겠지요? 기업 활동을 하지 않는데도 주가가 끝없이 상승하는 기업을, 주가가 상승한다는 이유만으로 좋은 회사라 생각한다면 분명 논리적 모순에 빠지고 말 것입니다. 주가는 결국 다시 자기 가치를 찾아 움직이니까요. 기업 가치가 뒷받침되지 못한다면 주가는 일순간에 무너져 버릴 것입니다.

　1999년 IT 버블 당시 사람들은 주가가 상승하는 기업을 좇아 맹목적인 투자를 했습니다. 그 결과, 처음에는 조금 비싼 수준으로 거래되던 기술주들의 가격이 기업 가치를 무시하고 폭등하면서 버블을 만들었다가 결국 다음해 허무하게 폭락하고 말았습니다.

또는 적자만 반복하던 기업이 잠시 주가가 상승했다는 이유만으로 이제 회사가 기사회생할 것이라는 막연한 기대감으로 투자하는 투자자도 많습니다. 하지만 그 결과 지하실 밑에 지하 2층, 지하 3층이 있다는 것을 체험하게 되고 맙니다.

그렇기에 우리는 좋은 회사를 단순히 '주가가 상승하는 회사'로 정의할 것이 아니라 기준과 근거를 가지고 접근할 필요가 있습니다.

필자는 좋은 회사에 대한 기준을 '미래에도 꾸준히 성장하고 수익성을 줄 기업인가'로 잡고 있습니다. 그런데 꾸준한 성장과 수익성의 기준과 개념을 잡는 것이 막연할 수 있습니다. 어쩌면 그 막연함 때문에 닷컴기술이 엄청난 부를 만들어 줄 것이라며 IT 버블이 생겼겠지요. 그러한 의미에서 미래의 트렌드 변화 예측과 더불어 현시점에서의 현실적인 수익성 또한 동시에 고려할 필요가 있다고 봅니다.

즉, 미래에도 꾸준한 성장과 이익을 만드는 회사가 좋은 기업이라고 본다면, 그 회사의 사업이 미래 패러다임이나 트렌드 관점에서 성장성이 있으면서 현재 시점에서도 현재 주가를 설명할 수 있을 정도의 수익성을 가지고 있어야 한다는 것입니다.

회사가 수익을 발생시키면 그 수익은 배당으로 지급되어 투자자에게 배당수익을 안겨주고, 혹은 회사에 유보되어 새로운 성장을 위해 투자되기도 합니다. 이 수익이 제자리에 머물지 않고 꾸준히 증가한다면, 기업은 꾸준한 성장과 더불어 동시에 수익성을 유지할 수 있는 것이지요. 성장성과 수익성을 가진 기업의 가치는 꾸준히 우상향할 것이기에 주가는 자연스럽게 장기적으로 우상향하는 곡선을 그리게 될 것입니다.

수익성과 성장성을 모두 갖춘 이상적인 좋은 기업을 찾기 위해 아래 몇 가지 항목을 떠올리며 기준을 세워보겠습니다.

첫째, 회사의 사업이 미래에도 성장성을 가질 트렌드나 패러다임인가?
둘째, 현재 이 회사의 수익성은 양호한가? 혹은 심각한 적자기업인가?
셋째, 재무 구조가 취약하여 기업 생존 자체가 아슬아슬한가?
넷째, 꾸준한 투자와 R&D가 이어지면서 미래를 대비하고 있는가?

① 미래에도 성장 가능한 트렌드나 패러다임

'사업이 미래에도 성장성을 가질 트렌드나 패러다임인가'라는 기준은 다소 추상적일 수 있습니다. 따라서 이 기준만으로 좋은 기업을 찾으려 했다가는 자칫 꿈과 희망으로만 투자할 기업을 찾는 상황이 될 것입니다. 세계 금융역사에서 버블이 형성될 때마다 미래 성장에 관한 스토리텔링만으로 주가가 폭등하는 일들이 발생했는데 그것이 바로 미래에 대한 기대로 투자했기 때문입니다.

다만, 이 기준을 다른 기준과 복합적으로 활용하면 장기적인 성장 산업 트렌드를 가진 좋은 기업을 찾을 수 있습니다. 기업이 성장하는 데에는 기업 단독의 노력도 있겠지만 궁극적으로는 산업의 트렌드나 패러다임이 성장의 큰 흐름을 만들기 때문입니다.

게임 산업의 대표주 엔씨소프트, 기간 산업의 대표주인 한국전력으로 예를 들어 보겠습니다. 두 기업이 영위하는 산업을 떠올려보세요. 어떤 회사의 산업이 더 성장성이 강할까요? 직관적으로 엔씨소프트가 속한 게임 산업이 전력 산업보다 더 빠른 성장성을 보일 것임을 예상할 수 있습니다. 특히나 코로나19 이후 언택트untact가 대세가 되었다는 점을 생각하면 게임 산업이 성장하리라는 사실을 누구나 예상할 수 있고, 실제로 2020년 상반기 엔씨소프트의 매출액은 전년 동기비 65% 증가, 순이익은 85% 증가하는 놀라운 성장률을 보였습니다.

이번 장에서는 상장회사의 사업보고서와 분기·반기 보고서 사례들이 많이 사용됩니다. 상장회사의 실적 보고서는 아래 소개하는 세 가지 방법으로 조회할 수 있습니다.

첫 번째로 금감원 전자공시 시스템(DART·다트, dart.fss.or.kr)입니다.

일정 규모 이상의 기업과 상장회사는 의무적으로 금감원 전자공시를 통해 규정에 맞추어 사업보고서, 분기·반기 보고서를 공시하여야 합니다. 해당 사이트에서 종목명이나 종목코드를 입력하면 공시자료를 쉽게 확인할 수 있습니다. 궁금한 회사가 있다면 바로 금감원 전자공시 시스템을 통해 조회하는 습관을 들이면 공부에 도움이 될 것입니다.

두 번째로 증권사 HTS 중 '전자공시' 메뉴입니다.

증권사 HTS 메뉴 중 전자공시 메뉴는 앞서 언급드린 DART를 메뉴화하여 코드 연동시킨 메뉴입니다. 종목 조회하면서 쉽게 전자공시도 확인할 수 있습니다.

세 번째로 포털사이트에 증권관련 메뉴입니다.

포털사이트의 증권 메뉴에서 종목을 조회하면 다양한 메뉴 중에 [전자공시]가 있습니다. 앞서 HTS에서와 마찬가지로 금감원 전자공시 시스템DART을 메뉴화한 것이니 책을 읽다가, 혹은 종목이 궁금할 때 바로 검색하여 확인할 수 있습니다.

[자료 3-0] DART 홈페이지, 포털사이트, 증권사 HTS 메뉴의 전자공시 화면

　　그에 반하여, 한국전력은 전기요금이 정부에 통제되고 있고 전력 사용량이 늘어난다 하더라도 드라마틱하게 늘기는 어렵기에 매출 증가는 제한적일 수밖에 없습니다. 오히려 역성장하는 경우도 왕왕 발생하지요. 2020년 상반기 한국전력의 매출은 -0.5% 감소했고 2018년과 2019년 2년 연속 적자를 기록하고 2020년 상반기에 겨우 흑자전환했습니다.

　　이렇듯 미래 성장성이 있는 산업을 읽는 것은 삼척동자도 할 수 있을 듯합니다. 여러분도 한번 생각해보세요. 미래 성장 산업으로 떠오르는 산업이 무엇일까요? 인공지능, 반도체, IT, 게임, 제약, 의약 등이 떠오를 것입니다. 그 외에도 각자 가진 정보와 상상력을 더한다면 더 많은 산업들을 떠올릴 수 있을 것입니다.

② 폭락을 피할 수 있는 회사의 수익성

두 번째로 좋은 기업인가를 평가할 때에는 회사의 수익성이 어느 정도 받쳐주는지를 체크할 필요가 있습니다. 아무리 미래의 핵심 산업이 될 것이라 해도 회사의 수익이 계속 떨어지고 심각한 적자를 만들고 있다면 그 회사의 주가는 그야말로 버블이 아닐 수 없습니다. 사람들이 정신 차리는 순간 허무하게 꺼지는 거품과 함께 주가는 추락할 수밖에 없습니다. 주가가 상승할 때에는 '훌륭한 기업'이라고 평가하다가 버블이 꺼질 때에는 '악의 축'으로 비난 받게 되지요.

미래 성장성이 있는 사업 패러다임과 트렌드를 영위하고 있어 높은 주가로 평가받고 있는 상황에서 수익성이 받쳐준다면 증시 전체가 요동치더라도 낙폭이 제한되지만 실적이 없거나 적자가 심각한 기업의 경우는 주가 하락을 넘어 폭락 수준을 보이게 됩니다.

제약·의약 산업은 초고령사회라는 국제적 인구 구조로 인해 성장 산업으로 분류됩니다. 중년을 넘은 가족, 친구, 지인을 보면 약이나 건강식품 하나씩은 꼭 먹고 있지 않습니까? 초고령사회가 되어갈수록 섭취하는 약이나 영양제는 늘어나겠지요. 그러나 최근 제약기업들 중에는 '버블'이라고 평가 받을 정도로 과도한 주가 레벨까지 올라간 기업들이 많습니다. 버블이 심하더

[자료 3-1] 삼성바이오로직스와 헬릭스미스의 주가 흐름

라도 수익성이 뒷받침되는 기업은 낙폭이 발생해도 제한적이었고 오히려 하락한 후 상승이 강하게 발생했지만, 수익성이 없거나 적자가 심각했던 기업들은 주가 하락시 심각한 폭락을 만들고 회복하지 못하는 상황이 발생되고 말았습니다.

2018년부터 2020년 6월까지의 삼성바이오로직스와 헬릭스미스의 주가 흐름을 통해 살펴보겠습니다. 두 종목 모두 2017~2018년 이어진 제약·바이오 버블로 인해 주가 고평가 논란이 있었습니다. 다만 삼성바이오로직스는 매출을 만들었고 2018년부터는 순이익도 높게 거두기 시작했습니다. 그에 반하여 헬릭스미스는 적자가 계속 이어졌습니다. 그러다 보니 2018~2019년 사이 제약·바이오 버블이 붕괴가 발생했을 때 두 회사의 최대 낙폭은 큰 차이를 보였습니다. 삼성바이오로직스는 -50% 정도 하락하는 사이 헬릭스미스는 -75%라는 치명적인 폭락을 만들고 말았습니다. 이후 제약·바이오 업종의 반등이 다시 전개될 때 삼성바이오로직스는 전고점을 넘어섰지만 헬릭스미스는 폭락 이후 반등다운 반등이 나오지 못했습니다.

이처럼 미래 성장 산업이 기대되는 종목이라 하더라도 수익성을 갖추고 있어야 주가 하락의 충격이 제한적이고, 반등할 때 다시 튀어오를 수 있는

힘을 갖출 수 있습니다. 미래 성장 산업이라는 꿈과 희망을 수익성이라는 숫자를 통해 확인해야만 꿈과 희망을 이어갈 수 있습니다. 수익성을 만들지 못하고 적자가 지속된다면 투자자들이 지녔던 꿈과 희망이 어느 순간 '실망'으로 바뀌면서 모래성이 허물어질 것입니다.

③ 안정적인 재무 구조

세 번째로 좋은 기업을 고를 때의 기준으로 재무 구조, 재무 안정도를 체크해야 합니다. 아무리 미래 성장성이 예상되고 현재 수익성을 갖추고 있는 회사라 하더라도 부채비율이 과도하게 높고 유동비율이 과도하게 낮은 등 기업의 재무 구조가 취약할 경우 작은 재무관리 실수로 인해 기업이 부도나거나 생존이 불가능한 상황이 발생할 수도 있습니다.

특히 재무 구조가 취약한 경우에는 사업에 투자할 만한 자금 여력이 줄어들게 됩니다. 현재 사업을 유지하는 것도 벅차기 때문에 사업을 확장하거나 새로운 사업에 진출할 여력이 사라집니다. 이런 경우 아무리 성장산업에 속한 회사라 하더라도 결국 경쟁사들에게 점점 밀릴 수밖에 없습니다.

재무 구조의 문제는 여기에서 그치는 것이 아닙니다. 회사는 취약한 재무 구조를 개선하기 위해 유상증자를 단행하기도 하고, BW(신주인수권부사채)나 전환사채 등을 발행하여 자금을 마련하려 합니다. 이런 식의 자금 유치는 결국 주식 수가 늘어나 기존 주주들의 가치를 훼손합니다.

따라서 좋은 기업을 고르는 과정에서는 재무 구조를 반드시 체크하기 바랍니다. 자세한 재무 안정도 체크 방법에 대해서는 수업을 이어가며 하나씩 자세히 알려드리겠습니다.

재무 안정도를 가늠하는 데에는 부채비율, 유동비율, 당좌비율 등의 재무비율이 활용됩니다.

부채비율은 총부채를 자기자본(순자산)으로 나눈 값을 백분율화한 것으로 일반적으로 100% 이하일 때 안정적으로 봅니다.

1997년 IMF 사태 이전만 하더라도 관치금융 속에 기업들의 부채비율이 500%, 1000%를 넘기는 경우가 비일비재했습니다. 부채비율이 높은 기업은 그 부채를 이용하여 역동적으로 성장시킬 수 있는 장점이 있지만 작은 충격에도 부도날 수 있는 리스크를 안고 있습니다. 1997년 IMF 사태는 아슬아슬했던 기업들의 재무리스크가 터진 결과물이라고 해도 과언이 아닐 것입니다.

IMF 이후 정부는 상장기업들의 부채비율 가이드라인을 200%로 강하게 잡았고, 이후 기업들의 부채비율을 급격히 낮아졌습니다. 최근에는 상장사 부채비율이 100% 전후로 형성되어 있습니다. 어쩌면 IMF 시절 고생했던 상장사들이 생존하기 위해서 스스로 재무 안정도를 높인 결과물이라고 할 수 있겠습니다.

부채비율은 자기자본 대비 부채가 어느 정도 있는지 가늠하는 재무비율입니다. 그런데 빚(부채) 중에는 당장 갚아야 할 빚이 있고, 천천히 갚아도 되는 부채가 있지요. 재무 리스크에 문제가 되는 부채는 당장 갚아야 할 부채입니다. 이를 측정하는 재무비율이 바로 유동비율과 당좌비율입니다.

유동비율과 당좌비율은 부채비율에서 잘 드러나지 않는 회사의 유동성(현금상황)을 가늠하기 위한 재무비율입니다.

유동비율은 유동자산을 유동부채로 나누어준 값을, 당좌비율은 당좌자산을 유동부채로 나누어 준 값을 백분율화한 비율입니다. 유동비율은 은행가 비율로도 불리며 은행이 기업의 재무 구조를 평가할 때 자주 사용되는 재무비율입니다. 유동비율은 200% 이상일 때 안정적인 수준으로 보며, 유동비율 200% 이상이라는 수치는 1년 안에 갚아야 할 유동부채 대비 1년 안에 현금화가 가능한 유동자산이 2배 이상 많음을 의미합니다.

④ 꾸준한 투자와 연구개발

네 번째로 좋은 기업을 고르는 과정에서 체크해야 할 것은 기업의 투자와 연구개발R&D이 꾸준히 지속되고 있는지의 여부입니다. 특히 연구개발은 무엇보다 중요합니다. 아무리 성장성이 있는 산업이라 하더라도 R&D가 위축될 경우 기술력이 약화되어 성장이 뒤쳐질 수 있기 때문입니다.

삼성전자가 세계적인 기업으로 우뚝 설 수 있었던 이유도 바로 R&D 투자 규모가 세계 최대급이기 때문입니다. 2018년 기준 삼성전자의 R&D 투자 규모는 세계 2위입니다.[1]

[자료 3-2] 삼성전자의 2020년 반기 보고서 내 연구개발비 비중

[연구개발비용]		(단위 : 백만 원, %)		
과 목		제52기 반기	제51기	제50기
연구개발비용 총계		10,585,084	20,207,612	18,662,029
(정부보조금)		△7,448	△14,677	△11,645
연구개발비용 계		10,577,636	20,192,935	18,650,384
회계 처리	개발비 자산화(무형자산)	-	△285,699	△296,304
	연구개발비(비용)	10,577,636	19,907,236	18,354,080
연구개발비 / 매출액 비율 [연구개발비용 총계÷당기매출액×100]		9.8%	8.8%	7.7%

※ 연결 기준이며 한국채택국제회계 기준에 따라 작성되었습니다.　　　[△는 부(-)의 값임]
※ 비율은 정부보조금(국고보조금)을 차감하기 전의 연구개발비용 지출 총액을 기준으로 산정하였습니다.

R&D 관련 자료는 기업들의 분기·반기 및 사업보고서 내 '사업 내용' 항목에서 찾아볼 수 있습니다. 삼성전자의 2020년 상반기 보고서 자료를 보면, 삼성전자는 연구개발비로 2020년 상반기에 10조 5,850억 원을 사용했고,

---

1　글로벌 R&D 1000대 기업 중 한국 24개…삼성전자 투자 세계 2위 (2020년 2월 5일, 헤럴드경제): http://news.heraldcorp.com/view.php?ud=20200205000654

2019년 연구개발비는 총 20조 207억 원에 이릅니다. 연구개발비가 높을수록 신기술을 만들고 새로운 패러다임을 쫓아갈 사업 능력을 가질 가능성이 매우 높아집니다. 반대로 아무리 성장성이 높은 산업이라도 연구개발비에 거의 투자하지 않는다면 그 회사는 신기술을 가지기 어렵겠죠.

초고령사회의 성장산업으로 기대되는 의약업종 내 두 기업의 연구개발비를 비교해 보겠습니다. 매출액이 비슷한 환인제약과 삼천당제약의 2019년 포괄손익계산서에서 매출액과 연구개발비를 찾아보았습니다. 매출액과 연구개발비를 비교했을 때 어떤 기업이 더 높은 성장률이 기대될까요?

환인제약은 2019년 매출액 1,592억 원에 연구개발비가 매출액의 1%도 안 되는 10억 원이었습니다. 삼천당제약은 2019년 매출액 1,866억 원에 연구개발비가 매출액의 약 10%인 179억 원이었습니다.

당장 한두 해는 모르겠지만, R&D 비용이 더 많이 투자되는 기업은 향후 새로운 신기술을 찾아내어 실적이 한 번씩 점프할 가능성이 크겠지요? 연구개발 및 투자를 통해 만드는 장기적인 성장일 것입니다.

이렇게 사업이 속한 산업의 미래 성장성에 대한 가능성, 현재 수익성, 재무 구조 그리고 R&D 투자 등을 모두 고려한다면 좋은 종목을 찾을 수 있습니다. 좋은 종목을 찾는 능력을 배양하기 위해 구체적으로 필요한 정보를 알아보겠습니다.

2

돈을 잘 벌고 있는 회사인가?

VALUE INVESTMENT

좋은 회사의 기준들은 결국 기업이 돈을 잘 벌어들이기 위한 조건들입니다. 미래 성장성이 이어질 산업은 미래에도 회사가 매출을 꾸준히 이어나갈 것이고, 회사의 수익성은 회사가 매출을 만들고 이를 이익으로 남기느냐를 의미합니다. 재무 구조의 취약성 여부는 부채에 따른 이자비용 문제뿐만 아니라 과거부터 누적된 기업의 성장과 수익성의 결과물이고, 꾸준한 R&D와 기업투자는 결국 미래 매출을 만들기 위한 기업의 노력입니다.

이 모든 조건은 기업이 돈을 잘 벌어들여 이익을 만들고 있는지를 함축하고 있습니다. 기업이 돈을 잘 버는지를 이해하기 위해서는 회사의 이익이 만들어지는 과정을 잘 알아야겠지요.

빵을 만들어 파는 제과점 A를 가정해 보겠습니다. 2020년에 제과점 A는 한 달에 1억 원씩 총 12억 원의 빵을 판매하여 매출액 12억 원을 만들었습니다. 자, 제과점 A는 12억 원을 번 것일까요? 아니죠, 투입된 비용을 제해야 합니다.

일단, 재료비가 들어갑니다. 밀가루, 설탕, 수도요금, 전기요금 등 재료비에 들어가는 비용들을 빼야 합니다. 대략 2020년에 8억 원이 쓰였다 가정하겠습니다. 매출원가를 빼고 나니 4억 원의 매출 총이익이 만들어졌습니다. 와우! 이 회사 이익이 4억 원일까요? 아니지요. 인건비 및 마케팅 비용처럼 판매와 매장 관리에 들어가는 판매관리비가 빠져있습니다. 매장에 아르바이트생, 제빵사, 사장님 월급 및 마케팅 비용, 홍보비, 매장 임대료 등으로 2020년에 3억 원의 판매관리비를 사용했다 가정하고 이를 매출 이익에서 빼줍니다. 매출총이익 4억 원에서 판관비 3억 원을 빼주면 1억 원이 남는군요. 이렇게 매출총이익에서 판관비를 빼고 남은 이익을 영업이익이라 합니다.

제과점 A는 영업활동에 필요한 비용을 모두 빼고 2020년 영업이익을 1억 원을 만들었습니다. 그럼 제과점 A가 온전히 1억 원을 만들었다 할 수 있을까요?

더 알아보니 매장을 차리기 위해 은행에서 빌린 차입금에 대한 이자 비용이 2020년에 5천만 원이 발생했습니다. 이 또한 회사를 경영하는 데 쓰인 돈이므로 비용으로 빼야 합니다. 자, 제과점 A의 순이익은 5천만 원이 남는군요. 편의를 위해 세금 계산은 별도로 하겠습니다.

사람들은 일반적으로 매출액을 보고 그 돈이 회사의 이익인 것처럼 생각하는 경향이 있습니다. 공중파 TV에 나오는 맛집의 월매출이 몇 억이라는 말에 사람들 눈이 휘둥그레지지 않습니까? 하지만 기업 입장에서 보자면 이는 돈을 제대로 벌고 있다는 증표가 되지 않습니다. 물론 매출이 커야 이익이 만들어질 여지도 커지지만, 매출은 큰데 실제 이익을 만들어내지 못하는 회사들도 많기 때문입니다.

만약, TV에 나온 어떤 맛집이 매달 몇 천만원씩 매출을 만들고는 있는데,

그 매출액만큼 원재료값과 판매관리비가 들어간다면 그 가게는 이익은커녕 적자만 쌓이고 있을 것입니다.

이처럼 기업이 이익을 제대로 만들고 있는지를 판단하려면 매출액뿐만 아니라 다양한 비용 요소들도 함께 고려해야 합니다.

이를 위해 좋은 회사란 무엇인가를 다시 한번 떠올려 보겠습니다.

첫째, 회사의 사업이 미래에도 성장성을 가질 트렌드나 패러다임인가?
둘째, 현재 이 회사의 수익성은 양호한가?(혹시 심각한 적자기업인가?)
셋째, 재무 구조가 취약하여 기업 생존 자체가 아슬아슬한가
넷째, 꾸준한 투자와 R&D가 이어지면서 미래를 대비하고 있는가?

이 기준에 맞춰서 더 알아보죠.

회사가 돈을 잘 번다는 의미는 한 해만 돈을 잘 버는 것이 아닌, 매년 매출과 이익이 성장하는 흐름을 말합니다. 우리가 직장에서 열심히 일하는 이유이기도 합니다. 회사는 현재 사업에 자족하고 매출 구조를 발전시키지 못하면 어느 순간 경쟁력이 뒤처지면서 서서히 매출이 무너집니다. 따라서 회사가 계속 돈을 잘 벌기 위해서는 매출과 이익을 성장시키기 위한 고민과 노력이 필요합니다. 이를 위하여 새로운 흐름을 계속 파악하고 연구개발을 통해 다른 기업과 차별화되는 기술력을 갖추어야만 합니다.

제과점 A가 특정 식빵으로 특화되어 현재는 인기 있더라도 대중의 빵에 대한 기호와 트렌드는 계속 바뀝니다. 그러하기에 제과점 A의 경영진은 새로운 빵에 대한 트렌드와 고객의 취향을 맞출 수 있는 고품질의 빵을 만들기 위한 연구개발과 수요 조사를 계속 이어가겠지요? 이렇게 해서 고객들이 마

음에 들어할 새로운 빵이 나온다면 그 빵은 새로운 매출을 만들 뿐만 아니라, 경쟁 빵집과의 경쟁에서 몇 걸음 앞서나가면서 계속 매출을 키우고, 자연스럽게 이익도 커지는 선순환이 만들어질 것입니다.

회사의 성장을 위한 노력은 여기에서 그치면 안 됩니다. 아무리 고품질의 좋은 빵을 개발하여 매출을 키운다 하더라도 제빵 과정의 비효율성으로 인해 비용이 증가한다면 매출만 커질 뿐 이익이 악화될 수 있습니다. 따라서 적절한 선에서 비용을 줄이는 노력도 병행되어야 합니다. 그래야만 매출액에서 얼마만큼 영업이익이 발생하는지에 관한 지표인 매출액 영업이익률을 높이거나 유지할 수 있기 때문입니다. 외형만 키운다면 매출만 컸지 손실이 누적되어 사업을 접어야 할 수도 있습니다.

이익이 발생하면 부채를 갚아가면서 재무 구조를 안정화시킬 필요가 있습니다. 그래야만 장기적으로 꾸준히 돈을 벌 수 있는 사업구조가 마련되고 생존 가능성이 커집니다. 돈을 잘 벌어도 빚을 못갚아서 부도가 나는 어처구니 없는 상황도 종종 있습니다.

그런데 회사가 돈을 잘 벌고 있는지의 여부는 일반적인 개념과는 다소 다릅니다. 보통 사람들은 회사가 돈을 잘 번다고 한다면, 현금 흐름만 고려하곤 합니다. 직장인의 월급이나 연봉처럼 통장에 현금이 찍히는 것만을 기업의 이익으로 생각하려는 고정관념이 있습니다. 물론 이러한 현금 흐름도 기업가치를 평가할 때 중요한 잣대이지만, 실제 기업 경영에서는 현금만을 보고 판단하는 것은 오류가 있을 수 있습니다.

회사가 돈을 버는 것은 영업활동에서만 발생하는 것이 아닙니다. 회사가 지닌 다양한 자산들의 복합적인 영향으로 최종 이익이 만들어집니다. 한 가지 예로 수출기업의 경우는 달러로 매출액이 발생합니다. 달러 환율이 어떻게 움직이느냐에 따라 그 해 회사 이익에 막대한 영향을 줄 수 있습니다. 수출기업들이라면 달러원 환율이 상승세(원화 약세)일 때 원화 환산 달러 매출이 높게 매겨져 원화기준 이익에도 긍정적인 효과를 줄 것입니다. 반대로 달러원 환율이 하락세(원화 강세)인 경우에는 원화기준 매출에 불리한 영향을 주어 이익이 감소하는 악영향이 발생할 수도 있습니다.

또는 투자한 금융상품이나 주식, 유가증권 혹은 다양한 회사 자산들의 매매에 따른 손익이 영업외 손익에 영향을 주어 그해 전체 이익에 큰 영향을 주기도 합니다. 어떤 회사가 장부 가격으로 100억 원인 토지를 200억 원에 매각한다면, 그 해에 장부 가격보다 높은 이익이 일시에 발생할 것입니다. 혹은 영업이익을 잘 만들던 회사가 투자했던 금융상품이 심각한 손실을 내 순이익을 악화시키고 회사의 존립을 위태롭게 만들 수도 있습니다. 이러한 대표적 사례가 과거 KIKO 사태입니다.

2007년 달러원 환율이 하락 추세에 있던 때 당시 금융회사들은 중견기업들에게 KIKO라는 파생상품을 판매했습니다. 약정환율 범위에 있을 때에는 일정 부분 수익을 제공하지만 달러원 환율이 급등할 경우에는 회사가 오히려 환차손의 몇 배를 은행에 되갚아야 하는 금융상품이었습니다. 기업에 불리한 상품구조인데도 많은 중견기업들이 그 금융상품에 가입했습니다.

그 후 찾아온 2008년 금융위기에서 달러원 환율이 1500원대까지 급등하자 중견기업들은 수조 원대의 피해를 입고 말았습니다. 영업이익을 꾸준히 내던 알짜 기업이 KIKO 사태로 인해 흑자도산하는 상황이 발생하면서 사회적 문제로 비화되었고 태산엘시디 등 상장 주식 중에도 상장폐지된 억울한 상황이 생겼습니다.

이처럼 기업이 아무리 본연의 영업을 잘한다 하더라도 이것만으로 회사가 돈을 잘 번다고는 할 수 없습니다. 본연의 업 외에도 영업외 손익까지도 안정적일 때 회사가 안정적으로 꾸준한 성과를 만든다 할 수 있을 것입니다.

지금까지의 내용을 '돈을 잘 벌 회사'를 찾기 위한 개념으로 활용한다면 이어질 가치투자 주제들과 함께 종목을 선정할 큰 그림을 잡을 수 있을 것입니다. 이에 관해서는 5교시 재무제표에 관한 부분에서 자세히 다루겠습니다.

[자료 3-3] 2008년 태산엘시디는 KIKO 사태로 인해 한순간에 완전자본잠식상태에 빠졌다

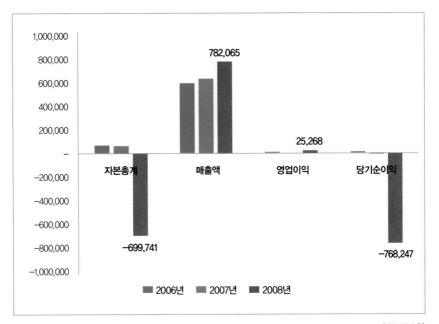

(단위: 백만 원)

3

누구에게
무엇을 팔고 있는가?

VALUE INVESTMENT

회사의 사업은 앞서 언급한 가상의 제과점 A처럼 개인을 대상으로 하는 B2C Business to Consumer 도 많지만, 회사 대 회사로 거래하는 B2B Business to Business 형태도 많습니다. 이렇게 회사가 재화나 용역 또는 콘텐츠 등을 판매하는 곳이 누구인가에 따라 즉, 개인인가 혹은 기업인가에 따라서 매출에 독특한 특징이 나타납니다.

일단, 우리 삶과 친숙한 B2C 사업 구조의 회사들부터 살펴보겠습니다. B2C는 개인당 매출 규모는 작지만 고객수가 무한에 가까울 정도로 많기 때문에 사업의 리스크나 이익률이 B2B 기업들에 비해 유리한 편입니다.

매우 많은 고객들이 존재하기 때문에 일부 고객이 이탈하더라도 매출에 크게 영향을 주지 않습니다. 또한 고객들의 충성도가 높을 경우 이익률이 드라마틱하게 높아지게 됩니다.

단적인 예로 엔터테인먼트 회사를 떠올릴 수 있겠습니다. 엔터테인먼트 회사들은 회사에 소속된 음반, 콘서트, 광고와 같은 아이돌의 활동과 그외

굿즈 판매가 주요 매출입니다. 이 모든 것이 팬들의 사랑, 즉 팬덤이 있기에 가능할 뿐만 아니라 팬들의 충성도가 높아질수록 아이돌 및 엔터테인먼트 회사의 매출은 자연스럽게 증가하게 됩니다. 요즘 팬들 사이에서는 아이돌 굿즈를 구입해야 진정한 팬이라는 문화가 대단하더군요. 팬들의 구매력은 회사 매출로 이어지게 됩니다. 팬덤이 강력할수록 한두 명의 팬이 이탈한다 하더라도 전체 매출에는 영향을 주지 않습니다.

약간의 사심을 담아 걸그룹 트와이스의 소속사인 JYP엔터를 살펴볼까요. 트와이스 데뷔 전 매출액이 500억 원이 안 되었던 JYP엔터는 2015년 트와이스 데뷔 이후 매출액이 급격히 증가합니다. 트와이스 데뷔 자체가 센세이션 해서 곧바로 팬덤이 강력하게 발생했고 앨범이 발표될 때마다 히트를 쳤습니다. 어떤 이는 트와이스가 군가를 불러도 가요순위 1위를 할 것이라는 농담을

[자료 3-4] JYP엔터의 2013~2019년 매출액과 영업이익률 추이(단위: 억 원)

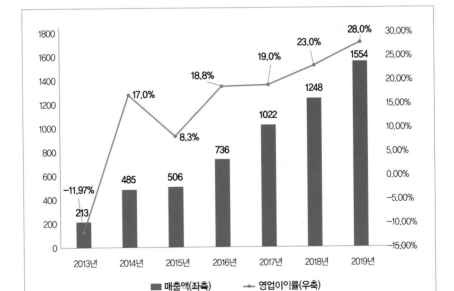

할 정도로 트와이스의 인기와 굳건한 팬들의 지지로 2019년 매출액은 1,554억 원까지 증가합니다. 트와이스가 데뷔한 2015년에 비하면 매출액이 3배나 증가한 것입니다.

여기에 강력한 팬덤이 뒷받침되어 매출액 대비한 영업이익 비율을 의미하는 영업이익률이 지속적으로 상승하면서 2015년 8.3%였던 영업이익률은 2019년에는 28%까지 높아집니다. 충성도가 높은 팬심이 기업의 실적을 높일 수 있었던 것이죠.

그런데 B2C의 치명적인 약점이 있습니다. 고객 한두 명의 이탈은 큰 문제가 아니지만, 평판이 나빠질 경우에는 기업 생존 자체가 어려울 정도로 매출이 무너질 수 있습니다. 따라서 투자를 결정할 때 평판이 나빠진 종목들은 신중하게 다양한 요소를 고려해야 합니다.

과거와 달리 국민들의 의식수준이 매우 높아졌습니다. 예전 방식대로 고객을 대할 경우 회사의 이미지가 나빠지고 평판이 악화되는 것은 물론, 나아가 고객들의 불매 운동이 벌어질 수 있습니다. 이런 수준에 이르면 회사가 아무리 제품 단가를 낮추더라도 사람들이 그 제품을 사지 않는 지경에 이르고 맙니다.

남양유업 갑질 사태가 대표적인 사례입니다. 당시 영업사원의 무자비한 폭언이 알려지면서 소비자들의 분노가 일었고 그 이면에는 대리점주에게 판매 물량 떠넘기기가 있다는 것을 알게 되면서 2013년 국민적인 공분 속에 불매 운동이 일어났습니다. 보통 이 정도에 이르면 대부분의 기업은 더 이상 문제가 발생하지 않도록 노력합니다만 이후에도 남양유업은 회사 내 고용 악습, 창업주 가족의 불미스러운 사건 등이 이어지면서 소비자들의 남양유업에 대한 이미지는 최악으로 추락했습니다.

그 결과 남양유업의 매출은 2012년 1조 3,650억 원에서 2019년 1조 308억 원으로 7년 사이 24% 급감했습니다. 같은 기간 경쟁사인 매일홀딩스는 2012년 매출액이 1조 723억 원에서 2019년 1조 5,908억 원으로 48% 증가한 것과 비교한다면 평판 악화가 회사 실적에 큰 악영향을 미쳤다는 것을 확인할 수 있는 대목입니다.

[자료 3-5] 소비자 신뢰를 잃은 후 남양유업의 매출액 추이(단위: 억 원)

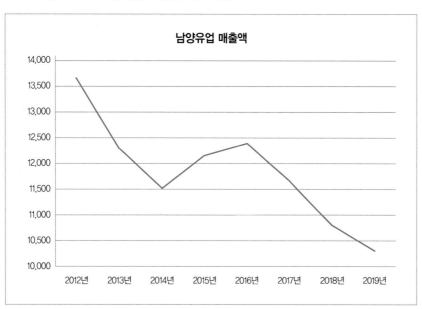

따라서 투자할 회사를 분석할 때 회사의 사업이 B2C인 경우 그 회사 제품에 대한 팬덤이나 평판을 중요하게 고려해야 합니다. 이는 엔터테인먼트 회사나 유제품 회사에만 해당하는 내용이 아닙니다. 자동차, 통신, 콘텐츠, 게임, 과자, 음료, 화장품 등 다수의 고객을 대상으로 한 B2C 사업을 영위하는 모든 기업에 해당됩니다.

반대로 B2B 사업은 소수의 고객을 대상으로 한 경우가 대부분입니다. B2C 사업을 영위하는 기업들에 비해 관리해야 할 고객수도 적습니다. 기업 고객들만 관리하면 되기 때문이지요. 이 점은 장점이지만 단점일 수도 있습니다.

장점이라 한다면, 한번 기업 고객을 뚫으면 매출이 지속될 가능성이 높다는 점입니다. 옛날 드라마를 보면 외국 바이어들이 한국에 왔을 때 술접대를 하거나 과도하게 비위를 맞추는 장면들이 많았는데요. 그렇게까지 하는 이유는 한번 거래를 시작하면 그 거래가 오래 지속되었기 때문입니다. 그리고 일반 고객을 직접 접하지 않으므로 회사의 평판이나 팬덤에 크게 영향을 받지 않는 경향이 있습니다.

하지만 B2C에 비해 소수의 기업 고객이 매출에 절대적인 부분을 차지하기 때문에 해당 고객이 이탈할 경우 회사 매출에 치명적인 영향을 줍니다. 심한 경우는 특정 회사에만 제품을 납품하다가 계약이 끊기게 되면 매출처가 전무한 상황이 만들어지기도 합니다. 대기업에 의존하는 중소기업들이 대부분 이에 해당하지요.

대표적인 B2B 기업으로는 자동차 부품, 전자 부품, 철강회사, 화학회사들이 있습니다. 특히 자동차 부품이나 전자 부품의 경우는 메이저 업체가 현대차, 기아차, 쌍용차, 한국GM, 삼성전자, LG전자 등 극소수입니다. 상장된 부품회사들은 해당 메이저 회사들의 제1벤더(제1부품공급사)로 있는 경우가 대부분입니다.

주요 메이저 업체들에게 부품을 공급하니 매출도 꾸준할 뿐만 아니라, 협력하여 부품 개발 및 R&D를 진행하는 경우가 많다 보니 회사의 기술력이 자연스럽게 높아지는 장점이 있습니다. 하지만 메이저 업체들의 업황에 따라 부품사들의 실적도 동반해 움직입니다. 메이저 업체가 승승장구하여야 낙수효과가 발생하는 사업 구조가 되기도 하고, 혹은 메이저 업체에서 부품 단가 인하 압력을 가해 손실을 감수해야 할 수도 있습니다.

따라서 B2B 업체들을 분석할 때 사업보고서 또는 분기·반기 보고서 내에서 '사업의 내용'을 살펴보면서 주요 매출처가 어떤 곳인지 체크하는 것도 중요합니다.

[자료 3-6] 서연이화의 2020년 반기 보고서 내 주요 매출처

다. 주요 매출처별 판매 현황

보고대상기간 동안 연결회사의 주요 거래처별 판매 현황은 다음과 같습니다.

(단위 : 천 원, %)

주요 매출처	제7기 반기(당반기)		제6기(전기)		제5기(전전기)	
	금액	비중	금액	비중	금액	비중
현대자동차(주)	395,839,397	49.5%	1,001,035,604	50.9%	945,032,922	51.1%
기아자동차(주)	276,156,305	34.5%	690,450,205	35.1%	643,514,263	34.7%
기타	128,326,432	16.0%	274,796,058	14.0%	262,207,562	14.2%
총계	800,322,134	100.0%	1,966,281,867	100.0%	1,850,754,747	100.0%

위의 자료는 자동차 부품회사인 서연이화의 2020년 상반기 보고서 내에 있는 '사업의 내용'에서 발췌한 주요 매출처 현황입니다. 한눈에 보더라도 이 회사는 현대차에 공급하는 매출이 전체의 50% 가까이 되고, 기아차에 공급하는 매출이 35%에 이르는 것을 확인할 수 있습니다. 기타 매출이 14~16% 있지만 절대적인 비중은 현대·기아차 그룹에서 발생하고 있는 전형적인 B2B 사업 구조임을 확인할 수 있습니다.

메이저에 부품을 공급하는 벤더회사이다 보니 특정 메이저 업체의 실적에 연동해서 움직일 수밖에 없는 한계가 있습니다. 그 메이저 업체가 승승장구할 경우 해당 회사도 동반 성장을 할 수 있다는 장점도 있습니다.

그런데 B2B라고 해서 무조건 소수의 고객사만 보유하는 것은 아닙니다. B2C처럼 다수의 고객사를 보유하고 있는 회사도 많습니다. 어떤 회사들이 있을까요? 화학회사가 떠오르는군요. 화학제품을 만드는 회사들은 대부분 국내외 제조업체에 화학제품을 공급합니다.

롯데케미칼의 2020년 1분기 분기보고서에 '사업의 내용'에서 해당 회사의 고객들을 찾아보았습니다. 서연이화와는 달리 주요 고객이 특정되어있지 않고 '국내 제조업체 및 국외 제조업체'로 기록되어있습니다.

[자료 3-7] 롯데케미칼의 2020년 1분기 보고서 내 '사업의 내용' 중 발췌

③ 공시대상 사업부문의 구분
당사 및 종속회사의 사업부문별 현황을 요약하면 아래와 같습니다.

구 분	대상회사	주요생산품목	주요고객
기초 유분	롯데케미칼(주), Lotte Chemical Titan Holding Berhad (말레이시아), Lotte Chemical USA Corp.(미국)	에틸렌, 프로필렌, 벤젠, 톨루엔, 파라자일렌, 룰소자일렌 등	국내 제조업체 및 국외 제조 업체
모노머 부문	롯데케미칼(주), 롯데지에스화학(주), Lotte Chemical Titan Holding Berhad (말레이시아), Lotte Chemical (Jiaxing) Corp.(중국), Lotte Chemical Pakistan Limited (파키스탄), Lotte Chemical USA Corp. (미국)	스타이렌모노머, 부타디엔, 에틸렌옥사이드애덕트, 에틸렌옥사이드글리콜, 고순도이소프탈산, 고순도테레프탈산, 메틸메타크릴레이트, 비스페놀에이 등	국내 제조업체 및 국외 제조 업체
	롯데케미칼(주), 케이피케텍(주), Lotte Chemical Titan Holding Berhad (말레이시아), 삼박엘에프티(주), 데크항공(주), Lotte Chemical Trading(Shanghai) Corp.(중국), Lotte Chemical Engineering Plastics(Jiaxing) Co., Ltd.(중국), Lotte Chemical Engineering Plastics(Hefei) Co., Ltd.(중국),Lotte Chemical Engineering Plastics(Shenyan	고밀도 폴리에틸렌, 폴리프로필렌, 저밀도폴리에틸렌, 폴리에틸렌테레프탈레이트, 선형저밀도폴리에틸렌, 폴리카보네이트, ABS, EPS, LFT, EPP 등	국내 제조업체 및 국외 제조 업체

롯데케미칼은 다양한 고객사를 가지고 있다는 것을 확인할 수 있는 대목입니다. B2B이기는 하지만 B2C의 성격도 함께 가지는 특징이 있다는 것을 짐작할 수 있습니다. 고객사가 다수이기에 한두 개의 고객사가 이탈하더라도 치명적인 매출 감소는 발생하지 않으며 제품 퀄리티와 가격 경쟁력을 가지고 있다면 꾸준한 수요를 이어갈 수 있습니다.

다만, 제품의 퀄리티와 가격 경쟁력이 떨어지기 시작한다면 아무리 기업 고객이라 하더라도 이탈할 수도 있겠지요? 그러하기에 B2B 기업 중 수많은

고객사를 보유한 경우에는 다른 경쟁사보다 앞서 나갈 수 있도록 R&D를 통한 가격 경쟁력과 기술력을 가지려 많은 노력을 해야만 합니다. 학창 시절에 비유하자면 다수의 고객을 가진 B2B 회사들은 자기주도형 학습을 한다고나 할까요?

누구에게 무엇을 파느냐에 따라 무엇을 중요하게 보아야 할지에 대해 정리했는데요. 실제 여러분이 투자한 회사의 사업보고서와 분기·반기 보고서 내 '사업의 내용'을 꼭 읽어보세요. 회사가 어떤 매출 구조이며 고객이 어떤 특징이 있는지 직접 확인하는 것이 가치투자 스킬을 높이는 방법이 될 것입니다.

4
어떤 방식으로
돈을 버는가?

VALUE INVESTMENT

앞서 회사의 사업 대상에 따른 매출의 특징을 설명드렸습니다. 그런데 회사마다 매출 인식이 다르기 때문에 기업 분석 시 회사별 매출 인식의 차이점을 알아야 합니다.

일반적으로 우리는 물건을 팔면 그 금액을 바로 매출로 인식합니다. 이런 개념은 TV에서 나오는 맛집 같은 매출 구조에서는 설명이 됩니다. 판매하면 바로 현금이 들어오고 카드결제를 하더라도 며칠 안에는 현금이 손에 쥐어지니 말입니다. 그런데 이런 매출 구조에 한 가지 조건을 덧붙이면 우리가 생각하는 고정관념상의 매출과 회사의 매출에 차이가 발생합니다.

예를 들어 고객 A가 온라인콘텐츠업체 B의 구독상품을 12개월 동안 이용하기 위해 12만 원을 미리 결제했습니다. 일반적으로 매출이 12만 원 발생했다고 인식할 것입니다. 현장에서도 12만 원이 현금으로 들어왔으니 매출이 12만 원 발생했다고 자랑하기도 합니다. 하지만 이는 실제 매출과 큰 차이가 있습니다. 만약 반년 뒤에 고객 A가 환불을 한다면 대략 절반에 가까운 금액을 돌려줘야 하는데 그때는 마이너스 매출이 되어버리겠지요? 혹은 구독료를 받은 달에 매출로 인식하여 벌써 회사 자금으로 썼다면 환불해 줄 돈도 없을 것입니다.

이렇게 일정 기간 정해진 재화나 용역 또는 서비스를 제공하여 매출이 발생하는 경우에는 기간으로 나누어 매출을 인식해야 합니다. 1년에 12만 원이니 한달에 1만 원이라고 매출을 인식해야 하는 것이지요.

이처럼 매출 인식의 차이에 따라 현금장사인 회사도 있고, 기간에 따라 돈을 받거나 매출을 인식하는 사업구조도 있습니다. 이렇게 돈 버는 방식, 사업방식 차이에 의해 회사의 매출에도 은근히 큰 차이가 있으며 기업을 분석하는 데 있어 고려해야 할 사항이 많아집니다.

기간 약정이 없는 매출 사업은 재화나 용역 또는 서비스의 대가를 받으면 바로 매출로 인식합니다. 자동차 회사가 고객에게 자동차를 판매했다면 그대로 매출로 인식할 가능성이 높을 것입니다. 그런데 선박 수주의 경우는 다르지요. 선박을 만들어서 인도하는 데까지 시간이 오래 걸리고 공정도 복잡합니다. 이러한 사업 구조에서는 언제 매출을 인식해야 할까요? 배를 완성해 넘겨주면서 대금을 받아 매출로 인식해야 할까요? 자동차라면 이것이 가능하겠지만 선박처럼 제작에 수개월에서 수년이 걸리는 경우에는 공정 과정과 제작 기간을 복합적으로 감안하여 매출을 인식하게 됩니다. 쉽게 생각해 공정이 10% 진행되었다면 계약금의 10%를 매출 인식하는 식이지요.

조선이나 건설과 같이 기간이 오래 걸리고 투입되는 자금도 큰 업종은 계약을 맺고 공정 과정이 진행됨에 따라 매출을 인식[2]해야 하기에 실제 공급계약서에 써있는 금액이 당기 매출액이 되는 것이 아니라 공정 과정에 따라 매

---

2 김수헌·이재홍 저(어바웃어북): 《이것이 실전회계다》

출을 인식하게 됩니다. 이러한 부분을 기업 분석할 때 확인해야 합니다.

사업보고서나 분기·반기보고서를 검토할 때 내가 투자할 또는 투자한 회사가 수주 산업에 속한다면 향후 대략적인 매출액을 감안하기 위해서라도 수주 계약 현황과 잔액을 파악할 필요가 있습니다. 일반적으로 이 내역은 기업의 사업·분기·반기 보고서 내 'III 재무에 관한 사항'에서 연결재무제표 주석 또는 재무제표 주석에서 확인할 수 있습니다.

[자료 3-8] 현대미포조선 2020년 1분기 보고서의 수주잔액 현황

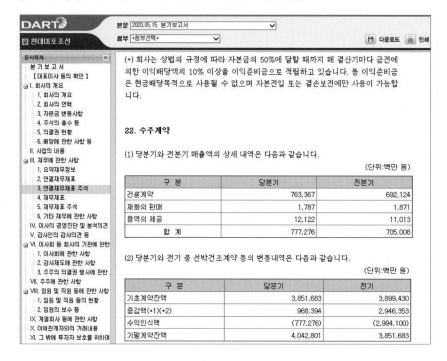

위의 현대미포조선의 2020년 1분기 보고서 중 '22. 수주계약'을 살펴보겠습니다. 현대미포조선은 2020년 1분기에 매출로 7,772억여 원을 인식했습니다. 이를 건설계약·재화의 판매·용역의 제공 등으로 구분하고 있습니다. 그

런데 현대미포조선은 수주 산업입니다. 그러하기에 두 번째에 있는 '당분기와 전기 중 선박건조 계약 등의 변동내역'을 함께 살펴볼 필요가 있습니다.

현대미포조선은 2020년 초 기초계약잔액 3조 8,516여억 원으로 시작했고 1분기에 신규계약·추가계약·변경 등으로 9,683억여 원이 증가했고 매출로 7,772억여 원을 인식한 후 1분기 말 계약잔액은 4조 428억 원 남았습니다. 이것을 토대로 향후 수익 인식이 어떻게 전개될지도 예상할 수 있지만 이어서 살펴보면 추가로 연도별 수익인식액을 친절하게 기록해 놓았습니다.

아래 자료를 보면 2020년에는 2조 159억 원 가량의 수익인식을 할 것으로 예상합니다.

이 자료를 토대로 향후 회사의 매출을 미루어 짐작할 수 있습니다. 다만 회사의 신규 계약이 증가한다면 매출은 조금 더 증가할 것입니다. 엄청난 규모의 수주를 따온다 하더라도 계약 조건에 따른 기간과 공정 과정에 따른 수익인식이 분할되기에 당기 실적이 급격하게 증가하지는 않습니다.

[자료 3-9] 현대미포조선이 공시한 연도별 수익 인식 추정치

(3) 당분기말 계약잔액 중 수익으로 인식할 것으로 예상되는 시기는 아래와 같습니다.

(단위:백만 원)

구 분	2020년	2021년	2022년 이후	합 계
수익인식	2,015,980	1,259,054	767,767	4,042,801

이에 반해 자동차 업종처럼 판매가 바로 매출로 인식되는 업종도 많습니다. 이런 회사들은 따로 수주 잔액을 공시하지 않습니다. 다만 투자자들이 회사의 수익을 추정할 수 있도록 잠정실적 보고 형태로 자동차 판매대수를 정기적으로 공시합니다.

| DART | 본문 | 2020.06.01 영업(잠정)실적(공정공시) | ∨ |
| 기아자동차 | 첨부 | +첨부선택+ | ∨ |

| 누계실적 | - | - | - | - | - |

구분(단위:대,%)	당기실적 ('20.5월)	전기실적 ('20.4월)	전기대비 증감율(%)	전년동기실적 ('19.5월)	전년동기 대비증감율 (%)
판매대수(내수)	51,181	50,361	+1.6%	43,000	+19.0%
판매대수(해외)	109,732	89,901	+22.1%	195,943	-44.0%
계	160,913	140,262	+14.7%	238,943	-32.7%

구분(단위:대,%)	당기누적 ('20.1~5월)	-	-	전년동기누적 ('19.1~5월)	전년동기 누적대비 증감율(%)
판매대수(내수)	218,281	-	-	200,465	+8.9%
판매대수(해외)	731,579	-	-	916,317	-20.2%
계	949,860	-	-	1,116,782	-14.9%

2. 정보제공내역	정보제공자	홍보실
	정보제공대상자	언론사 등
	정보제공(예정)일시	2020년 6월 1일 15:30 보도자료 배포 및 이후 수시 제공
	행사명(장소)	보도자료 배포 등

이 자료는 2020년 6월 초에 발표된 2020년 5월 영업(잠정)실적(공정공시) 자료입니다. 내용을 살펴보니 5월 내수·해외 자동차 판매 합계는 전년 동기 대비 -32.7% 감소했다는 것을 확인할 수 있습니다. 코로나19 사태로 5월 자동차 판매가 심각하게 줄어들었다는 것을 실감할 수 있네요. 이렇게만 보면 심각한 것 같지만, 전기 4월에 비해서는 14.7% 증가했습니다. 이렇듯 자료를 볼 때는 직전 자료들도 종합하여 살펴볼 필요가 있습니다. 5월 초에 발표된 영업(잠정)실적(공정공시) 자료를 살펴보니 4월에는 전년 동기비 내수·해외 자동차 판매가 -41.1% 감소했다고 나와있습니다.

우리가 기업을 분석할 때 눈앞에 보이는 숫자보다도 그 추이를 살펴볼 필요가 있는데 코로나19 전후 상황이 대표적인 케이스가 될 수 있겠습니다. 4월에는 전년비 -41.1% 감소였는데 5월에는 -32.7% 감소라면 최악의 상황에서는 벗어나고 있다고 해석할 수 있을 것입니다.

주가가 실적에 선행한다는 것을 감안한다면 이러한 분석 방법은 향후 실적 추정과 더불어 주가 추이를 예상하는데 참고자료가 될 수 있을 것입니다.

그런데 수주산업에 있는 종목은 수주 잔액을 친절하게 기록해 주므로 대략적인 매출을 추정할 수 있지만, 대부분의 업종들은 이런 자료를 친절하게 제시하지 않습니다. 현대차나 기아차 같은 대기업은 공시를 하지만 대부분의 회사들은 굳이 정보를 공개하지 않아 일일이 추정할만한 자료를 찾아야 하는 경우가 많습니다.

일정 기간 서비스를 제공하면서 먼저 서비스 비용을 받았거나 아파트 분양처럼 큰돈을 미리 받고 공사를 진행하는 경우는 받은 돈을 기간이나 공정에 따라 매출로 인식하지만 그 외에 초과되는 금액은 부채로 인식해야 합니다. 서비스나 공정을 이행해야 할 의무가 있기 때문이지요.

예를 들어 온라인콘텐츠업체 B가 고객 A로부터 연간서비스 요금 12만원을 받은 상태에서 반년이 지났다면 12만 원의 절반인 약 6만 원이 계약 부채로 남아있게 됩니다. 갑자기 큰 수주계약을 따고 계약금 혹은 초도금액을 공사 진행 상황 이상으로 받은 기업들의 경우 이런 계약 부채 때문에 갑자기 부채비율이 높아질 수도 있기에 투자 판단 시 고려해야 합니다.

기업을 분석할 때 가장 좋은 회사는 현금 장사를 하는 기업일 것입니다. 빠르게 현금이 유입되는 사업구조인 경우 대기업에서는 그룹 계열사들을 먹여살릴 캐시카우의 역할을 할 수도 있고, 회사 자체적으로는 부채가 많더라도 현금이 잘 돌아 재무적 리스크가 매우 낮습니다. 대표적인 케이스가 게임산업이지요. 게임산업은 개인이나 PC방 이용권 및 아이템 판매 등 다양한 통로의 온라인 결제를 통해 매출이 발생합니다. 온라인 매출은 회계적 기준으로는 거의 실시간이라 할 수 있을 만큼 매우 빨리 회사 통장에 들어오지요. 이런 사업구조는 장기계약보다는 바로바로 결제하는 건이 대부분이기에 유입된 대부분의 현금이 회사 매출로 인식됩니다. 게임이 히트하거나 사업이 안정권에 이르면 회사의 재무 구조는 가만히 앉아있어도 더욱 안정적이 되고 이상한 사업에 손을 뻗지만 않는다면 현금장사로서의 장점을 최대한 살릴 수 있습니다.

[자료 3-11] 엔씨소프트는 당기순이익과 영업활동으로 인한 현금흐름이 거의 비슷하다

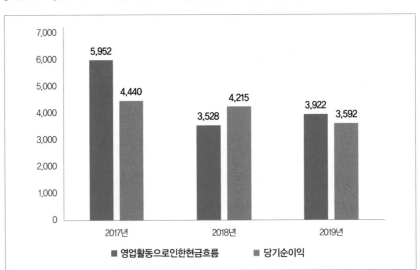

게임주의 대명사인 엔씨소프트의 경우 당기순이익과 영업활동으로 인한 현금흐름이 거의 일치할 정도로 안정적인 현금흐름을 보여주고 있습니다. 사업이 안정권에 접어들어 현금이 꾸준히 유입되는 사업구조를 가진 회사를 저평가 상태에서 발견한다면 안정적인 성과를 낼 좋은 투자 후보 종목이 될 것입니다.

어떤 경쟁력이 있는가?

VALUE INVESTMENT

모든 기업은 경쟁을 하고, 그 중 가장 우위에 있는 기업이어야 꾸준히 성장할 수 있습니다. 그 기업이 해당 산업 자체를 리드할 수도 있지요. 시장에서 절대적인 시장 경쟁력을 가진 기업은 그 지배력의 이점을 최대한 이용하여 사업을 주도하기에 회사의 이익도 다른 경쟁사에 비하여 높을 수밖에 없습니다.

독보적인 경쟁력을 가진 기업은 대중에게 널리 알려져 자연스럽게 브랜드 가치 또한 높아지고, 경쟁사에 비해 고객의 충성도가 높아 안정적인 수익과 높은 이익률을 만들 수 있습니다. 이익이 높아지니 자연스럽게 R&D도 늘어나면서 기술 격차는 점점 벌어지게 되지요.

반대로 열위에 있는 기업은 선두기업에 비해 브랜드 가치가 낮고, 광고 및 기타 영업에 막대한 비용을 투입시켜야만 영업 성과를 만들 수 있습니다. 결국 이익률이 낮아지거나 매출을 일시적으로 키웠더라도 마케팅 비용 때문에 손실이 발생하니 R&D는 엄두는 내지 못하고 기술 격차가 벌어지면서 결국

제품 경쟁력이 점점 낮아지게 됩니다.

화장품 업계를 예로 들어보겠습니다. 화장품 업계는 LG생활건강과 아모레퍼시픽이 각각 20%대의 시장점유율을 가지고 있고 그외의 화장품 업체들

시장점유율을 파악하고자 할 때는 사업보고서나 분기 · 반기 보고서 내에 'Ⅱ. 사업의 내용'을 조회하면 그 회사의 최신 시장점유율을 파악할 수 있습니다.

[자료 3-12] 아모레퍼시픽의 시장점유율 현황

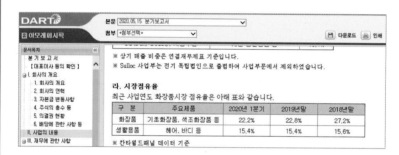

위의 자료는 아모레퍼시픽의 2020년 1분기 보고서에 있는 'Ⅱ.사업의 내용' 안에 있는 시장점유율입니다. 시장점유율이 우위에 있는 기업들은 이렇게 자신의 시장점유율을 큼직큼직하게 보여줍니다. 하지만 열위에 있는 회사들은 시장점유율을 굳이 보여주지 않거나 두리뭉실하게 기술하는 경우가 많습니다. 이럴 때에는 해당 산업의 매거진이나 증권사 리포트 등을 통해 시장점유율을 참고할 수 있습니다.

시장점유율 우위에 있는 기업과 열위에 있는 기업들은 이익률에서 큰 차이가 나타나게 됩니다. 업황이 좋을 때는 시장점유율 상위에 있든 하위에 있든 모두 무난한 이익률을 만들지만, 업황이 조금이라도 정체 구간에 들어서게 되면 시장점유율 열위에 있는 기업들은 낮은 브랜드 파워 속에 매출 감소를 막기 위해 마케팅 비용을 비롯한 비용들이 증가하면서 순이익이 크게 감소하는 현상이 발생합니다.

이 나머지 파이를 나눠 갖고 있습니다.

[자료 3-13] 화장품업계 시장점유율 차이는 극단적인 이익률 차이를 만들었다
(2019년 사업보고서 기준)

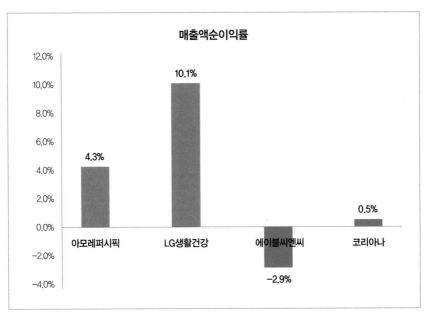

위의 자료는 시장점유율 상위에 있는 아모레퍼시픽과 LG생활건강, 시장
점유율 하위에 있는 에이블씨엔씨와 코리아나의 2019년 사업보고서 기준 매
출액 영업이익률 도표입니다. 시장점유율이 높은 기업들이 시장점유율이 낮
은 기업들에 비해 높은 매출액순이익률을 기록하고 있음을 한눈에 확인할
수 있습니다.

시장점유율은 연 날리기와 비슷합니다. 일단 어느 선까지 올려놓으면 자
연스럽게 매출이 유지되고 이익률도 안정적으로 지속되지요. 하지만 여기에
자족하고 기업이 발전하려 하지 않으면 후발주자들이 야금야금 시장점유율
을 키워가면서 1등 기업의 마켓셰어를 빼앗다가 후발기업들이 시장점유율

1위로 등극하기도 합니다. 그래서 시장점유율 상위권에 있는 기업이라도 계속 시장점유율을 늘리기 위하여 부단히 노력합니다.

경우에 따라서는 시장점유율을 압도적으로 높이기 위해 치킨게임이라는 극단적인 결정을 내리기도 합니다. 시장점유율 1위 기업이 2위 기업과의 격차를 키우기 위해 가격을 낮추면서 2위 기업뿐만 아니라 시장점유율 하위권에 있는 기업들에 대규모 적자를 발생시켜, 산업 내 체력이 약한 회사가 사라지게 하거나 1위 기업이 흡수·합병하는 일들이 왕왕 발생됩니다.

2008년 금융위기 당시 반도체 산업에서 치킨게임이 벌어졌고[3] 이로 인해 1Gb DDR2 가격이 단 두 달 만에 반토막이 되었습니다. 금융위기와 함께 D램 가격이 급락하면서 세계 D램 업체들은 심각한 재정난에 빠졌습니다. 2009년 1월 23일에 독일의 D램 업체인 키몬다의 파산 소식이 알려지면서 치킨게임은 일단락되었습니다. 이 과정에서 일본과 대만의 반도체 회사들도 막대한 타격을 입었고 삼성전자의 D램 시장점유율은 2008년 30%에서 2009년에는 34%까지 높아졌습니다.

큰 치킨게임이 끝나고 나면 1위 업계는 강력한 마켓셰어를 바탕으로 가격 결정권을 가지게 되고, 이후 생산량을 조절하며 가격을 통제함으로써 이익률을 극대화시킬 수 있습니다.

1위 기업, 독보적인 기업에 투자하라는 투자 현인들의 말에는 다 이유가 있는 것입니다.

치킨게임

1955년 제임스 딘 주연의 영화 〈이유 없는 반항〉에도 등장한 용어인 치킨게임은, 과거 미국에서 청년들이 서로 마주 보고 달리는 자동차 레이스 게임이었습니다. 양쪽에서 마주 보고 달린다면 충돌 시 사망 또는 중상을 입을 수밖에 없습니다. 이 과정에서 핸들을 돌리는 이를 겁쟁이라 하여 '치킨'이라 불렀습니다. 경쟁하는 기업들이 출혈 경쟁을 하며 가격을 계속 낮추는 모습이 치킨게임 같다 하여 경제학과 주식시장에서 사용되게 되었습니다. 경제 분야에서 치킨게임의 승자는 시장을 독차지하게 됩니다.

---

3 반도체 '치킨게임' 막 내리나 (2009년 1월 27일, 서울경제): https://news.v.daum.net/v/20090127171611256

"사업에서 경쟁은 독점보다 결코 좋을 수 없다. 제2는 어떤 것이든 제1 보다 못하다."

– 피터 린치

"종목 발굴의 최대 원칙은 독점이며 독점은 곧 시장지배력. …생활 주변에서 독점 가능성이 있는 기업을 골라라."

– 워런 버핏

"독점회사를 비관적 분위기가 최고조에 이르렀을 때 싼값에 사라."

– 존 템플턴

시장점유율 1위가 되어 가격 결정력을 가지는 회사가 바로 독점적 기업입니다. 다른 경쟁사가 끼어들기도 어렵고, 가격 결정력을 통해 회사의 이익을 극대화하게끔 생산량을 조절할 수 있습니다. 정부의 통제를 받지 않는 독점적 기업을 찾는다면 안정적으로 장기투자할 수 있을 것입니다.

하지만 독점적 지위에 오르려면 각국 정부의 눈치를 볼 수밖에 없습니다. 독점의 폐해를 알고 있는 각국 정부에서는 독점적 기업에서 일방적으로 가격을 인상하려 하면 정부의 칼날을 들이댑니다. 20세기 초 스탠다드오일의 시장점유율이 거의 90%에 이르자 미국 정부에서 독점기업의 폐해를 막기 위해 1911년 스탠다드 오일을 34개의 독립회사로 해체했습니다. 2019년말 페이스북, 구글, 아마존, 애플 등도 반독점 조사를 받았습니다.

특히 생활필수재라면 독점에 대한 위험과 부담이 있어 몇몇 기업이 시장점유율 50% 이상을 구성하는 과점 체제인 경우가 대부분입니다.

그런데 생활필수재 중 독점기업이 생각보다 많습니다. "와! 대박 종목이네"라고 단순하게 생각한다면 큰 오산입니다. 그런 사업은 정부가 직간접적으로 관할하는 공기업인 경우가 대부분이기 때문입니다. 대표적으로 전력산업은 한국전력이 독점하고 있습니다. 독점기업이라면 가격을 마음대로 올릴수 있겠다고 생각할 수 있지만, 안타깝게도 공기업이기도 하고 전력은 생활 및 산업 필수요소이기 때문에 가격 결정에 정부와 정치권의 입김이 매우 강합니다. 따라서 원재료값이 인상되어도 전기요금을 올리지 못해 적자 상황이 종종 발생합니다.

종목을 찾다 보면 생활필수재가 아닌 분야에서 시장점유율 50%에 육박하는 기업을 간간히 만날 수 있습니다. 한국알콜의 경우, 공업용 주정 시장점유율 50% 이상, 국내 초산에틸 수요의 절반 이상을 공급하고 있는 기업입니다.

[자료 3-14] 공업용 알콜 및 초산에틸 시장점유율 50% 수준에 이르는 한국알콜

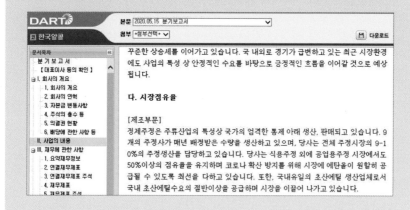

독보적인 시장점유율과 사업능력을 갖는 기업을 찾기 어려울 수도 있습니다. 하지만 여러분이 보유한 종목 중에 그런 종목이 숨어있을 수도 있으며, 혹은 친구와 얘기 중에 나온 산업 중에 있을 수도 있습니다. 또는 회사 업무 중 알게 된 공급업체 또는 협력업체가 알고 보니 독점적 수준의 시장점유율을 가지고 있을 수도 있습니다.

이런 종목들을 조사해보는 것은 어떨까요? 방법은 간단합니다. 사업보고서 또는 분기·반기 보고서 내에서 'II.사업의 내용' 항목에서 단어 검색으로 '점유'를 찾아보세요. 여러분이 원하는 자료를 만날 수 있을 것입니다. 만약 자료가 없다면 해당 산업에서 발행하는 잡지를 참고하거나 증권사의 산업 리포트를 찾아보는 것도 방법입니다.

국내 증권시장에 상장된 2000여 개 기업은 2019년 기준 대한민국의 법인 약 70여만 개 중 0.3%의 최상위 기업들입니다. 이 상장 기업 중에 독보적인 시장점유율을 가진 기업들이 은근히 있지 않을까요?

투자할 회사의 경영자도
알아야 할까?

VALUE INVESTMENT

　　투자할 회사의 내부 요인을 분석하려면 '회사 대표의 속옷 색까지 알아야 한다'는 농담이 있습니다. 회사를 경영하는 경영자의 중요성을 강조하는 말인데요. 주식투자는 자신이 투자한 지분만큼 동업을 한다고도 볼 수 있기에 동업자가 어떤 사람인지를 알아야 하겠지요. 만약 회사 경영자의 팬티 색까지 알 정도라면 그 회사의 경영상태가 어떤지 그 누구보다도 잘 알 수 있을 것입니다.

　　그런데 회사 대표와 가까운 사이가 아니라면 그 속을 알기란 어렵습니다. 회사 경영자와 관련된 뉴스 그리고 기본적인 공시정보를 토대로 여러분의 삶의 경험을 토대로 경영자의 됨됨이를 짐작할 뿐입니다. 가장 확실한 것은 뉴스를 통해 공개된 회사 경영진의 모습입니다. 뉴스에 미담이 자주 등장하는 경영진이라면 우리는 그 회사의 경영진이 도덕적일 것이라 짐작할 수 있습니다. 다소 홍보성이거나 연출이 들어간 이들도 있겠지만 이런한 연극조차 하지 않거나 부도덕한 소식으로 경영진이 뉴스에 등장한다면 그 기업을 분석할 때 고민할 필요가 있습니다.

어떤 이들은 등소평의 흑묘백묘론을 꺼내면서 경영진의 부도덕성은 차치하고 돈만 잘 벌어오면 된다 말합니다. 하지만 부도덕한 경영진은 뒤에서 회사의 이익을 횡령·배임 등으로 까먹고 있을 가능성이 매우 높습니다. 자신의 사적 이익을 챙기느라 주주의 이익을 갉아먹을 가능성이 높은 것입니다.

여기 두 명의 회사 대표가 있습니다. 다른 회계상 수치는 배제한다면, 여러분은 어떤 대표가 경영하는 회사에 투자하고 싶습니까?

A사 대표 K씨
- 회사 규모보다 과한 외제차가 여러 대
- 가족은 모두 회사의 임원, 종종 갑질 관련 뉴스가 나옴
- 술을 마신 후 일반인 폭행 사건 연루
- 마약

B사 대표 L씨
- 직원과 같이 통근버스로 출퇴근
- 회사 임원에 철저히 가족 배제, 우수 직원 임원 배치
- 자원봉사, 기부 등으로 선행 소식
- 가족과 화목한 일상이 종종 매스컴에 등장

여러분은 어떤 회사에 투자하고 싶습니까? 한눈에 보더라도 L씨가 경영하는 B사에 투자하고 싶을 것입니다. 적어도 A사에 비하여 횡령·배임 가능성은 낮고 기업 평판도 긍정적일 가능성이 높기에 회사 브랜드 가치도 높아

질 수 있기 때문입니다. 그리고 통근버스를 타는 등 알뜰하다는 것은 회사의 재정도 알뜰히 관리할 것이라는 기대를 주며, 회사 직원을 능력에 맞춰 임원에 배치하는 것은 직원들에게 비전을 가지게 하므로 의욕이 넘치는 회사 분위기를 만들 수 있습니다. 당연히 회사의 발전과 이익에 도움이 될 것입니다. 동업자인 주주들에 대한 태도도 우호적일 가능성이 매우 크겠지요?

하지만 K씨가 경영하는 A사에는 투자하고 싶은 마음이 생기지 않을 것입니다. 일단 회사 대표가 마약을 하고, 술을 마시면 일반인을 폭행한다는 점은 제대로 회사를 경영할 수 있는 마인드를 가지고 있는지 의심스럽게 합니다. 그리고 회사의 규모보다 과한 최고급 외제차가 많다는 것은 K씨가 경영보다는 다른 것에 관심이 많다는 의미겠지요? 여기에 임원이 거의 가족과 친척으로 구성되어 있고, 그 가족이 직원들에게 갑질을 한다면 횡령·배임 등과 같은 사건이 발생할 가능성도 높을 것입니다. 투자자 관점에서 보자면 주주에 대한 대우도 박할 것이라는 짐작을 할 수 있을 것입니다.

그런데 대기업이나 재벌 총수가 아닌 이상 회사 대표에 대한 정보를 접하기란 그리 쉽지 않습니다. 일반인에게는 뉴스를 검색하여 자료를 찾는 방법이 진부하지만 시간과 노력을 감안할 때 가성비가 좋은 방법이라 생각합니다. 이를 위해 몇 가지 수고를 할 필요가 있습니다.

일단, 회사 임원의 기본 정보를 알아야 합니다. 이 자료는 매우 찾기 쉽습니다. 회사의 사업보고서 또는 분기·반기 보고서를 조회하면 됩니다.

'VIII. 임원 및 직원등에 관한 사항'을 조회하면 현재 회사 임원 현황과 정보를 조회할 수 있습니다. 기본적인 정보이지만 생각보다 큰 실마리를 잡을 수 있습니다.

[자료 3-15] 오뚜기의 임원 및 직원 현황 자료(2020년 1분기 보고서)

위의 표는 오뚜기의 2020년 1분기 보고서에 나온 임원 및 직원 현황입니다. 자료에는 대표이사 포함 총 14명의 등기·미등기 임원이 있고 함영준 씨가 대표이사로 있다는 것을 쉽게 확인할 수 있습니다. 출생년월과 주요학력 및 경력도 한눈에 볼 수 있습니다.

이 자료를 토대로 포털사이트에서 경영진에 관한 추가 정보를 조회할 수 있습니다. 동명이인이 많기 때문에 검색할 때 회사명과 함께 대표이사 이름을 입력해야 원하는 정보를 정확하게 얻을 수 있습니다. 이런 방법으로 오뚜기의 대표이사 함영준 씨를 포털사이트에서 검색해 보았습니다.

전체적으로 훈훈한 뉴스가 많았습니다. 홍보용으로 포장된 뉴스가 대부분일 것이라고 가정하더라도, 긍정적인 뉴스들이 많다는 것은 회사 경영진에 대한 질적 분석 측면에서 감점 요인은 없다고 봐도 될 것입니다.

반대로 최근 세간을 시끄럽게 한 H회사의 경영진 C씨 일가의 경우, 경영권을 놓고 생긴 가족간의 갈등, 가족간 폭력, 갑질 등 부정적인 뉴스들이 대

오뚜기 함영준 회장, '맛남' 새 키다리 아저씨,,백종원 "군대 선임"
2020.06.12 | YTN | 다음뉴스
오뚜기 함영준 회장이 '맛남의 광장'의 새로운 키다리 아저씨로 등장했다. 지난 11일 방송된 SBS '맛남의 광장'에는 백종원, 양세형, 김희철, 김동준과 박재범이 완도의...

ㄴ 백종원 '군대선배' **오뚜기 함영준**, 다시마 '키다리... 2020.06.12 | 이데일리 | 다음뉴스
ㄴ **오뚜기 함영준** 회장, '맛남' 새 키다리 아저씨 등... 2020.06.12 | 뉴스1 | 다음뉴스
ㄴ '맛남의광장' 백종원 군대 선임 **오뚜기 함영준** 회... 2020.06.12 | 스포츠서울 | 다음뉴스
관련뉴스 7건 전체보기 >

'오뚜기 함영준 회장 장녀' 함연지, '비디오스타' 출연,,300억 주...
2020.06.12 | OSEN | 다음뉴스
[OSEN=강서정 기자] **오뚜기 함영준** 회장 장녀이자 뮤지컬 배우인 함연지가 '비디오스타'에 출연한다. 23일 방송되는 MBC에브리원 '비디오스타'는 '해명자들 특집! 또...

ㄴ '**오뚜기** 회장 장녀' 함연지 "농심 회장 손녀와 뉴... 3시간전 | OSEN | 다음뉴스
ㄴ '**오뚜기** 회장 장녀' 재벌 3세 함연지, '비스' 출연... 2020.06.12 | 스포츠조선 | 다음뉴스

출처: 다음 뉴스

부분입니다. 이런 회사를 질적 분석할 때 과연 우리가 플러스 점수를 줄 수 있을까요? 투자 후보로 올렸더라도 이런 뉴스를 보면 투자 종목에서 제외하고 싶을 것입니다. 과연 저 회사의 경영진을 믿을 수 있을까 라는 의혹과 함께 말입니다.

이처럼 회사와 대표·경영자 관련 뉴스를 통해 경영진에 관한 질적 분석을 할 수 있습니다만 대표이사나 경영진에 관한 자료는 구하기 어려울 때가 더 많습니다. 이러한 경우는 앞서 언급한 사업보고서 내 기본 학력정보를 바탕으로 지인에게 수소문하거나 학교의 커뮤니티 등을 통해 정보를 얻을 수 있습니다.

2000년대 중반 필자는 투자한 회사의 경영진들에 관해 조사하다가 어떤 사실을 알고 투자금을 회수한 적이 있습니다. 그 회사 경영진들 중 상당수가 조직폭력배 출신들이라는 것을 알았거든요. 저는 그 정보를 입수하자마자 주식을 매도했습니다.

경영진에 대해 더 자세히 알고 싶다면 직접 기업 탐방을 가는 것도 좋습니

다. 개인투자자로서는 조금 어렵지만 직접 회사를 방문하여 분위기를 살펴보면 대략적으로 회사와 경영진의 분위기를 파악할 수 있기 때문입니다. 경직된 조직문화인지 개방적이고 활기찬 직원문화인지도 느낄 수 있습니다. 어떤 분은 회사에 방문했을 때 경영진이 쓰는 가구나 인테리어를 보기도 한다고 말합니다.

이와 관련하여 피터 린치는 '기업 사무실이 화려할수록 경영진은 주주에 대한 보상에 인색하다'고 말했습니다.[4]

경영자의 질적인 부분을 분석해야 하는 이유는 회계상 숫자 혹은 투자 지표들의 숫자를 넘어 더 근본적인 것을 보기 위해서입니다. 대표이사나 경영진의 인간적인 부분을 분석하면 결국 그가 주주들의 이익을 어떻게 생각할지 가늠할 수 있습니다. 적어도 경영진 이슈로 인해 뒷통수를 맞을 확률을 크게 낮출 수 있습니다.

---

4   프레더릭 반하버비크 저(에프앤미디어): 《초과수익바이블》 500p, 주석 45번

회사의 10년 뒤도 고려하라

VALUE INVESTMENT

앞서 투자하기 좋은 회사를 찾기 위한 여러 기준을 함께 알아보았습니다. 사업이 미래 성장성이 있는지, R&D와 투자를 이어가면서 미래를 대비하고 있는지, 수익성은 양호한지 그리고 재무 구조는 탄탄한지에 대한 숫자상의 분석뿐만 아니라 고객이 누구인지, 이익을 만드는 방식이 어떠한지, 회사가 독보적인 경쟁력을 가지고 있는지 그리고 경영자의 자질은 어떠한지까지 다양한 관점에서 좋은 회사를 찾는 방법을 살펴보았습니다. 그런데 이런 기준들을 바탕으로 종목을 찾는다 하더라도 그 회사들이 계속 승승장구하기란 쉬운 일이 아닙니다.

필자는 우연히 서울올림픽이 열린 1988년의 시가총액 상위 10종목 리스트를 보게 되었습니다. 10개 기업의 이름을 보니 기업들의 흥망성쇠가 생각보다 빠르고 크게 나타난다는 것을 실감할 수 있었습니다. 10년이면 강산이 변한다는 말처럼 말입니다.

처음공부 용어 뽀개기

시가총액

시가총액은 주가와 발행 주식수를 곱한 값입니다. 개별 기업이 증권시장에서 총 얼마의 가치로 평가받고 있는가를 의미하며 기업의 외형과 기업가치를 평가할 때 자주 사용되는 지표입니다.

1988년 당시 시가총액 상위 10종목의 기업명은 다음과 같습니다.

유공, 금성사, 현대자동차, 제일은행, 한일은행, 서울신탁은행, 조흥은행, 상업은행, 기아산업, 삼성전자

이미 사라져 추억으로만 남은 회사들이 대부분입니다. 당시 시가총액 최상위에 있던 회사들 중 현재까지 최상위로 남아있는 경우는 2~3개 종목에 불과하고, 남아있다 하더라도 1997년 IMF 사태 이후 피흡수·합병된 경우가 대부분입니다. 1988년은 너무 오래되어 여러분에게는 낯선 회사가 대부분일 것입니다. 그렇다면 21세기인 2000년대 이후 시가총액 상위 종목들은 명예를 이어갔을까요? 필자는 2001년 연말, 2010년 연말 그리고 2020년 6월 초 기준으로 시가총액 상위 10개 종목 리스트를 뽑아보았습니다.

[자료 3-17] 2001년, 2010년, 2020년 코스피 시가총액 Top10 리스트

2001년 연말	2010년 연말	2020년 6월 2일
삼성전자	삼성전자	삼성전자
SK텔레콤	POSCO	SK하이닉스
한국통신공사	현대차	삼성바이오로직스
국민은행	현대중공업	NAVER
한국전력	현대모비스	셀트리온
포항제철	LG화학	LG화학
현대차	신한지주	삼성SDI
신한지주	KB금융	카카오
LG전자	삼성생명	현대차
담배인삼공사	기아차	LG생활건강

출처: KRX

2001년 당시에는 시가총액 상위에 삼성전자, SK텔레콤, 한국통신공사

(KT), 국민은행(KB금융), 한국전력, 포항제철(POSCO), 현대차, 신한지주, LG 전자, 담배인삼공사(KT&G) 등이 있었습니다. 10여 년 뒤 2010년 연말 시가 총액 상위에는 삼성전자, POSCO, 현대차, 신한지주, KB금융 이렇게 5개 종 목만이 시총 상위 10위권에 남아있었습니다. 다시 10년이 지난 2020년 6월 초에는 삼성전자와 현대차, 단 2개 종목만이 시가총액 최상위 종목에 랭크되 었을 뿐입니다.

우리가 그 시절로 돌아갔다고 상상해보지요. 당시 그 종목들은 시대를 대 표하는 기업들이기에 시가총액 최상위 10위에 들어가는 명예를 얻었습니 다. 하지만 최상위 자리를 지킨다는 것이 쉽지 않다는 것을 확인할 수 있습 니다. 그나마 삼성전자와 현대차가 체면은 세웠지만 생각보다 그 변화가 매 우 크고 빠르다는 것을 실감할 수 있습니다.

2001년 연말 시가총액 2, 3위는 통신사의 대표주자인 SK텔레콤과 한국통 신공사(KT)였습니다. 당시의 투자자들은 통신사들이 계속해서 미래를 선도 할 것으로 기대했습니다. 하지만 트렌드와 패러다임의 변화는 생각보다 빨 랐지요. 두 통신사는 반등다운 반등을 만들지 못하고 지속적인 주가하락을 보였습니다.

2010년 연말에는 현대중공업과 현대모비스 같은 운수장비 업종, 신한지 주와 KB금융, 삼성생명과 같은 금융회사들이 시총 상위 10위 내에 있었습니 다. 하지만 이들 기업은 모두 시가총액 최상위권에서 밀려나고 말았습니다. 2010년에 이렇게 될 줄 누가 알았겠습니까?

2001년 당시의 통신주, 2010년 당시의 금융주 및 운수장비주들은 그 시 절에는 절대 꺾일 일이 없을 것만 같았지만 시대가 변화함에 따라 다른 종 목들이 그들의 자리를 대신했습니다. 2020년 6월 초 시가총액 최상위권에

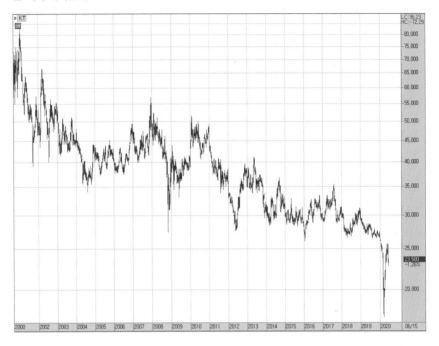

있는 종목 중 삼성전자와 현대차를 제외한 SK하이닉스, 삼성바이오로직스, NAVER, 셀트리온, LG화학, 삼성SDI, 카카오, LG생활건강 등은 모두 10년 전에는 시가총액 최상위권 종목이 아니었습니다. 하지만 이들은 미래 패러다임의 변화에 대한 기대가 반영되면서 10년 동안 차근차근 주가가 상승했습니다.

이처럼 내가 투자한 회사가 10년 뒤에는 어떻게 될 것인가 추정하는 것은 매우 중요한 투자 분석 요소입니다. 내가 투자한 회사가 미래 성장성이 있으며 패러다임을 따라가는 회사인지 또는 미래 흐름을 제대로 찾아가고 있는지를 투자 후에도 계속 추적해야 합니다. 콘트라티에프 경기사이클이 산업과 기술 혁명에서 기인하는 것처럼 산업과 기술의 변화 속에 점점 쇠퇴하는 업종에 속한 기업이라면, 아무리 그 회사가 현재 업계 1위의 시장점유율과 R&D투자, 재무적 안정도를 가지고 있다 하더라도 어느 순간 우리에게 실망스러운 투자 성과를 보일 것입니다.

이러한 산업과 기술 그리고 수요의 패러다임이 바뀌는 것을 묘사한 영화 속 대사가 문득 떠오르는군요. 1991년 작 영화인 〈타인의 돈 Other People's Money 〉에서 기업사냥꾼인 주인공 가필드는 자신이 인수하려는 회사의 주주총회에서 이런 말을 남깁니다. "한때는 마차용 채찍을 파는 회사가 많았습니다. 마지막 살아남은 회사는 최고의 기술로 마차용 채찍을 만들었겠지만 그 기업 주주였다면 투자 결과는 어땠을까요?"

필자는 이 대사를 듣고 움찔했습니다. 필자를 비롯한 대부분의 투자자가 지금 이 시대에만 집중하는 사이 시대적 흐름을 놓치는 경우가 많기 때문입니다. 내가 투자한 회사 혹은 투자할 회사가 10년 뒤에도 높은 투자 성과를 만들기를 원한다면 미래 대세가 될 산업, 기술, 수요의 변화를 읽을 필요가 있습니다. 그 흐름을 본능적으로 읽을 수 있는 분도 있겠지만, 일반적인 사람이라면 주변 사람들과의 대화에서 힌트를 얻을 수 있을 것입니다.

얼마 전 필자의 지인이 대기업에서 퇴직한 후 장례회사로 자리를 옮겼습니다. 대기업을 그만두어 아쉽다고 위로하는 분이 대부분이었지만 "그곳은 일이 끊기지 않겠네"라며 성장 가능성을 보며 축하해주는 분도 있었습니다. 초고령사회인 한국의 상황을 생각해 본다면 미래에는 장례산업이 성장산업으로 급격히 부상할 것이라는 점을 꿰뚫어 본 것이지요.

또는 우리가 사용하던 제품들의 패러다임이 바뀌는 것을 통해 기업의 성장성과 가능성을 추정할 수도 있습니다. 아직 휘발유와 경유를 사용하는 내

연기관 자동차가 대세지만 어느 순간부터 전기차가 심심치 않게 보이고 있습니다. 또 전기차를 사용하는 지인들을 보면 부럽다는 생각이 들기도 합니다. 이때 투자자라면 어떤 생각을 해야 할까요?

"석유 연료 대신 전기를 충전하는 배터리가 많이 쓰이겠는걸?"

"윤활유의 필요성이 사라질 것 같네?"

"내연기관 엔진이 줄고, 전기모터가 더 발전하겠네?"

"자율주행이 보편화되려면 인공지능 및 전자기기가 더 업그레이드되어야겠다."

등의 생각을 하지 않을까요?

이렇게 생각을 확장하다 보면 윤활유 관련 기업, 내연기관 엔진 제조 기업들의 성장이 장기적으로 위축되리라는 것을 예상할 수 있습니다. 한편 전기 배터리 관련이나 자율주행과 연관되는 시스템 반도체, 메모리 등의 수요가 성장할 것이라는 것을 짐작할 수 있습니다.

이런 방식으로 생활과 사람들의 관계 속에서 미래에도 발전할 산업과 기술, 수요의 패러다임을 그려볼 수 있습니다. 반대로 미래에는 사양산업이 될 산업이나 제품도 떠올릴 수 있겠지요. 적어도 1900년대 초반 마차용 채찍을 만드는 회사 같은 곳은 피해야 할 것입니다.

다만, 우리가 미래에도 꾸준히 성장할 기업을 찾는다 하더라도 이미 미래에 대한 기대치가 주가에 선반영되어 부담스러운 가격까지 올라가 있는 경우도 많으며, 아무리 미래 핵심 산업에 속한 기업이라도 기술이나 자금 등이 열위에 있어 도태될 기업들도 있습니다. 따라서 죽정이와 알곡을 걸러낼 수 있는 혜안을 키워야 합니다. 그러기 위해서는 성장 가능성에 대한 스토리텔링도 중요하지만 회사의 현재 상황을 분석하고 현재 주가 수준이 적정한지 비싼지 아니면 저평가되었는지를 판단할 수 있는 지식과 지혜를 갖출 필요가 있습니다.

그러기 위해서는 회사의 재무제표를 이해하고 가치를 평가할 수 있는 잣대를 여러분 스스로 갖춰야 합니다. 그런 능력을 키우기 위해 다음 장에서는 가치투자 대가들의 철학을 살펴본 뒤, 그다음 장부터 재무제표 보는 법과 회계적 지식을 바탕으로 기업가치를 측정하는 공부를 본격적으로 하겠습니다.

그에 앞서 가치투자 철학을 배워 가치투자에 대한 신념을 강화할 필요가 있습니다. 세계적인 대가들이 어떤 원칙을 가지고 투자했는지를 소개하겠습니다. 가치투자의 현인들의 목소리를 듣기 위해 다음 수업으로 이동하지요.

SUMMARY

- 금감원 전자공시 시스템을 통해 사업보고서와 분기·반기보고서를 조회할 수 있다.

- 좋은 회사란 미래에도 꾸준한 성장과 꾸준한 수익성을 안겨다 줄 기업이다.
  좋은 회사의 기준은
  첫째, 회사의 사업이 미래에도 성장성을 가질 트렌드나 패러다임인가?
  둘째, 현재 이 회사의 수익성은 양호한가? 혹은 심각한 적자기업인가?
  셋째, 재무구조가 취약하여 기업 생존 자체가 아슬아슬한가?
  넷째, 꾸준한 기업투자와 R&D가 이어지면서 미래를 대비하고 있는가?

- B2C 기업은 불특정 다수에게서 매출이 발생하기에 평판이 매우 중요한 변수이다.

- B2B 기업은 특정 기업에게 매출이 집중되는 경향이 있어 의존도가 높은 특징이 있다.

- 기업들이 매출을 만드는 방법은 현금이 바로 매출로 인식되는 사업구조도 있지만 서비스 및 용역의 기간 제공, 조선·건설 등의 경우는 기간 또는 공정할을 통해 매출을 인식한다.

- 시장점유율이 높은 기업은 열위의 기업보다 수익성과 우위를 유지하기가 쉽다.

- 경영진의 도덕성은 결국 기업의 가치에도 영향을 미친다.

- 지금의 대장주가 미래의 대장주는 아니다. 분석을 통해 혜안을 키워야 한다.

없어서는 안 될
금감원 전자공시 시스템

2000년대 초반, 제 기억으로 2001년인 듯합니다. 당시 필자는 주식 투자 관련 자격증 연수를 받고 있었습니다. 일반운용전문인력(현재 투자자산 운용사) 시험을 보려면 연수 과정이 필수였습니다. 그때만 해도 재무제표를 조회하려면 〈상장기업편람〉이라는 두꺼운 책자를 들춰야 했는데요. 그 연수를 받던 중 강사가 DART(금감원 전자공시 시스템)에 대해 알려주었습니다. 금감원 전자공시 시스템이 오픈된 지 얼마 안 된 때였습니다. 지금은 증권사 HTS, MTS와 포털사이트에서 DART에 올라온 회계 자료를 쉽게 볼 수 있지만, 당시는 사업보고서를 DART에서 볼 수 있다는 사실만으로도 엄청난 정보였습니다. 〈상장기업편람〉에서는 두꺼운 책을 뒤적이며 종목 이름을 일일이 찾아야 했는데 DART에서는 검색만 하면 쉽게 기업 정보와 공시정보를 얻을 수 있었죠.

DART를 알게 된 후 가치투자에 대한 공부가 순식간에 몇 단계 레벨업되었습니다. 기업들의 방대한 재무정보를 순식간에 찾아볼 수 있게 되었으니까요. 재무정보를 공부하고 시장을 보니 저렴한 주식들이 넘쳐나고 있어 깜짝 놀랐습니다. IT 버블과 붕괴로 뼈저린 손실을 경험했던 저는 싼 주식이 넘쳐나던 당시 주식시장을 보며 흥분을 감출 수 없었습니다.

그 뒤 DART는 필자의 주식투자에 없어서는 안 될 존재가 되었지요. 2008~2009년에는 DART에 올라오는 상장기업들의 재무정보를 수집하는 프로젝트에 참여했습니다. 10년간의 상장사 재무정보를 취합하면서 흥미진진한 경험을 했습니다. 지금은 10년치 재무정보를 무료로 증권사 HTS 등에서 조회할 수 있지만 그 시절에는 무료 서비스가 없었고 개인투자자가 10년에 이르는 재무정보를 구하는 데에는 한계가 있었기 때문입니다.

당시 재무정보 수집을 마치고 상장사들의 10년 실적을 쭉 보니 대부분의 상장사들이 모범적으로 매출과 이익을 키우고 자기자본을 늘리며 성장해온 것을 확인할 수 있었습니다. 이 또한 상장기업에 대한 확신을 가지게 하는 계기가 되었고 2009년 이후 펼쳐진 강세장에서 의미있는 성과를 만드는 기초자료가 되었습니다.

여러분도 DART(금감원 전자공시 시스템)를 통해 좋은 회사, 계속 성장할 기업을 꼭 찾기를 바랍니다. 어떤 광고 카피처럼요. "야~ 너두 할 수 있어!"

Chapter 4

가치투자의 대가들은
어떻게 투자했을까?

- 대가들의 투자 원칙

증권 분석의 창시자, 벤저민 그레이엄

VALUE INVESTMENT

가치투자 역사에서 벤저민 그레이엄을 빼고는 이야기할 수 없지요. 벤저민 그레이엄은 투자의 대가로 알려진 워런 버핏의 스승이며 가치투자의 효시라고 해도 과언이 아닙니다. 가치투자의 대가로 세계적인 부를 일군 워런 버핏은 그의 스승 벤저민 그레이엄에 대한 존경심이 대단합니다. 그가 컬럼비아대학을 선택한 것도 그레이엄의 강의를 듣기 위해서였고, 둘째 아들 이름을 '하워드 그레이엄 버핏'으로 지었을 정도입니다.

벤저민 그레이엄은 1894년 영국 런던에서 아이작 그로스바움과 도라 부부의 삼형제 중 막내로 태어나 한 살 때 미국 뉴욕으로 이민 갔습니다. 그가 9살이 되던 해 부친이 사망해 가세가 기울고 모친은 사업에 실패하면서 어려운 집안 환경에서 자랐지만 학업 능력이 뛰어나 전교 상위권 성적을 기록했습니다. 1914년 컬럼비아대학을 졸업한 그레이엄은 월가에서 일하기 시작하여 5년 만인 1919년 25세의 나이에 월가에 주목 받는 인물로 급부상하게 됩니다. 1926년 투자사 그레이엄-뉴먼을 설립한 후 그의 투자 이론은 더욱 체계화되었습니다.

그레이엄의 저서 《증권분석 Security Analysis》과 《현명한 투자자 The Intelligent Investor》는 각각 1934년과 1949년에 첫 출판된 이후 개정판이 계속 이어졌고 그의 사후에도 재편집판이 출판되었습니다. 그의 책들은 지금도 가치투자자라면 반드시 읽어야 할 필독서로 손꼽히며, 시간이 지나도 변하지 않는 가치투자 혜안을 투자자에게 전수하고 있습니다.

그는 1927년부터 1957년까지 컬럼비아대학 경영대학원에서 투자론을 통해 가치투자를 강의했습니다. 워런 버핏, 월터 슐로스, 토냅, 빌 루엔 등의 걸출한 인물들을 제자로 키워낸 학자로서의 명성뿐만 아니라 벤저민 그레이엄이 운용한 투자사 '그레이엄-뉴먼 파트너십 Graham-Newman Partnership'은 1936년에서 1956년 사이 연평균 20%의 놀라운 성과를 기록했습니다. 그 사이에 제2차 세계대전이 있었고, 같은 시기 S&P500지수가 12% 수준의 연평균 상승률을 기록했던 것을 감안한다면 연평균 20%의 수익률은 시장을 뛰어넘는 놀라운 성과라 하겠습니다.

벤저민 그레이엄의 종목 선정 기준

1. 유동자산이 풍부하여 재무적으로 건전할 것
2. 꾸준히 이익을 내는 기업
3. 적절한 밸류에이션 수준일 것
4. PBR과 PER의 곱이 22배를 넘지 않을 것
5. 유동비율은 200% 이상 될 것
6. 장기 주당순이익(EPS) 성장이 과거 10년간 30% 이상이면서 5년간 평균이 마이너스가 아닐 것
7. 배당금이 계속 지급될 것

높은 수익률에도 불구하고 그의 투자 스타일은 보수적인 편이라고 평가됩니다. 수익률을 극대화하기보다는 손실을 줄이는 것을 중요하게 생각했기 때문입니다. 그의 종목 선정 기준에서 그러한 경향을 엿볼 수 있습니다.

다만, 반세기가 넘는 오래전 기준들이다 보니 현재 적용하기 위해서는 조금 바꾸어야 하는 것들도 있습니다. 예를 들어 위에는 언급하지 않았지만 기준 중에 '자산 5천만 달러 이상일 것'이라는 조건이 있는데 지금 적용하려면 3억 달러에서 5억 달러 이상의 자산으로 봐야 할 것입니다.

투자의 세계에서 그의 발자취는 여전히 절대적인 존재감을 갖습니다. 그의 투자 철학은 몇 가지를 제외하면 거의 100년의 세월이 지난 지금도 투자자들에게 큰 귀감이 되고 있으며 중요한 기준으로 사용됩니다. 금융업계 최고의 자격증이라 할 수 있는 CFA(국제재무분석사)를 벤저민 그레이엄이 만들었으니 그의 존재가 투자의 세계에서 빛이 바랠 수가 없겠지요.

20세기 초중반, 티커테이프를 보면서 뽑기 하듯 주식투자하던 시대에 기업 가치를 꿰뚫어 본 그의 혜안은 놀라울 따름입니다. 투자에 대한 체계조차 갖추어져있지 않던 1900년대에 가치투자의 기틀을 잡은 그의 업적은 아무도 다니지 않은 산속에 길을 만든 것과 같다 할 수 있겠습니다.

위대한 기업에 투자하라, 필립 피셔

VALUE INVESTMENT

부전자전(父傳子傳), 아버지의 성품이나 행동, 습관이 그 아들에게 이어진다는 사자성어를 떠올리게 하는 인물이 있습니다. 바로 필립 피셔와 그의 아들 켄 피셔입니다. 켄 피셔는 2020년 기준 포브스 선정 세계 부자 순위 468위, 순자산 39억 달러를 보유한 인물입니다. 켄 피셔는 1979년에 250달러로 피셔 인베스트먼트를 설립했는데 2018년 회사 청산 시에는 940억 달러에 이르는 자산을 운용할 정도로 투자계에서 입지적인 인물이기도 합니다.

부전자전, 위대한 아들 켄 피셔에게 위대한 투자 능력을 물려준 필립 피셔에 대해 알아보도록 하겠습니다.

1907년 미국 샌프란시스코에서 태어난 필립 피셔는 스탠퍼드대학 비즈니스스쿨 1학년 과정을 마치고 대공황이 오기 1년 전인 1928년 한 은행의 증권분석사로 일하기 시작했습니다. 1931년 투자자문회사인 피셔 앤드 컴퍼니를 설립한 뒤 평생을 투자자문가로 활동한 그는 1960년대에는 스탠퍼드대학 비즈니스스쿨에서 투자론을 강의하는 등 활발하게 활동했고 2004년에 별세

했습니다.

필립 피셔는 1958년 〈위대한 기업에 투자하라 Common stocks and uncommon profits〉라는 책을 쓰면서 투자의 세계에 큰 획을 그었습니다. 1950년대에 처음으로 성장주에 대한 개념을 소개해 당시 투자 문화에 격변을 일으켰습니다. 투자의 현인 워런 버핏도 필립 피셔의 영향을 받았다고 언급했을 정도로 필립 피셔의 투자 철학은 주식투자자들에게 중요한 철학으로 자리하고 있습니다.

필립 피셔는 투자할 회사의 장기적인 성장가치를 중요시했습니다. 투자할 회사 경영진의 가치관, 노사관계, 직원 만족도, 기술 개발 등 회사의 모든 것을 파악하고 분석하여 장기 성장성을 찾고자 했습니다. 단순히 며칠, 몇 개월 보유하기보다는 최소 몇 년에서 십 년 이상 보유할 수 있는 장기성장이 가능한 기업을 찾고자 했죠. 그렇게 해서 실제 투자에서 엄청난 성과를 만들었습니다.

대표적인 사례로 1955년 발굴하여 1956년 매수 후 필립 피셔 본인이 세상을 떠나는 날까지도 보유했던 모토로라가 있습니다. 반세기에 이르는 기간 동안 모토로라는 주식분할 등을 통해 주식 수가 144배 증가하고, 주가가 17배나 뛰면서 총 수익률이 약 2,400배에 달한 것으로 알려졌습니다. 2,400%도 아닌 2,400배이니 수익률로는 거의 240,000~250,000%에 이른다 하겠습니다. 1억 원 어치만 매수했어도 2,500억 원에 이르는 어마어마한 수익률을 만든 것입니다.

그 외에도 필립 피셔가 투자한 종목은 텍사스 인스트루먼트, 다우케미컬, FMC 등이 있는데 그가 투자했던 많은 종목들이 실제 엄청난 성과를 만들면서 최소 100배에서 1,000배 이상 상승하는 놀라운 성과를 보였습니다.

필립 피셔는 계량적 가치투자 접근법보다는 기업의 질적·정성적 요소들을 분석하여 장기적으로 성장할 만한 회사들을 발굴하여 투자했고 그 결과 놀라운 성과로 이어졌습니다.

필립 피셔의 투자 철학은 15가지 기준으로 압축할 수 있습니다.

필립 피셔의 기업 선정 조건

1. 적어도 향후 몇 년간 매출액이 증가할 수 있는가?
2. 회사의 매출을 늘릴 수 있는 신제품이나 신기술에 대한 개발 의지가 있는가?
3. 연구개발 규모가 회사 규모에 비해 적절한가?
4. 평균 이상의 영업조직을 잘 갖추고 있는가?
5. 영업이익률은 충분히 만드는가?
6. 영업이익률 개선을 위해 노력하고 있는가?
7. 노사관계는 원만한가?
8. 임원간의 관계가 좋은가?
9. 두터운 경영진을 보유하고 있는가?
10. 원가 및 회계관리 능력이 우수한가?
11. 특출난 사업 부문을 가지고 있는가?
12. 장기적인 관점에서 기업이 운영되고 있는가?
13. 가까운 장래에 증자 등의 계획으로 주주의 이익을 희석할 가능성이 있는가?
14. 경영진이 투자자와 잘 소통하는가?(호시절에만 소통하고 실망스러울 때는 입을 닫는가?)
15. 경영진은 진실한가? 최고로 진실한 경영진인가?

그의 기업 선정 조건을 보면 회계자료 같은 정량적인 가치보다는 회사의 질적 가치와 성장가능성을 더 중요시한다는 것을 확인할 수 있습니다. 더 깊이 들어가 보면 그의 투자 철학에서는 기업의 성장성만 담보된다면 다른 부분은 개의치 않을 정도임을 알 수 있습니다. 성장가치가 담보된 종목을 포트폴리오에 담되 성장성에 대해 다음과 같은 의문이 들 때 매도하라고 기준을 제시했습니다. 첫 번째는 기업의 성장 가능성을 잘못 판단하는 실수를 했을 때, 두 번째는 15가지 기업 선정 조건 기준으로 볼 때 성장 가능성이 유효하지 않을 때, 세 번째는 더 매력적인 성장가능성을 가진 종목을 찾았을 때입니다.

한편으로는 이에 해당되지 않고 성장성이 담보되는 종목이라면 계속 들고 가야 할 것입니다.

"주식을 매수할 때 해야 할 일을 정확히 했다면, 그 주식을 팔아야 할 시점은 거의 영원히 찾아오지 않을 것이다."

필립 피셔의 성장가치 투자 철학은 앞서 소개드린 그레이엄의 순수 가치투자와 비교되곤 합니다. 시기별로 성장가치가 주도하는 증시도 있지만 순수가치가 지배하는 시기가 있습니다. 21세기를 보더라도 2000년대는 순수가치가 우위에 있던 시대, 금융위기 이후 2010년대는 성장가치가 우위에 있던 시대라 평가할 수 있습니다. 모두 우리가 간과해서는 안 될 가치투자 철학입니다.

그런데 그레이엄의 순수가치 철학과 필립 피셔의 성장가치를 모두 자기의 투자철학으로 녹인 시대의 인물이 있습니다. 바로 투자의 현인 워런 버핏입니다.

오마하의 현인,
워런 버핏

VALUE INVESTMENT

이 시대의 투자자들 대다수는 투자의 현인 워런 버핏과 동시대에 살고 있다는 것을 영광스럽게 생각할 것입니다. 저 또한 워런 버핏과 이 시대를 함께한다는 데 감사하곤 합니다. 중요한 시기마다 그의 말 한마디가 투자 심리를 다독여주어 흔들리지 않고 투자 원칙을 지킬 수 있었기 때문이지요.

단순히 주식투자를 잘하는 것을 넘어 매년 세계 부자 순위에 들어갈 정도로 절대적인 부를 일군 워런 버핏이기에 그의 일거수일투족은 주식시장 참여자들에게 중요한 투자 기준이 됩니다. 참고로, 포브스 선정 2020년 세계 부자 순위에서 워런 버핏은 675억 달러의 순자산을 기록하며 4위에 랭크되었습니다.

워런 버핏은 어린 시절부터 사업 수완이 좋았습니다. 6살 때 껌과 콜라를 친구들에게 팔아 이윤을 남겼고, 11살부터 주식투자를 시작했습니다. 당시 주가 차트를 보고 투자를 했는데 시티스 서비스Cities Service라는 주식을 38달러에 사서 40달러에 매도했지만 이후 이 회사의 주식이 200달러까지 상승한 것을 보고, 장기투자의 중요성을 깨닫게 됩니다. 12살에는 선생님이 AT&T 주식을 갖고 있다고 하니, AT&T를 공매도한 자신의 매매 내역을 보여줄 정도로 10대에 이미 전문 투자자 수준에 이르렀습니다.

핀볼 머신 대여 등 여러 사업을 하면서 돈에 대한 감각을 키우던 워런 버핏은 10대 후반에 이미 학교 교사들보다 많은 월수입을 만들었습니다.

초등학교 때부터 월반하여 일찍 대입 자격을 획득했지만 그는 대학에 진학할 의사가 없었습니다. 이미 사업과 주식투자로 경제적으로 성공했기에 대학에서의 공부를 오히려 시간 낭비로 생각했습니다. 하지만 부친의 권유로 네브래스카주립대학에 진학합니다. 대학을 마친 워런 버핏은 컬럼비아대학 경영대학원에 입학하는데 그 이유가 앞서 소개한 벤저민 그레이엄을 만나기 위해서라고도 하고 실제로 강의를 들었다고도 합니다만, 확실한 것은 워런 버핏은 벤저민 그레이엄을 만나고 그의 투자 철학을 받아들이며 깊이 존경했다는 점입니다. 그리고 버핏은 벤저민 그레이엄의 투자회사에 근무하면서 투자 체계를 더욱 공고히 다졌습니다.

벤저민 그레이엄이 가치투자의 이론과 체계를 만든 선구자라 한다면, 그의 제자인 워런 버핏은 실전에서 세계적인 부를 일군 '가치투자의 종결자'입니다.

버핏의 본격적인 투자는 1957년에 시작됩니다. 오마하로 돌아온 버핏은 10만 5100달러로 투자합자회사를 만듭니다. 그의 합자회사는 1969년까지 매년 놀라운 수익률을 기록하며 연평균 약 30%에 이르는 성과를 만듭니다. 이 시기 평생의 친구가 된 찰리 멍거를 만나게 됩니다.

1965년 워런 버핏은 버크셔 해서웨이를 인수해 본격적인 워런 버핏의 역사를 시작했습니다. 지주회사인 버크셔 해서웨이는 투자조합이나 투자펀드들과 달리 장기적인 시각에서 투자할 수 있기에 그의 능력을 100% 펼칠 수 있었습니다.

1965년 워런 버핏이 버크셔 해서웨이의 경영권을 확보한 이후 2019년까지 55년간 버크셔 해서웨이의 시장가치는 274만 4062%라는 상상하기 어려운 증가율을 기록했습니다. 단위가 퍼센트이니 대략 2만 7441배의 시장가치가 증가한 것입니다. 같은 기간 S&P500지수가 배당수익률을 포함하여 누적수익률이 1만 9784%인 것을 감안한다면 그의 성과는 신의 영역이라고 해도 과언이 아닙니다. '벤저민 그레이엄이 가치투자의 이론과 체계를 갖추고 워런 버핏이 이를 현실에서 완성했다'는 표현이 무리가 아님을 실감할 수 있는 대목입니다.

[자료 4-1] 1965년 이후 버크셔 해서웨이의 시장가치 증가율과 S&P500 배당 포함 누적수익률

출처: 버크셔 해서웨이 2019년 사업보고서

워런 버핏의 투자 철학은 큰 틀에서 벤저민 그레이엄과 같지만 다른 측면도 많습니다. 크게 두 가지 차이점이 있는데, 하나는 그레이엄에 비해 성장성이 있는 기업에 투자하는 것, 두 번째는 공격적인 집중투자를 병행한다는 점입니다.

그레이엄의 투자 방식은 재무제표를 기반으로 자산가치가 저평가된 종목을 발굴하는 정통 가치투자입니다. 이 방법은 꽁초 전략으로 불리기도 합니다. 담배가 없을 때 버려진 꽁초를 줍는 것 같다고 하여 붙은 이름입니다.

이에 반해 워런 버핏은 주가가 비싼 편이더라도 지속가능한 성장성이 있다고 판단한다면 그 기업을 통째로 사버립니다. 그리고 기존 경영진에게 경영을 맡기고 회사가 계속 성장하도록 위임하는 방식을 사용합니다. 다만, 자신이 모르는 분야 또는 버블이 심각한 분야의 종목들은 멀리하는 경향이 있습니다. 1999년 IT 버블 당시가 대표적이었지요. 당시 워런 버핏은 닷컴·IT 관련 기업들을 일체 포트폴리오에 담지 않았습니다. 워낙 버블이 심했고 버핏이 모르는 영역이었기 때문입니다. 그래서 1999년 S&P500지수가 배당 포함 총 투자수익률 21%를 기록할 때 버크셔 해서웨이의 시장가치는 -20% 가까이 하락하기도 했습니다. 이때 버핏은 한물갔다면서 조롱하는 이들도 많았습니다. 조롱에도 불구하고 워런 버핏은 자신의 투자철학을 지켰고 2000년~2002년 사이 버블이 붕괴될 때에도 플러스 수익률을 만들었습니다.

그래서 주식시장에서는 증시가 과열 국면일 때 버핏을 조롱하는 뉴스 기사나 글이 보이면 버블권에 들어온 것으로 보기도 합니다.

그런데 버핏의 명성은 수익률과 부의 크기에만 미치는 것이 아닙니다. 그의 절친이자 파트너인 찰리 멍거와 함께 매년 버크셔 해서웨이 주주총회를 대규모로 열고 있습니다. 버크셔 해서웨이의 주총이 열리는 네브래스카주의 오마하는 뉴욕에서 1,000km 이상 떨어진 외진 곳입니다. 매년 5월 열리는 버크셔 해서웨이의 주주총회는 몇만 명에 이르는 주주들의 참여가 화제이며 주총 참석자 수로 매년 기네스북 신기록을 세울 정도입니다. 워런 버핏과 찰리 멍거는 고령이지만 주주총회 현장을 지키며 사업보고를 하고 주주들과 일문일답을 합니다. '오마하 현인'의 목소리에 주주들뿐만 아니라 온라인 생중계를 통해 전 세계 투자자들이 귀를 쫑긋 세우며 경청합니다. 잘한 투자는 물론, 실수한 투자까지도 솔직하게 언급하기에 시장참여자들은 그의 한마디 한마디를 통해 투자의 지혜를 얻는다고 평가합니다.

워런 버핏의 명성은 투자와 관련된 것으로만 생긴 것이 아닙니다. 부에 대해 남다른 시각을 갖고 적극적으로 자선사업과 기부에 동참하고 있습니다. 미국 정부에 부자증세를 제안하는 등 다른 부자들과는 사뭇 다른 모습을 보여줍니다.

버핏은 자신이 죽을 때까지 모든 재산을 기부하겠다는 공언을 지키기 위하여 2006년부터 매년 거액을 기부하고 있습니다. 15년간 370억 달러에 이르는 금액을 기부했는데, 2020년 그의 순자산이 675억 달러인 것을 감안한다면 기부 금액이 얼마나 큰 규모인지 짐작할 수 있겠습니다.

전 세계 사람들에게 투자 지혜를 넘어 철학을 알려주고 있는 워런 버핏. 그의 말 한마디, 행동 하나하나는 모든 투자자의 귀감이 될 것입니다.

투자의 대가 반열에서 FIRE를 완성하다, 피터 린치

피델리티의 마젤란 펀드 하면 떠오르는 인물이 바로 피터 린치입니다. 피터 린치가 활동했던 시기는 1977년부터 1990년까지로, 그는 46세라는 젊은 나이에 은퇴했습니다. 요즘 유행하는 FIRE Financial Independence, Retire Early, 재무적 독립을 완성하고 조기 은퇴하는 목표를 달성한 성공적인 펀드매니저입니다. 그가 일찍 은퇴한 데에는 인생에 굴곡이 있었기 때문입니다.

1944년 태어난 피터 린치는 10살 때 아버지가 뇌암으로 사망한 뒤 가세가 기울어 어머니는 물론 그 또한 파트타임 일을 구해야만 했습니다. 11살 때 그는 골프장 캐디로 일하게 되었는데요. 캐디 일을 하면서 그는 질레트, 폴라로이드, 피델리티와 같은 대기업의 회장이나 대표이사들을 고객으로 두면서 클럽 회원들로부터 주식시장에 대하여 알아가기 시작합니다.

그의 가족은 주식투자에 대해 매우 보수적인 시각을 가졌다 합니다. 그도 그럴 것이 부모님, 외삼촌 등은 1929년 대공황을 겪었던 세대였고, 주식시장에 대해 부정적일 수밖에 없었지요. 당시 사회적 분위기도 주식시장에 대한 신뢰도가 낮았습니다.

그는 보스턴대학 2학년이던 1963년 플라잉타이어항공사 주식을 주당 7달러에 매수했는데 이것이 두 달 만에 5배가 넘게 오르면서 이를 조금씩 매도하여 대학원 비용을 충당했습니다. 대학 3학년 때부터 캐디로 일할 때 알게 된 설리반 회장의 권유로 피델리티에서 아르바이트를 시작합니다. 피델리티는 미국에서 뮤추얼 펀드 판매로 큰 성공을 거두고 있었습니다. 보수적인 투자 성향의 그의 어머니조차 피델리티 캐피털에 투자했을 정도였으니 말입니다.

피터 린치는 1966년 5월 피델리티에 인턴으로 고용되어 첫 출근합니다. 그 후 와튼스쿨 대학원을 다니면서 심각한 고민에 빠집니다. 당시 투자에 관한 이론은 효율적 시장가설과 랜덤워크 이론이 지배적이었는데, 피델리티에서 그가 경험한 바에 따르면 그 이론들의 모순이 심각했기 때문입니다. 효율적 시장 가설은 '모든 정보는 이미 주가에 반영되어 있다'라고 했지만 그가 마주한 시장 현실은 효율성과 전혀 다른 흐름을 만들고 있었습니다.

학자의 길과 금융시장 현장 사이에서 고민하던 그는 현실과의 괴리, 와튼스쿨 교수들의 투자수익률이 피델리티 동료들의 수익률보다 못하다는 것이 명백해지자 금융시장 현장에서 뛰기로 결정합니다.

와튼스쿨 졸업 후 ROTC 프로그램에 따라 2년간 군 복무를 합니다. 당시 베트남 전쟁이 한창이었는데 다행히도 그는 한국에 배치되었습니다. 전쟁에서 부상을 입지 않은 것은 다행이지만 한국에 있는 동안 주식투자를 못해 금단증상이 생겼다고 합니다.

1969년 제대 후 피델리티에 기업 애널리스트로 복직했고, 1974년에는 리서치 담당 이사로 승진합니다. 그리고 1977년 5월 마젤란펀드의 총책임자가 되면서 2천만 달러의 자산으로 펀드 운용을 시작했습니다. 마젤란펀드의 전설이 시작된 것이죠. 피터 린치의 마젤란펀드는 10년 연속 수익을 거두면서 1987년의 펀드 자산 규모가 스웨덴 국민총생산만큼이나 커진 100억 달러에 이르렀고, 1990년에는 140억 달러로 성장합니다. 13년 동안 그가 거둔 수익률은 연평균 30%, 누적 2700%에 이릅니다.

이렇게 놀라운 투자 성과가 만들어진 배경에는 피터 린치의 집요하고 파고드는 성격이 한몫했습니다. 그는 13년 동안 1만 5천여 개에 이르는 기업에 투자했고, 이 중 1/3은 직접 방문해서 투자결정을 내렸다고 합니다. 매일 투자할 기업을 연구하는 데 시간을 보냈다고 해도 과언이 아닙니다. 얼마나 일에 대해 집착이 강했는지 딸의 생일은 기억하지 못했지만 2,000개에 이르는 기업들의 종목코드는 줄줄 외울 정도였다고 합니다.

승승장구하던 그는 1990년 돌연 은퇴를 결정합니다. 그의 책《피터 린치의 이기는 투자전략》초반부에 이유를 짐작할 수 있는 대목이 나옵니다. 그는 톨스토이의 단편소설 중 욕심이 많은 농부에 대한 이야기를 합니다. 넓은 땅을 보유한 농부가 더 넓은 땅을 확보하기 위해 땀을 뻘뻘 흘리며 앞으로 나아가다 결국 지쳐 쓰러져 죽는 결말입니다. 이것이야말로 피터 린치가 가장 피하고 싶었던 결말이라고 합니다. 그의 아버지가 젊은 나이에 돌아가신 것이 오버랩되었던 듯합니다.

은퇴 후 그는 투자에 관한 많은 지혜들을 강연과 책으로 남겼습니다. 대표적인 것이 군중심리를 가늠하는 이론으로 알려진 칵테일파티 이론입니다. 피터 린치와 같은 펀드매니저가 칵테일파티에 갔을 때 사람들이 별다른 관심을 가지지 않는다면 싼 가격에 주식을 살 수 있는 침체 국면이지만, 너도나도 펀드매니저 주변에 몰려 주식에 대한 질문을 하고 심지어는 개인투자자가 펀드매니저에게 투자에 대해 훈수를 둔다면 과열이라 볼 수 있다고 하는, 일종의 군중심리 지표입니다.

그가 책이나 강연에서 말한 중요한 투자 황금규칙들을 몇 가지 정리하면서 피터 린치 이야기를 마치겠습니다.

피터 린치의 투자 황금규칙

- 뛰어난 기업의 주식을 보유하고 있다면 시간은 당신 편이다.
- 당신이 잘 아는 곳에 투자한다면 전문가보다 더 월등한 수익률을 만들 것이다.
- 당신이 전문투자가 집단을 무시한다면, 증시 평균보다 더 높은 성과를 만들 수 있다.
- 장기적으로 기업의 성공과 주식의 성공은 100% 상관관계가 있다.
- 자신이 어떤 주식을 왜 갖고 있는지 납득할 만한 이유를 말할 수 있는가?
- 주식투자는 아이를 키우는 것과 같다. 잘 돌볼 수 있는 수준 이상으로 보유하지 말라.
- 매력적인 기업이 없을 때는 그냥 돈을 은행에 넣어두라.
- 집중적인 관심을 받는 성장산업 주식, 최고 인기주식은 피하라.
- 소형주 투자 시에는 흑자로 돌아설 때까지 기다리는 게 낫다.
- 침체 산업 주식 매수시에는 살아남을 기업을 사라.
- 주식시장의 하락은 1월의 눈보라처럼 일상적인 일이다. 주가 하락은 싸게 살 기회다.
- 기업에 대해 공부하지 않고 투자하는 것은 포커판에서 카드를 보지 않고 치는 것과 같다.
- 채권을 선호하는 사람은 스스로 무엇을 놓치고 있는지 모른다.
- 백미러로는 미래를 볼 수 없다.
- 회사 사무실이 사치스러운 경영진은 주주의 이익에 신경 쓰지 않는다.
- 아우토반을 달릴 때는 절대 뒤돌아보지 말라.
- 어떤 기업의 매장을 좋아하면 그 주식을 사랑하게 될 가능성이 높다.
- 기업 내부자가 주식을 사고 있다는 것은 긍정적인 신호이다.

5

역발상 투자의 귀재,
존 템플턴

VALUE INVESTMENT

존 템플턴 경, 그의 이름 뒤에는 항상 영국의 엘리자베스 여왕으로부터 받은 작위 칭호가 따라붙습니다. 단순히 투자를 잘해서가 아닌 그가 일군 부를 토대로 종교와 봉사계의 노벨상이라 할 수 있는 '템플턴상'을 제정하여 국제사회에 기여한 바가 컸기 때문입니다. 그가 2008년 7월 세상을 떠났을 때 한국에도 부고가 떴을 정도로 금융시장 및 국제사회에 큰 울림을 주었던 인물입니다.

템플턴은 1912년 테네시주 윈체스터에서 농부의 아들로 태어났습니다. 예일대학 2학년 때인 1931년, 주가의 움직임이 급변하는 것을 관찰한 그는 기업가치에 비해 급변동하는 주가에 의문을 가졌고 그 의문을 풀기 위해 투자계에 뛰어들었습니다. 예일대학 경제학과를 2등으로 졸업한 템플턴은 옥스퍼드대학으로 유학을 갔고, 기회가 생길 때마다 유럽과 일본 등 35개국을 여행하며 식견을 넓힙니다. 이때 넓힌 식견은 차후 글로벌 펀드를 만드는 중요한 밑거름이 되었습니다.

옥스퍼드대학에서 법학 전공을 마친 템플턴은 미국으로 돌아와 메릴린치의 투자자문 부서에서 근무하다 지질탐사 회사로 옮깁니다. 그런데 제2차 세계대전이 발발합니다. 1929년 대공황 이후 10년간 경기 침체가 지속되었던 시기였기에 미국 증시도 답답한 흐름을 보이다 전쟁 소식에 불안감이 극에 이르렀습니다.

이때부터 템플턴 경의 본격적인 역사가 시작됩니다. 그는 전쟁이 새로운 기회가 될 것이라 생각하고, 1달러 이하의 주식을 100달러씩 104종목, 총 1만 달러 투자를 단행합니다. 4년 뒤 그의 예상대로 주식의 가치는 4만 달러가 되었고 1940년대 자신의 회사를 출범시키는 자금이 되었습니다.

모두가 아니라 할 때 과감한 투자 결정을 내리는 역발상 투자의 진면목을 보여주었던 것입니다. 역발상적 시각은 세계로 뻗어나갑니다. 1956년 자신의 이름을 딴 뮤추얼 펀드를 만든 템플턴은 1960년대 아무도 거들떠보지도 않던 일본 주식시장을 주목했습니다. 일본은 제2차 세계대전에서 패망한지 십수 년밖에 안 된 시기였고, 일본 주식시장의 시가총액은 미국의 일개 기업인 IMB의 시가총액에도 미치지 못했습니다.

1968년 그는 일본 주식을 매수하기 시작합니다. 당시 일본 주식의 PER 레벨은 3배, 미국 증시의 PER 레벨은 15배였습니다. 템플턴은 일본 증시의 저평가 매력을 보았던 것이지요. 공격적인 글로벌 역발상으로 최대 50%까지 일본에 투자했던 템플턴은 이후 1960년대 말부터 1980년대까지 일본 증시가 폭발적으로 상승하는 동안 그 성과를 만천하에 보여줍니다. 참고로 1969년 연말 2천 200엔 부근에 있던 일본 니케이 지수는 1986년 말 9배 가까이 상승한 1만 9천 엔 부근에 이르고 1989년에는 거의 4만 엔에 이를 정도로 폭발적으로 상승했습니다. 역발상적 투자가 적중한 것입니다.

템플턴의 예측은 거기에서 그치지 않았습니다. 1986년 일본 증시의 평균 PER 레벨이 30배를 넘어서자 대부분을 매도합니다. 그는 1989년까지의 추가 상승을 취하지는 못했지만 1989년 이후 일본 증시 버블이 터지고 2년 만에 1986년 수준까지 폭락한 뒤 다시는 이전만큼 올라오지 못한 것을 감안한다면 그의 판단이 현명했음을 알 수 있습니다.

그가 미국 위주 투자에서 벗어나 일본에 시각을 돌릴 수 있었던 데에는 젊은 시절 세계를 여행하며 식견을 넓힌 것도 있지만, 최고로 싼 주식(저평가된 주식)을 찾기 위한 끊임없는 노력이 있었습니다. 이후에도 그는 최고로 싼 주식을 찾기 위해 유럽 주요국 및 한국, 홍콩, 싱가포르 등의 아시아 국가, 브라질 등의 남미 국가 모두를 투자 대상으로 리스트업했습니다.

1992년 자신의 뮤추얼 펀드 회사를 매각하며 공식 은퇴한 템플턴 경은 그 후에도 강연과 자문 그리고 투자활동을 지속했습니다. 1912년에 태어났으니 80세의 나이에도 열정적인 활동을 계속했던 것입니다. 현업에서 은퇴한 그였지만 1990년대 후반의 투자 결정으로 다시 한번 명성을 드높이게 됩니다. 아시아 외환위기 시기인 1997~1998년에 한국, 싱가포르, 호주 등에 과감하게 투자했던 것입니다.

특히 1997년 외환위기가 발생했던 한국 증시에 투자하며 다른 외국인 투자자들에게도 한국 증시에 대한 시각을 열어주었습니다. 최악의 상황이었던 한국에 투자한 역발상적인 결정은 템플턴의 명성을 한국은 물론 세계의 투자자들에게 깊이 새긴 계기가 되었습니다.

역발상적 투자 철학은 이후에도 계속 이어집니다. 80대였던 2000년 초, 한 강연회장에서 투자 대상으로 보고 있는 모든 나라의 주가가 고평가되어 있다며 투자 자산의 75%를 미국 국채에 투자하라 한 것입니다. 당시 IT 버블이 극에 이르던 시기였고 21세기에 대한 기대 속에 주식시장은 끝없이 올라간다는 분위기가 가득할 때였습니다. 그 시점에 템플턴 경은 주식 비중 축소, 채권 비중 확대를 설파한 것입니다. 나머지 주식 25%도 헬스케어 관련 산업에 투자하라 했는데 그의 전망은 적중하여 2000년 IT 버블이 붕괴하고, 제약·헬스케어 주식은 상대적으로 크게 상승하는 결과를 만들었습니다.

그의 명성은 투자 활동에서만 나온 것이 아닙니다. 주식투자의 목적이 다른 펀드매니저들과 달랐고 펀드를 관리하는 것을 '신성한 신탁 a sacred trust'이라 생각하고 임했습니다. 그는 장기적 투자 목표를 돈이 아닌 다른 사람을 돕고 정신적 진보를 하는 데 두었습니다. 그 뜻은 1972년 종교와 봉사의 노벨상이라 할 수 있는 템플턴상을 제정하는 것으로 이어졌습니다. 상금은 140만 달러로 노벨상의 100만 달러보다 많습니다. 수상자에는 마더 테레사, 미국의 빌리 그레이엄 목사, 러시아의 반체제 작가 알렉산더 솔제니친 등이 있었습니다. 그는 템플턴상에 대한 공로로 1987년 영국 엘리자베스 여왕으로부터 작위를 하사받는 영광을 얻게 됩니다.

그의 투자 철학은 "비관론이 극에 달할 때 투자하라"라는 역발상적 투자입니다. 그가 유럽에서 제2차 세계대전이 발발했을 때 1달러 이하 주식을 100달러씩 104개 종목에 투자한 성공담, 아무도 관심 가지지 않던 일본 증시를 1960년대 투자한 용단, 외환위기로 공포에 빠졌던 1997년 한국, 싱가포르 등 아시아 국가에 했던 과감한 투자 등은 우리가 시대를 넘어 가져야 할 투자 철학이라 할 수 있겠습니다.

하지만 현실에서 우리가 템플턴 경처럼 투자하려면 마음 속에서 강한 거부감과 공포심 혹은 흥분이 느껴질 것입니다. 역발상적으로 투자를 결정한 후 혹시나 마음 한구석이 요동칠 때, 투자심리를 다스리기 위한 템플턴 경이

남긴 명언을 다시 한번 깊이 새기기 바랍니다.

강세장은 비관 속에서 태어나 회의 속에서 자라며
낙관 속에서 성숙해 행복 속에서 죽는다.

- 존 템플턴 -

모니시 파브라이의
단도투자

VALUE INVESTMENT

'버핏과의 점심 경매'는 시대의 투자 현인 워런 버핏과 점심을 함께할 수 있는 유명한 경매입니다. 2000년부터 시작된 '버핏과의 점심 경매'는 버핏을 존경하는 수많은 이들에게 매년 뜨거운 관심을 받습니다. 주식투자로 성공한 그와 식사를 함께한다는 것은 마치 신에게 계시를 받는 것과 같은 꿈같은 일이니까요.

2007년 6월, 캘리포니아에서 파브라이 인베스트먼트를 운영하는 모니시 파브라이가 4전 5기 끝에 65만 달러로 '버핏과의 점심 경매' 낙찰에 성공합니다. 모니시 파브라이는 그의 투자 성공과 함께 버핏과의 점심 경매 낙찰자로 세상 사람들에게 알려지기 시작합니다.

모니시 파브라이는 워런 버핏의 신봉자입니다. 그의 책 《투자를 어떻게 할 것인가》의 첫 페이지에 "정신적 스승인 워런 버핏, 찰리 멍거, 옴 파브라이를 기리며"라고 적었을 뿐만 아니라 머리말에서도 워런 버핏이 아니었다면 파브라이 펀드도 없었을 것이라고 언급했을 정도입니다.

그런데 그는 버핏과의 점심 경매 이전부터 뛰어난 운용 성과로 유명했습니다. 파브라이 펀드가 1999년 설정된 이후 연평균 28% 이상의 수익률을 거두었을 정도로 매우 뛰어난 자산운용 실력을 보유하고 있었습니다. 훌륭한 성과를 만든 투자 철학에 대해 그는 '단도투자'라는 조금은 낯선 용어로 설명합니다.

단도 Dhandho 라는 말은 인도 구자라트어로 '부를 만들기 위한 노력'이라는 의미를 담고 있습니다. 단 Dhan 은 부(富)를 뜻하는 산스크리트어의 다나 Dhana 에서 비롯되었다 합니다. 이 단도의 철학을 갖고 투자하는 것이 바로 모니시 파브라이가 말하는 단도투자입니다. 조금은 막연할 수도 있는 개념입니다. 부를 만들기 위한 노력이라니 어쩌면 당연한 말일 수도 있고 투자를 실천하기에는 너무도 형이상학적일 수 있습니다.

단도투자에 대해 모니시 파브라이는 이렇게 설명합니다.

"위험은 최소화하고 이익은 극대화하는 노력이다."

모니시 파브라이는 인도인들이 미국에 정착하는 과정에서 모텔업에 진출한 사례를 중심으로 단도투자의 개념을 이야기합니다.

인도 출신 이민자 파텔이 숙박업을 시작할 때 비용 리스크를 최소화하기 위해 매입한 모텔의 방 몇 개를 가족의 숙소로 쓰고, 가족이 돌아가면서 일을 함으로써 경쟁 모텔들보다 인건비를 낮춤으로써 가격경쟁력 뿐만 아니라 어떠한 경제 위기에도 이겨낼 수 있는 사업 여건을 만들었습니다. 그야말로 '부를 만들기 위한 노력'이 들어감으로써 사실상 위험을 전혀 부담하지 않으면서 수익을 극대화할 수 있었던 것입니다. 바로 '저위험, 고수익을 만들기 위한 노력'이고, 단도인 것이죠.

파브라이 단도투자 원칙

1. 새로운 사업보다 기존 사업에 투자하라.
2. 단순하게 이해할 수 있는 사업에 투자하라.
3. 침체된 업종의 침체된 사업에 투자하라.
4. 견고한 경쟁우위, 해자를 갖춘 사업에 투자하라.
5. 확률이 높을 땐 가끔, 큰 규모로 집중투자하라.
6. 차익거래 기회에 집중하라.
7. 항상 안전마진을 추구하라.
8. 위험은 적고 불확실성은 큰 사업에 투자하라.
9. 혁신 사업이 아닌 모방 사업에 투자하라.

단도투자의 9가지 원칙들은 워런 버핏의 투자 철학과 많이 겹친다는 것을 확인할 수 있습니다.

워런 버핏도 잘 아는 투자대상에만 투자하는 원칙이 있지요. '첫 번째 기존 사업에 투자하라'와 '두 번째 단순한 사업에 투자하라'가 그에 해당할 것입니다. 그리고 버핏은 주식 가격은 비싸더라도 지속가능한 경쟁력을 갖춘 기업에 투자하는데, 파브라이의 네 번째 원칙 견고한 경쟁우위, 해자를 갖춘 사업에 투자하라와 일맥상통합니다. 그리고 다섯째 집중투자 역시 워런 버핏도 포트폴리오 중 성장가능성이 높은 종목에 비중을 크게 담는다는 점에서 철학이 겹친다 할 수 있겠습니다.

중요한 것은 단도투자의 철학에 들어있는 '위험을 최소화하고 수익을 극대화하는 노력'입니다. 일반적으로 투자론에서는 고위험·고수익 High Risk&High Return 을 이론적으로 설명하지만 실제 투자에서는 저위험·고수익을 추구하는 것이 현실적일 것입니다.

저위험인데도 고수익을 추구하기 위해서는 그야말로 치열한 노력이 필요합니다. 부를 키우기 위해 파브라이는 다섯 번째 원칙에서 집중투자를 언급했습니다. 보통 사람은 그저 한 종목에 몰빵투자하여 막연한 대박을 바라지만 집중투자를 한다면 리스크를 줄이기 위한 노력은 필요할 수밖에 없습니다. 그리고 위험을 낮추면서도 기대수익을 높일 수 있는 방법을 찾기 위해 노력해야 합니다.

파브라이는 집중투자 중에도 안정적인 수익을 만들기 위한 방법으로 찰리 멍거가 언급했던 경마에서 안정적으로 베팅하는 방법을 제시했습니다. 자신이 잘 아는 경주마의 배당률이 크게 잘못된 것을 발견한다면 이를 기회로 삼아 단 한 번의 경주에 크게 베팅하고 그 외에는 유리한 기회가 나타나기 전까지는 절대 베팅하지 않는 것이라 합니다.

즉, 막연히 소수 종목에 집중투자하는 것이 아니라 철저한 분석 속에 수익을 만들 확률이 높은 종목에 투자하는 것입니다.

파브라이는 그 노력을 금융공학의 창시자들인 켈리와 에드 소프가 언급했던 도박 이론에 빗대어 설명했습니다. 켈리의 법칙 개념을 활용하여 파산 확률을 낮춤으로써 집중투자가 성과가 나빴더라도 다시 도전할 수 있는 적정 수준을 찾을 수 있고, 투자도 결국 확률의 게임임을 강조합니다.

주식시장이 이례적인 현상으로 폭락하더라도 수개월 안에 높은 확률로 회복된다는 것을 아는 이들은 시장의 폭락을 오히려 반갑게 기회로 삼을 것이고, 저평가된 종목과 고평가된 종목은 결국 주가가 회사의 내재가치를 찾아갈 확률이 높기에 내재가치가 높은 종목에 대한 투자해야 하는 당위성을 강조합니다.

그리고 모니시 파브라이는 그가 제시한 단도투자 기법을 통해 사람들이 부를 일구고 그 부를 이용해 세상에 기여할 수 있기를 희망했습니다. 이는 그가 정신적 스승이라 생각하는 워런 버핏이 사회를 위해 기부하는 것과 맥락을 같이 한다 할 것입니다.

SUMMARY

벤저민 그레이엄

■ 증권분석의 창시자, 가치투자의 효시이며 투자의 대가 워런 버핏의 스승이다.

■ 저서 증권분석Security Analysis과 현명한 투자자The Intelligent Investor는 지금도 가치투자자의 필독서이다.

■ 그레이엄의 종목 선정 기준
유동비율 200% 이상으로 재무적 안정성
장기주당순이익이 1년간 30% 이상이고 5년간 평균 마이너스가 아닐 것
적절한 밸류에이션: PBR과 PER의 곱이 22배를 넘지 않을 것
배당이 꾸준히 지급될 것

필립 피셔

■ 필립 피셔는 회사의 장기 성장가치를 중시하며, 10년 이상 보유할 수 있는 장기 성장 가능 기업을 찾고 투자했다.

■ 필립 피셔는 성장가치가 담보된 종목을 투자하되, 성장성에 대한 의문이 들 때 매도하는 기준을 가지고 있었다.

■ "주식을 매수할 때 해야할 일을 정확히 했다면, 그 주식을 팔아야 할 시점은 거의 영원히 찾아오지 않을 것이다."

■ 그야말로 위대한 기업에 투자하라.

워런 버핏

■ 워런 버핏은 벤저민 그레이엄의 이론을 토대로 실전에서 세계적인 큰 부를 일구었다.

■ 워런 버핏이 1957년 만든 합자회사는 12여년 동안 연평균 약 30%에 이르는 높은 성과를 만들었다.

■ 1965년 버크셔 해서웨이를 인수한 후 2019년까지 만 55년간 버크셔 해서웨이의 시장가치는 무려 274만 4062% 증가하며 그의 역사가 되었다.

■ 워런 버핏은 지속가능한 성장성을 가진 기업에 투자하지만 잘 모르는 분야나 버블이 심한 분야를 멀리했다.

피터 린치

■ 피델리티에 입사한 피터 린치는 1977년 마젤란 펀드 총책임자가 되었다.

■ 기업을 완벽하게 분석하여 투자에 임했고 딸의 생일을 잊을 정도로 일에 매진했다.

■ 1990년까지 13년 동안 마젤란 펀드는 연평균 30%, 누적수익률 2700%를 기록했다.

■ 1990년 인생을 누리기 위해 조기 은퇴를 선언하며 마젤란 펀드를 떠났다.

존 템플턴

- 역발상 투자의 대가이다.

- 제2차 세계대전이 발발하자 1달러 이하의 주식을 100달러씩 104종목, 총 1만 달러를 투자하여 전쟁 와중에도 4년 뒤 4만 달러로 불렸다.

- 1960년대에는 글로벌 시장에서 극단적으로 저평가되었던 일본 증시에 투자했고 1986년 매도했다. 3년 뒤 일본은 버블이 터졌다.

- IMF 시절이었던 1997년 한국 증시에 투자하여 한국인에게 깊은 인상을 남겼다.

- "강세장은 비관 속에서 태어나 회의 속에서 자라며 낙관 속에서 성숙해 행복 속에서 죽는다."

모니시 파브라이

- 2007년 워런 버핏과의 점심 경매 낙찰에 성공하며 유명해졌다.

- 그의 투자 철학은 단도 Dhandho 투자라 하여 부를 만들기 위한 노력이라는 의미이다.

- 위험을 최소화하고 이익을 극대화하는 노력: 저위험 고수익의 투자 대상을 물색한다.

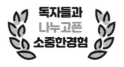

위대한 투자자들에게는
공통점이 있다!

2020년의 주식시장은 3월 폭락으로 공포를, 이후 강세장으로 환희를 동시에 우리에게 안겨주었습니다. 몇 년 동안 일어날 일이 단 몇 개월 사이에 일어났지요. 이런 급락과 폭등장이 찾아오면 사람들은 엄청난 소음에 휩쓸려 투자 기준을 잃을 수 있습니다. 조용한 클래식 음악이라도 10배속으로 들으면 심한 노이즈로 들리는 것처럼 말입니다.

이럴 때는 투자 대가들의 스토리와 그들이 쓴 책과 함께하면서 시끄러운 시장에서 한걸음 떨어져있는 것이 좋습니다. 코로나 팬데믹으로 증시에 소음이 가득하고 투자자들이 공포와 공황심리에 빠져있을 때 필자는 투자 대가들의 책을 펼쳤습니다. 투자의 대가들이 혼란스러운 증시를 어떻게 이겨냈는지, 내가 실천하고 있는 투자 방식과 포트폴리오가 투자 대가들의 철학과 비교해 어떤 단점과 장점이 있을지 생각하는 시간을 갖는 것이지요.

폭등장에서도 마찬가지입니다. 혹시나 폭등하는 시장 속에서 투자의 본질을 놓치고 있는 것은 아닌지 또는 나 자신이 자만에 빠진 것은 아닌지 곰곰이 생각해 보는 시간을 가져야 합니다.

시장 상황을 살펴보지 않다니 너무 태평한 것 아니냐고 생각할 수 있겠네요. 그러나 스마트폰으로 주가 시세를 반복적으로 조회하거나 주가를 보면서 흥분하거나 분노하는 것보다 이런 시간을 갖는 것이 투자에 백 배는 더 유익합니다.

투자를 하려면 기본적인 지식도 필요하지만 지혜가 있어야 합니다. 그 지식과 지혜의 빈자리를 투자 대가들의 이야기와 책이 채워줄 수 있습니다.

2020년 3월 폭락장에서 필자는 시장을 쳐다보며 초조해하지 않았습니다. 투자 대가들과 책을 통해 대화를 나누었습니다. 이것은 강세장이 지속될 때도 마찬가지였지요.

혹시나 시장 급등락에 마음이 심란한가요? HTS와 MTS를 끄고, 스마트폰은 무음으로 바꾼 후 투자 대가들과 머릿속으로 대화를 나눠보세요. 여러분의 마음속은 언제 그랬냐는 듯 고요해질 것입니다. 마치 명상을 하는 것처럼 말입니다.

벤저민 그레이엄

벤저민 그레이엄 저(국일증권경제연구소): 《현명한 투자자 1》 (개정4판)

스티그 브라이더선, 프레스턴피시 저(북돋움): 《벤저민 그레이엄의 현명한 투자자(핵심요약판)》

http://www.segye.com/newsView/20120807022486 (투자의 귀재들 ⑦ 벤저민 그레이엄 -세계일보 2012년 8월 7일자)

필립 피셔

필립 피셔 저(굿모닝북스): 《위대한 기업에 투자하라》

http://weeklybiz.chosun.com/site/data/html_dir/2019/04/11/2019041101966.html ([WEEKLY BIZ] '위대한 기업에 투자하라' 버핏에도 영향… 기업의 질적 측면 중시, 위클리비즈 2019년 4월 12일)

https://www.forbes.com/profile/ken-fisher/ (아들 켄 피셔에 대한 포브스의 부자 평가)

http://news.morningstar.com/classroom2/course.asp?docId=145662&CN=COM&page=1 (Great Investors: Philip Fisher, 모닝스타 사이트 내 Investing Classroom)

워런 버핏

https://www.forbes.com/billionaires (포브스 선정 2020년 부자 순위, 2020년 9월 11일 기준)

리처드 코너스, 워런 버핏 저(에프엔 미디어): 《워런 버핏 바이블》

전영수 저(원앤원북스) 《주식투자자라면 놓치지 말아야 할 주식 명저 15》

https://news.g-enews.com/view.php?ud=2018032512373342094a01bf698f_1&md=20180330130427_R ([글로벌 CEO] 워런 버핏, 역사상 최고 수익률 2,000,000,000 % … 미국 뉴욕증시 투자의 귀신, 오마하의 현인, 글로벌이코노미 2018년 3월 30일)

https://www.berkshirehathaway.com/2019ar/2019ar.pdf (버크셔 해서웨이 2019년 사업보고서)

https://news.sbs.co.kr/news/endPage.do?news_id=N1005875351 (美 워런 버핏, 올해도 3.8조 원 주식 기부… 15년간 44조, SBS뉴스 2020년 7월 9일)

피터 린치

피터 린치 저(국일경제연구소): 《전설로 떠나는 월가의 영웅》

피터 린치 저(흐름출판): 《피터 린치의 이기는 투자》

https://www.asiae.co.kr/article/2015100109422042363 (피터 린치, 13년 동안 누적수익률 2700%…역대 최고 펀드매니저, 아시아경제 2015년 10월 1일)

존 템플턴

게리 무어 저(굿모닝북스): 《존 템플턴의 영혼이 있는 투자》

로렌 템플턴, 스콧 필립스 저(비즈니스북스): 《존 템플턴의 가치투자전략》

모니시 파브라이

모니시 파브라이 저(이레미디어): 《투자를 어떻게 할 것인가》

Chapter 5

숫자 속에 답이 있다
- 재무제표의 이해와 기초

재무제표 속 숫자의 의미를 알아야 하는 이유

VALUE INVESTMENT

① 깜깜이 투자는 금물

여러분이 가전제품을 구입하려 한다면, 먼저 그 가전제품에 대한 정보를 알아보고 주변에 의견을 구하기도 할 것입니다. 해당 가전제품의 스펙을 다른 회사 제품과 비교하기도 하고 제조회사에 대한 정보 및 가격, 구입후기까지 꼼꼼하게 살펴볼 것입니다.

제품 하나를 구입할 때도 사전조사가 필수인데, 주식투자를 할 때만은 대부분이 너무도 가볍게 투자 결정을 내립니다. 그저 친구가 추천해주었거나, 느낌적인 느낌이 왔다거나, 주가가 상승추세라서, 혹은 단순히 가격이 부담 없다는 이유 등 심사숙고하지 않고 투자 결정을 내리는 경우가 대부분입니다.

특히 모멘텀 방식으로 추세를 따라가는 개인투자자의 경우 회사에 대해서는 묻지도 따지지도 않고 '가격'만을 보고 매수를 결정합니다. 모든 정보는 주가에 반영되어있다고 믿고 주가만 보는 것이지요. 사실 이것은 한국뿐만 아니라 전 세계 투자자들 사이에서 공통적으로 나타나는 현상이긴 합니다.

2020년 코로나19 사태로 인해 미국에서 허츠 Hertz 라는 회사가 부도 위기에 처했습니다. 2020년 초 15~16달러였던 주가는 코로나19 사태 이후 단 3개월 만에 1달러를 밑돌 정도로 폭락했습니다. 회사의 존립 자체가 위태롭다는 소식이 이어지면서 주가가 추풍낙엽처럼 떨어진 것이죠. 그런데 이때부터 재미있는 현상이 발생합니다. 소위 '동전주'가 된 허츠 주식을 미국 개인투자자들이 묻지도 따지지도 않고 매수하면서 6월 초 단 10여일 만에 주가가 8배 가까이 상승했습니다. 회사가 존립 위기에 있음에도 불구하고 사람들은 단순히 주가가 부담없다는 이유로 그리고 주가가 튀기 시작하였다는 이유로 묻지마 투자를 감행했던 것입니다. 어떻게 되었을까요? 허츠의 주가는 열흘도 안 되어 제자리로 돌아오고 말았습니다.

이것이 주가만 보고 투자했던 결과입니다. 이 회사의 재무제표만 잠깐 봐도 투자 위험이 매우 높다는 것을 쉽게 확인할 수 있었는데도 그 위험을 간과하거나 아예 보지 않았겠지요. 허츠는 부채비율이 거의 2,000%에 이를 정도로 높은 재무리스크를 안고 있습니다. 렌트카 사업의 특징상 코로나19라는 외풍이 불자 사업 레버리지에 따른 리스크가 회사 부도 위기로 이어졌던 것이고 다시 일어나기 어려울 정도로 휘청거릴 수밖에 없었습니다.

이렇듯 재무제표만 잠깐 봐도 조심해야 할 주식인지 아닌지를 알 수 있는데도 대다수의 투자자들은 가장 기본적인 것을 무시하는 것이 현실입니다. 재무제표를 보지 않고 투자하는 것은 가전제품을 살 때 그저 친구가 추천했다는 이유로, 디자인이 마음에 든다는 이유만으로 구입하는 것과 다를 바 없습니다. 적어도 사이즈가 자신의 집 구조와 맞는지, 소비전력은 괜찮은지, 작동법이 내게 불편하지 않은지를 확인하고 사야 하는 것처럼, 주식투자를 하기 전에 재무제표를 살펴보고 분석하는 것은 기본 중에 기본입니다.

투자자들은 재무제표가 어렵다는 이유로 외면하곤 했습니다. 경험이 많은 투자자들은 실천과는 별개로 재무제표를 보는 방법을 알고 있지만, 주식투자를 처음 시작한 사람에게는 재무제표의 용어나 숫자가 외계어로 쓰여져 있는 경전처럼 느껴질 것입니다. 그래서 최근 주식투자를 시작한 투자자 대부분이 재무제표에 기초한 가치투자 방법보다는 차트분석, 수급 분석, 작전주 분석과 같은 투자 방법을 선호하는 현실입니다.

2017년 연말~2018년 연초 제약·헬스케어 열풍 속에 신라젠의 주가가 화려하게 비상했습니다. 2017년 단 6개월 만에 주가가 10배 상승한 종목이니 투자자들의 관심은 대단했습니다. 주가가 엄청나게 상승한다는 이유만으로 추격매수하거나 그 종목을 좋게 평가하였던 것입니다. 사람들 사이에 이런 농담이 있지요.

"인물이 좋으면 모든 것이 용서된다."

그 농담처럼, 주가가 상승한다는 이유로 회사가 진행하는 사업에 대한 화려한 스토리들이 계속 쏟아져 나왔습니다. 사람들은 주가만 보고 재무제표는 무시했습니다. 간단히 재무제표의 포괄 손익계산서만 살펴보았어도 보다 냉정하게 판단할 수 있었을 것입니다. 신라젠은 매년 수백억 원대의 적자를 이어왔으나 신약 개발의 희망으로 주가가 폭등했습니다. 하지만 결국 실적은 개선되지 못하였고 2019년 1천억 원대의 대규모 적자를 만들고, 상장폐지 위기에 놓이게 되었습니다.

아무리 꿈과 희망이 받쳐준다 하더라도 회사의 재무제표를 꼼꼼히 살펴보았다면 투자할 회사가 아니라는 것을 알 수 있었겠지요.

이제는 달라져야만 합니다. 최소한 투자한 회사에 뒷통수를 맞지 않으려면 말입니다. 이것이 방어적 측면에서 재무제표를 알아야 하는 이유입니다. 투자 성과를 높이는 관점에서 보자면 재무제표 분석을 통해 내게 수익을 안겨줄 알곡과도 같은 종목을 찾기 위해서입니다.

재무제표를 자세히 들여다 보면 회사의 역사가 녹아있고, 회사의 현재 상황이 보이며 회사의 미래 모습을 가늠할 수 있습니다. 어렵다는 이유로 멀리한다는 것은 '비겁한 변명'일 뿐입니다. 마치 초등학생이 사칙연산 공부하기 싫다고 투정 부리는 것과 다를 바 없습니다. 더군다나 요즘은 재무제표를 보기 쉽게 정리한 서비스도 많이 제공됩니다. 재무제표의 항목들을 활용한 재무비율이나 투자지표들도 모두 계산되어 제공되고 있습니다. 우리는 잘 정리된 숫자들을 보기만 해도 되는 시대에 살고 있습니다.

영화배우 황정민 씨가 청룡영화상 남우주연상 수상 소감에서 "스텝들과 배우들이 멋진 밥상을 차려놓으면 저는 그저 맛있게 먹기만 하면 되었다"라면서 스텝들의 노고에 감사를 표해 화제가 되었지요. 그 말처럼 우리는 재무제표가 잘 정리되어 한눈에 쏙쏙 보이는 자료를 그저 맛있게 활용하기만 하면 됩니다.

대부분의 개인투자자들이 재무제표를 간과한다고 하더라도, 지금 이 책을 읽는 독자 여러분이라면 재무제표를 가까이하며 투자할 종목을 냉정하게 분석하기 위한 마음을 가졌으리라 생각합니다. 지금부터 재무제표에 대한 공부를 시작해볼까요?

② 재무제표 어디에서 보는가?

재무제표에 대한 공부를 시작하기 위해서는 재무제표를 언제 어디서든 보기 위한 준비가 되어있어야 합니다. 2000년 초까지만 해도 재무제표를 확인하기 위해 〈상장기업분석〉이라는 두꺼운 책자를 봐야만 했습니다. 서점에서 구입하기도 했고 증권사 지점에서 나눠주는 걸 받기도 했지요. 이제는 옛날 옛적 얘기입니다. 천여 곳이 넘는 기업들의 재무정보들을 제한된 지면에 꽉꽉 채워넣어서 글자도 작고 내용도 요약된 한정된 정보만을 접할 수 있었지만 그래도 그 자료에라도 만족하며 투자 정보로 활용했지요.

IT 기술의 발전 속에 기업들의 재무제표 공시가 전자공시로 의무화되었고, 이를 정리하여 제공하는 업체들이 등장했습니다. 이제 기업 재무정보 자료는 증권사 HTS는 물론이고 다음, 네이버와 같은 포털사이트 증권정보 페이지에도 제공되며, 스마트폰에서도 다양한 증권 관련 앱을 통해 조회할 수 있게 되었습니다.

과거와 달리 다양한 방법으로 재무제표를 접할 수 있기에 "재무제표가 어디 있는지 몰라서 공부를 못한다"는 말은 변명일 뿐인 세상이 되었습니다. 그래도 주식투자를 시작하는 사람이라면 여전히 재무제표를 찾기 어려울 수 있지요. 지금부터 재무제표를 찾는 몇 가지 방법을 말씀드리겠습니다. PC, 태블릿이나 스마트폰에 즐겨찾기해두고 여러분이 투자하거나 투자하려는 회사의 재무제표를 확인하고 공부하기 바랍니다.

[자료 5-2] DART에서 삼성전자 실적보고서 조회하기

(1) 금감원 전자공시 시스템(다트)

첫 번째 방법은 금감원 전자공시 시스템 DART, dart.fss.or.kr [1]입니다.

주식투자 경험이 있는 분에게는 '금감원 전자공시 시스템'이라는 긴 이름보다는 '다트'가 더 친숙할 것입니다. 1999년 이후 보고된 사업보고서와 분기·반기 보고서는 DART에 모두 올라와 있습니다. 이 사업보고서와 분기·반기 보고서 내에 재무제표가 포함돼 있습니다. 1999년 이전부터 올린 회사들도 있습니다만, 이는 몇몇 대기업에 한정되고 그렇다 해도 1998년 자료까지가 한계입니다. 예전에는 경제신문에 광고처럼 공시하는 것으로 기업들의 실적 보고 의무는 끝났습니다. 신문에 나온 자료를 일일이 찾아보아야 했으니 예전에는 원하는 기업의 재무제표를 구하기 어려웠겠지요. 지금은 DART에서 클릭 몇 번이면 쉽게 조회할 수 있습니다.

이 사업·분기·반기 보고서를 클릭해 그 안에 'III. 재무에 관한 사항'에서 재무제표를 볼 수 있습니다. 첫 번째 항목인 '1번 요약재무정보'에는 투자자들이 꼭 보아야 할 핵심 항목만 추려져 있습니다. 대부분의 재무제표 분석은 이 요약자료만 봐도 70% 이상은 가능할 정도이고 중요한 재무비율, 투자지표들도 요약 재무제표에 있는 항목들이 기초가 되어 계산됩니다.

그리고 '2번 연결재무제표'에서는 해당 회 뿐만 아니라 계열사와 종속회사들의 실적과 자산을 종합하여 만들어진 연결재무제표를 확인할 수 있습니다. 실제 기업분석에서는 이 연결재무제표를 중심으로 분석하니 4번에 해당 기업의 재무제표만을 보여주는 '재무제표' 메뉴보다는 '연결재무제표'를 더 중요하게 봐야 합니다. 물론 지배·종속회사가 없는 경우에는 연결재무제표 항목이 비어있습니다. 이때는 바로 4.재무제표를 클릭하세요.

---

1 http://dart.fss.or.kr/: 금감원 전자공시 시스템(DART)

3번과 5번은 주석사항 그리고 6번은 기타 재무에 관한 사항입니다. 재무제표는 항목과 숫자로만 기술되어 있어 설명이 부족한 경우가 많습니다. 재무제표에는 숫자만 적혀있지만 계열사의 지분관계가 어떤지, 현재 자산들을 어떻게 평가하는지 알고 싶을 때는 주석사항을 확인하면 됩니다. 주석에 계열사가 어디어디가 있고 평가금액은 어떠한지, 자산 구조에 대한 자세히 평가 방법론까지 정리되어 있습니다. 그 외에도 재무제표에서 숫자로는 설명하지 못하는 다양한 부연설명들이 연결재무제표·개별재무제표보다도 훨씬 많게 기술되어있기에 기업을 심층적으로 분석할 때에는 '주석'과 '기타 재무에 관한 사항'을 꼭 참고해야 합니다.

DART에서 자세한 재무정보와 회사의 공개 정보를 접할 수 있습니다만 자료가 너무 방대해 한 종목의 재무보고서를 분석하려 해도 시간이 오래 걸립니다. 여러 종목을 빨리 분석하려고 할 때는 DART로는 한계가 있지요. 이러한 불편을 해소하기 위해 재무정보를 수집하고 요약·정리·분석하는 회사들이 있습니다. 에프앤가이드가 대표적이고 그 외 여러 곳의 재무 관련 정보 업체들이 있습니다.

(2) 증권사와 포털사이트 증권 페이지

재무정보를 수집·분석·요약하는 회사들이 만든 정보는 증권사 HTS나

MTS, 포털사이트 증권 페이지의 기업분석 화면에서 볼 수 있습니다.

증권사에 따라 '기업분석'이나 '재무분석'이라는 메뉴명으로 제공됩니다. 이용하는 증권사에서 직접 확인하기 바랍니다. 포털사이트 다음에서는 종목 조회 후 '기업정보' 메뉴에서, 네이버에서는 종목 조회 후 '종목분석' 메뉴에서 제공됩니다.

[자료 5-4] HTS 내 기업분석 화면에서 조회한 삼성전자의 재무제표

기업개요 기업분석 ETF정보 리서치동향 컨센서스 랭킹분석 부가정보 종목별증자예정현황 IR정보						
005930 ▼ Q ◄ 20% 삼성전자 설정 / 재무차트 ◯Snapshot ◯Disclosure ◯기업개요 ◯컨센서스 ◯재무제표 ◯지분분석 ◉재무비율 ◯업종분석 ◯투자지표 ◯금감원공시 ◯경쟁사비교 ◯IR정보						
IFRS(연결)	2017/12	2018/12	2019/12	2020/03	전년동기	전년동기(%)
매출액	2,395,754	2,437,714	2,304,009	553,252	523,855	5.6
매출원가	1,292,907	1,323,944	1,472,395	348,067	327,465	6.3
매출총이익	1,102,847	1,113,770	831,613	205,185	196,391	4.5
판매비와관리비 ⊞	566,397	524,903	553,928	140,711	134,058	5.0
영업이익	536,450	588,867	277,685	64,473	62,333	3.4
영업이익(발표기준)	536,450	588,867	277,685	64,473	62,333	3.4

이 화면에서는 재무제표의 기본적인 항목뿐만 아니라 세부적인 항목들까지 정리하여 제공하고 있으며, 투자분석에 필요한 수십 개의 투자비율과 투자지표들까지 계산하여 제공합니다. 숫자와 계산에 약한 분이라도 이 자료를 통해 순식간에 기업분석을 할 수 있습니다.

하지만 금은보화가 눈앞에 뿌려져 있어도 진가를 알아야만 그 가치를 알수 있는 법이지요. 재무제표에 대해 공부한 분들은 한눈에 자료의 가치를 알지만, 대다수의 개인투자자는 이 화면을 건너 뛰거나 아예 존재 자체를 모르는 경우가 많습니다. 가치투자에서는 첫 단추와 같은 자료이니 투자 전에 반드시 체크하기 바랍니다.

사용자는 재무정보가 정리된 화면을 조회하기만 하면 되지만 이 내용을

수집하고 분석·요약하는 것은 꽤 고된 일입니다. 필자는 2008년 금융위기 시기에 재무정보를 수집하는 프로젝트에 참여한 적이 있습니다. DART에 올라온 재무보고서를 모두 수집하여 요약 재무제표 및 본 재무제표에 있는 모든 항목들을 쪼개 분기·반기·연간 재무제표를 DB로 정리하는 일이었죠. 이 작업을 하고 온몸에 병이 날 정도였습니다. 당시 DART에 올라온 재무정보는 기업의 회계담당자가 일일이 기입한 것이어서 오타도 많고 심지어는 돈 단위가 잘못 기입된 경우도 있었습니다. 요즘도 컴퓨터 프로그램으로 자동화되었지만 수작업은 일정 부분 꼭 들어갑니다. 그 노고를 생각하면서 해당 화면의 자료를 허투루 넘기지 말기를 바랍니다.

그런데 DART에 올라온 정보와 HTS·MTS·포털사이트에서 제공되는 재무자료에 중요한 차이점이 있습니다. 크롤링 프로그램으로 데이터를 취합하고 수작업으로 검토해야 하기에 DART 공시 시점과 HTS·MTS 등에 올라오는 기업정보 재무자료에 약간의 시차가 발생합니다. DART는 기업의 회계담당자가 금감원 전자공시 시스템에 올리면 투자자에게 즉시 공시됩니다만, 정리된 자료의 경우는 공시 수집·분석 업체들이 데이터를 크롤링하고 오류 검토 후 재무비율·투자지표 그리고 부연설명들을 정리한 후 자료를 제공하므로 며칠의 시간차가 발생합니다. 2010년대 초반에는 이 시차가 15일 이상 걸렸지만 요즘은 일주일 이내로 줄어들었습니다. 그렇다 해도 시간 갭이 존재하지요. 그래서 DART에는 분기보고서가 올라왔는데 HTS·MTS 상의 기업분석 화면에서는 최신 재무자료가 일주일 이상 업데이트되지 않는 경우가 있습니다.

따라서 분기·반기·사업보고서가 제출되는 시기에는 꼭 두 자료를 비교하면서 재무제표를 분석하기를 권합니다.

[자료 5-5] 네이버에서 삼성전자로 검색한 뒤 볼 수 있는 재무정보 중 일부

기간	2019.12 IFRS연결	2020.03 IFRS연결
매출액	598,848	553,252
영업이익	71,603	64,473
당기순이익	52,270	48,849
지배주주순이익	52,280	48,896
비지배주주순이익	-10	-47
영업이익률	11.96	11.65

이제 재무제표를 공부하기 위한 모든 준비를 마쳤습니다. 스마트폰으로 포털사이트나 MTS 내 기업분석·재무정보 관련 메뉴를 통해 재무제표를 참고할 수 있고, PC로도 HTS와 포털사이트에서 기업분석·재무정보 메뉴에서 재무제표를 사용할 수 있습니다. 깊이 있게 공부하고자 한다면 DART에 올라온 재무보고서에서 재무제표 관련한 항목을 보면서 더 자세히 공부할 수도 있습니다.

이제부터 주식투자에 꼭 필요한 재무제표 항목을 하나씩 배워보겠습니다. 미리 겁먹지 마세요. 어렵다는 고정관념과 달리 허무할 정도로 쉬우니까요.

상장사들의 실적 공시 의무

상장회사들은 분기, 반기, 결산일이 지나면 일정 시간 내에 분기·반기·사업보고서를 공시해야 합니다. 분기와 반기의 경우는 분기·반기 말 이후 45일 이내, 사업보고서의 경우 결산일 이후 90일 이내에 공시해야만 합니다. 12월 결산 법인이 거의 대부분인 한국 상장회사 구조상 매년 3월 말에는 사업보고서가 DART에 공시되고, 5월 15일 즈음 1분기 보고서가, 8월 15일 즈음 2분기 보고서가, 11월 15일 즈음 분기·반기 보고서가 일시에 공시됩니다. 그로 인해 이 시기에는 공시 데이터를 수집하고 크롤링하는 매체들과 업체들의 프로그램 작업이 몰려 DART 접속이 어려워지는 현상도 나타납니다.

다만, 12월 결산 법인 외에 8월 결산, 3월 결산, 6월 결산 법인 등 다양한 결산 법인이 있기에 투자 종목들의 회계결산 기준을 꼭 참고하세요. 분기·반기 보고서는 45일 이내, 사업보고서는 90일 이내에 공시된다는 점 기억하기 바랍니다.

②
투자자가 알아야 할 숫자는
바로 이것

VALUE INVESTMENT

앞서 재무제표를 왜 알아야 하고 어디에서 재무제표를 보고 활용할 수 있는지에 대하여 설명드렸습니다. 투자할 종목을 분석할 때 주가차트보다 더 근본적인 이유를 찾는 데 재무제표만큼 중요한 것이 없습니다. 재무제표에는 회사의 다양한 모습이 담겨있고, 이를 통해 다양한 이해관계자들이 회사를 분석하고 해당 회사와의 이해관계에 활용합니다. 현재의 회사 소유자 및 경영진뿐만 아니라 현재·미래 채권자, 현재·미래 주주, 피고용인(노조) 및 세무당국 등 다양한 관계자들이 재무제표를 기초로 하여 회사를 분석하고 다양한 목적으로 활용하고 있습니다. 이런 상황인데도 투자자 본인이 재무제표를 간과한다는 것은 그 다양한 이해관계자들 사이에서 (소액)주주인 본인은 스스로 후순위에 있으려 하는 것과 다를 바 없습니다.

재무제표는 수많은 이해관계자들의 요구 속에 발전해 왔습니다. 기원전 4500년 경 메소포타미아에 최초의 회계 기록이 남아있고, 1494년 이탈리아 수도승 파치올리 Pacioli 의 복식장부기록에 대한 보고서는 현대 회계시스템을 정립하게 되었습니다.[2] 유럽의 대항해 시대를 거치면서 회계의 필요성은 급격히 높아졌습니다. 미지의 세계에 탐험과 무역을 떠나는 선박에 투자한 투자자들에게 수익 배분은 중요한 관심사였기에 회계보고는 고도화되고 필수적일 수밖에 없었습니다. 항해 과정에서 무역을 통해 얼마나 자산을 불렸는지, 선단에 손실은 어느 정도인지 가늠하여 선장 및 선원들에게 급여를 지급하고 해당 선박을 투자한 투자자들에게 수익금을 배분했기 때문입니다.

그 당시에도 회계장부가 중요한 자료였을 터인데, 수백 년이 지난 21세기에 분기별로 심지어는 기업에 따라서는 월단위로 발표하는 재무제표를 참고하지 않는 것은 눈 감고 고속도로를 횡단하는 것처럼 위험한 일이 아닐 수 없습니다.

안타깝게도 주가는 자극적인 것에 더 민감하게 움직입니다. 상장주식의 겉모습이라 할 수 있는 주가 움직임에만 사람들이 관심을 가지는 경우가 다반사입니다. 고라니가 자동차 헤드라이트를 보고 뛰어들 듯 재무제표를 보지도 않고 그저 주가에 불이 번쩍 들어온 것 같으면 투자하는 것이 대부분 투자자의 현실이지요.

하지만 네온사인처럼 화려하게 번쩍이는 주가 뒤에 보이는 재무제표를 본다면 여러분의 투자는 최소한의 안전장치를 가진 것이고, 조금 더 크게 눈을 떠서 재무제표를 제대로 분석한다면 더 명확한 정보를 얻을 수 있을 것입니다.

네온사인처럼 번쩍이는 주가 뒤에서 마치 정지된 사진처럼 느껴지는 재무제표 중 한 뭉치가 보일 것입니다. 특정 날짜에 사진을 찍은 것처럼, 혹은 타임머신을 타고 특정 시점에 도착하였을 때 정지된 화상처럼 보이는 것이

---

2   조성하, 배길수 저(학현사):《회계 원리》(2003년 3쇄), 회계의 역사 부분

바로 재무제표에서 가장 먼저 접하는 '재무상태표'입니다. 예전에는 재무상태표를 대차대조표라 불렀습니다만 2011년 K-IFRS가 모든 상장기업에 의무적으로 적용[3]되면서 재무상태표라는 용어로 바꾸어 부르게 되었습니다.

① 재무상태표

재무상태표는 연말 또는 분기말 기준으로 그 시점에 회사의 자산, 부채, 자본 등이 기록된 자료입니다. 회사의 자산은 어느 정도인지, 그 자산은 어떻게 구성되어 있고 평가금액은 어떠한지, 부채의 규모와 종류 등도 알 수 있습니다. 또한 자산에서 부채를 차감한 값인 자기자본(순자산 또는 자본), 자본금·이익잉여금·자본잉여금 등의 구성을 확인할 수 있습니다.

재무상태표는 어떤 재무제표 항목보다 중요한 자료입니다. 특정 시점의 경제활동 최종 결과물이기 때문입니다. 과거 재무제표를 주주들에게 공시할 때에는 신문 광고란에 대차대조표만 공고하기도 했습니다. 대차대조표(현재의 재무상태표)만으로도 현재 기업 상황이 어떤지 알 수 있기 때문입니다. 하지만 재무상태표는 그저 회계기간 동안의 결과물을 나타낸 것이어서 자산·부채·자본 등이 어떤 이유로 변화했는지는 알 수 없습니다.

앞서 재무상태표는 사진과 같은 것이라고 말씀드렸는데요. 다른 비유를 들자면 어린시절 하던 놀이인 '무궁화 꽃이 피었습니다'와도 비슷합니다. 내가 술래를 맡아 "무궁화 꽃이 피었습니닷!" 하고 뒤돌아 보았을 때 친구들이

---

3   2011년부터 모든 공기업 '국제회계기준 적용', 아이뉴스24(2009년 6월 17일) http://www.inews24.com/view/422434

있는 위치를 기억했다가 다음 번에 달라진 친구들의 위치를 보면서 이렇게 움직였겠구나 짐작할 수는 있지만 실제 어떻게 움직여서 왔는지는 알 수 없지요. 이처럼 기업들이 지난 회계기간 동안 자산·부채·자본 등이 어떻게 변화해서 현재에 이르렀는지를 재무제표에서 알려주는 자료가 있습니다. 바로 '포괄 손익계산서'입니다.

② 포괄 손익계산서

재무상태표가 사진이라면 포괄 손익계산서는 과거부터 현재까지 변화하는 모습을 보여주는 동영상이라 할 수 있습니다. 과거의 사진(과거 재무상태표)과 최근 사진(최근 재무상태표)을 연결해주는 자료이지요. 앞서 '무궁화 꽃이 피었습니다'로 비유를 들었는데, 포괄 손익계산서는 우리가 눈을 감고 "무궁화~ 꽃이~ 피었습니닷!"이라고 외치는 동안 친구들이 어떻게 움직여서 현재 위치에 왔는지를 보여주는 중요한 자료입니다. 어떤 친구는 제자리에서 덤블링을 하다가 앞으로 조금 나오기도 하고, 어떤 친구는 술래 주변까지 뛰어왔다가 제자리로 돌아갔을 수도 있습니다. 이처럼 재무상태표가 사진처럼 멈춘 특정 시점의 재무상황을 설명한다면 포괄 손익계산서는 동영상처럼 회사가 회계기간 동안 어떻게 활동하였는지 설명해 줍니다.

회사가 매출을 만들고 원재료 비용과 판관비를 지불하고 세금을 납부하고도 이익이 남는다면 재무상태표 상에 자산의 증가 또는 부채의 감소 속에 자기자본(순자산) 증가를 기록할 것입니다. 재무상태표상 회사의 자기자본이 크게 줄었다면 그 이유를 포괄 손익계산서에서 찾아볼 수 있습니다. 기업이 매출을 만들었으나 예전의 매출보다 작아진 가운데 원가 및 판관비가 증가하여 적자가 심화되었다면 포괄 손익계산서를 통해 재무상태표의 변화를 타임랩스(저속촬영) 영상처럼 계산하거나 상상할 수도 있습니다.

포괄 손익계산서 또한 2011년 K-IFRS가 전면시행되기 전에는 '손익계산서'로 불렸습니다. 하지만 손익계산서만으로 설명이 부족한 부분이 있다 보니 K-IFRS가 시행되면서 매출액에서 당기순이익까지의 과정에서 몇 가지가 추가되었습니다. 재무상태표에 영향을 주는 포괄손익 부분을 추가항목으로 늘리면서 포괄 손익계산서라고 불리게 되었습니다. 예전에는 재무상태표에서 자기자본 항목에 '기타포괄누계'로 기록되거나 주석 항목으로 기록되는 등 기업마다 달랐던 포괄손익 개념이 포괄 손익계산서에 포함되면서 기업분석을 조금 더 편하게 할 수 있게 되었습니다.

재무상태표와 포괄 손익계산서는 투자를 위해 기업을 분석할 때 가장 많이 사용되고 필수적으로 참고하는 재무제표 요소입니다. 재무상태표의 항목들과 포괄 손익계산서를 DART(금감원 전자공시시스템)에서 시기별로 수집하여 정리한 후 이를 시계열로 분석하는 투자자도 많습니다. 특정 시기의 재무상태표와 포괄 손익계산서만 놓고 기업을 분석하는 것은 너무도 작은 부분을 보고 기업 전체의 모습으로 오판할 수 있지요. 그러하기에 재무상태표와 포괄 손익계산서를 시기별로 정리한 후 장기 시계열로 분석하면 회사의 역사가 눈에 훤히 들어오기도 하고, 경쟁사와 비교분석할 수도 있습니다. 혹은 회사에 돈을 빌려준 채권자(회사채·BW·CB투자자)라면 회사가 안정적으로 운영되고 있는지 만기 때 돈을 제대로 돌려받을 수 있을지 등을 분석하는 자료로 활용할 수 있을 것입니다.

한국뿐만 아니라 전 세계 주식 관련 웹사이트에서 기업정보를 조회할 때

자본변동표, 현금흐름표 같은 다른 재무제표 항목은 빠지더라도 재무상태표와 포괄 손익계산서는 꼭 등장합니다.

③ 요약재무정보

기업의 사업보고서·분기·반기 보고서에는 포괄 손익계산서와 재무상태표 중 핵심적인 항목들만 정리하여 전년도 혹은 그 이전의 P/L항목과 B/S항목을 한눈에 비교할 수 있도록 '요약재무정보'를 제공하고 있습니다.

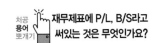

재무제표에 P/L, B/S라고 써있는 것은 무엇인가요?

해외 주식사이트나 일부 국내 기업분석 자료에서는 포괄 손익계산서를 P/L(Profit and Loss)이라고 쓰기도 하고, 재무상태표를 B/S(Balance Sheet)라고만 쓰기도 합니다. 이 용어를 알아두는 것이 좋습니다.

재무제표는 재무상태표와 포괄 손익계산서만으로 구성된 것이 아닙니다. <mark>자본이 어떻게 변동되었는지 자세한 내용을 정리한 '자본변동표'를 보면 더 세부적으로 회사의 재무구조를 분석할 수 있습니다.</mark>

그리고 현금흐름은 기업 생존을 위해 중요합니다. 재무상태표에서는 현금이 얼마가 있는지 알 수 있어도 현금흐름이 어떻게 변화했는지 그 과정은 알 수 없습니다. '현금흐름표'는 회사 내에서 현금흐름이 어떤 과정을 거쳐서 변화했는지, 영업활동(회사 사업) 및 투자활동(공장증설 및 다양한 자산에 투자) 그리고 재무활동(채무 및 다양한 재무활동) 등에서 어떤 항목들이 현금흐름에 어느 정도 영향을 주었는지 설명하는 자료입니다. 특히 현금흐름표는 기업들이 재무상태표나 포괄 손익계산서에서 장난(분식회계)을 치는지 엿볼 수 있는 중요한 창이기에 B/S 및 P/L 항목과 더불어 많이 애용됩니다.

재무제표를 펼치기만 해도 항목이 너무 많아 어지러웠던 분들도 이제는

[자료 5-6] 한국전력의 2020년 1분기 분기보고서 중 요약재무정보

Ⅲ. 재무에 관한 사항

1. 요약 재무 정보

가. 요약 연결 재무 정보

(단위: 백만 원)

과목	제60기 1분기	제59기 1분기	제59기	제58기
	2020년 3월말	2019년 3월말	2019년 12월말	2018년 12월말
[유동자산]	19,741,633	20,637,940	19,483,001	19,745,068
• 현금 및 현금성자산	1,458,491	2,078,223	1,810,129	1,358,345
• 유동금융자산	3,464,952	3,587,042	1,586,509	2,359,895
• 매출채권 및 기타 채권	6,673,798	7,049,548	7,701,452	7,793,592
• 재고자산	6,870,199	6,929,042	7,050,700	7,188,253
• 기타의 유동자산	1,274,193	984,085	1,334,211	1,044,983
[비유동자산]	179,352,540	170,931,980	178,114,791	165,503,993
• 비유동금융자산	2,984,955	2,153,178	2,563,498	2,113,613
• 장기매출채권 및 기타 채권	2,060,052	1,791,216	2,002,297	1,819,845
• 유형자산	165,095,908	157,746,224	164,701,827	152,743,194
• 영업권 이외의 무형자산	1,100,947	1,305,524	1,069,976	1,225,942
• 관계기업투자지분	4,392,883	4,175,929	4,251,802	4,064,820
• 공동기업투자지분	1,708,886	1,890,668	1,663,029	1,813,525
• 기타의 비유동자산	2,008,909	1,869,241	1,862,362	1,723,054
자산 총계	199,094,173	191,559,920	197,957,792	185,249,061
[유동부채]	23,095,827	23,094,990	24,231,656	21,841,533
[비유동부채]	107,176,228	98,199,284	104,476,487	92,314,766
부채 총계	130,272,055	121,294,274	128,708,143	114,156,299
[납입자본]	4,053,578	4,053,578	4,053,578	4,053,578
[이익잉여금]	49,183,786	50,653,382	49,202,133	51,519,119
[기타자본구성요소]	14,200,591	14,242,009	14,240,607	14,171,228
[비지배지분]	1,384,163	1,334,677	1,393,331	1,348,837
자본 총계	68,822,118	70,265,646	68,889,649	71,092,762
	(2020.1.1.~3.31)	(2019.1.1.~3.31)	(2019.1.1.~12.31)	(2018.1.~12.31)
매출액	15,093,127	15,248,404	59,172,890	60,627,610
영업이익	430,554	(629,880)	(1,276,521)	(208,001)
연결총당기순이익	53,608	(761,156)	(2,263,535)	(1,174,498)
지배회사지분순이익	22,979	(787,798)	(2,345,517)	(1,314,567)
비지배지분순이익	30,629	26,642	81,982	140,069
기본주당순이익(원)	36	(1,227)	(3,654)	(2,048)
희석주당순이익(원)	36	(1,227)	(3,654)	(2,048)
연결에 포함된 회사수	120	110	119	106

재무제표의 어떤 항목을 봐야 할지, 그것이 왜 중요한지 알게 되었으리라 생각합니다. 이제부터 조금 더 깊이 알아보겠습니다. 재무상태표, 포괄 손익계산서, 현금흐름표에서 우리는 무엇을, 어떻게 봐야 할까요? 상세 내용을 알아보겠습니다.

재무상태표에서 살펴봐야 할 것

VALUE INVESTMENT

① 총자산, 부채, 자본총계

재무제표에서 가장 중요한 재무상태표의 항목을 하나씩 알아보겠습니다. 재무상태표는 회사의 자산, 부채, 자기자본의 상황을 보여주는 가장 중요한 재무제표입니다. 일단 재무상태표의 큰 그림을 이해하려면 '자산은 부채와 자본의 합계'라는 개념을 이해해야 합니다.

(1) 자본과 부채

전체 총자산(이하 자산)은 부채와 자본(혹은 자기자본, 순자산)을 합친 금액입니다. 즉, 자본은 자산에서 부채를 뺀 개념이지요. 개인의 가계부에서도 순자산(자본)을 계산할 때 자산에서 부채를 뺀 값으로 계산합니다. 이 개념을 머릿속에 단단히 넣었다면 재무상태표에 대한 개념 중 80%는 이미 이해한 것입니다. 그만큼 이 개념이 중요합니다.

[자료 5-7] 자산은 부채와 자본의 합계이다

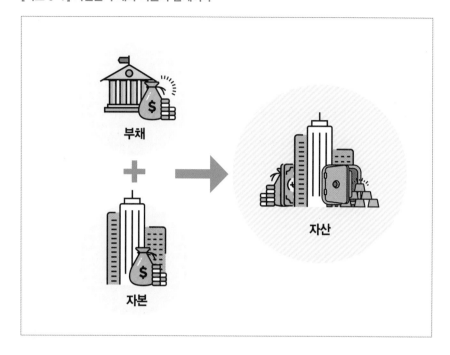

너무 당연한 얘기를 하는 거 아니냐고요? 안타깝게도 대부분의 사람들은 자산과 자본을 착각합니다. 몇 년 전, 수백억 대 자산가가 SNS를 통해 자신의 재산을 자랑하며 인기를 끌었던 일이 있었습니다. 그런데 그 사람에게 불미스러운 사건이 발생한 뒤 조사해보니 실제로는 빚만 잔뜩이었지요. 이런 경우는 '자산 = 부채 + 자본'이라는 재무상태표 관점에서 보면 자산보다 부채(빚)가 더 많아 순수한 재산(자본)은 전무한 알맹이 없는 상황이었지요. 이렇듯 흔히 겉만 화려한 자산가를 부자로 착각하는 것처럼, 투자에 있어서도 자산과 자본을 착각하여 잘못된 판단을 내리기도 합니다. 과거 고도성장기에는 자산(총자산)이 중요한 투자 지표일 때도 있었습니다. 자산만으로 외형을 비교하던 시절의 고정관념이 아직도 일부 남아있지만 이제는 빚으로 쌓아올

린 자산보다는 자본을 더 중요하게 보는 시대가 되었습니다.

예를 들어 A씨에게 100억 원대의 자산이 있다고 하겠습니다. 그런데 A씨는 90억 원에 이르는 부채를 가지고 있습니다. 그리고 B씨는 50억 원의 자산과 10억 원의 부채를 가지고 있습니다. 자산의 크기로만 본다면 A씨가 B씨보다 더 큰 자산 규모를 가진 자산가겠지만, 순자산으로 따지면 B씨의 순자산은 40억 원(50억 원-10억 원)이고 A씨는 순자산이 10억 원(100억 원-90억 원)으로 큰 차이가 발생합니다. 즉, B씨는 A씨보다 알부자라 할 수 있습니다.

이것이 재무상태표의 기본 개념인 '자산=부채+자산' 개념입니다. 이제 여기에서 조금 더 나가겠습니다.

자산과 부채 항목을 세부적으로 살펴보면 유동성의 성격에 따라 유동과 비유동으로 나누어 더 구체화할 수 있습니다. 저는 유동·비유동, 부채·자산을 기억하기 위해 '유비는 부자'라고 외우기도 하였습니다.

자산에는 부동산처럼 고정화(비유동화)된 자산도 있고, 현금처럼 언제든지 사용가능한 유동성이 있는 자산도 있지요. 부채 역시 1년 안에 갚아야 하는 유동성이 강한 부채가 있고, 만기가 1년이 넘어 만기 부담이 적은 비유동 부채도 있습니다.

그런데 왜 자산과 부채를 유동·비유동으로 나누어서 구분할까요? 자산이든 부채든 성격이 다르기 때문입니다. 보통 1년 안에 유동화, 즉 현금화가 가능한 자산을 '유동자산'이라고 부릅니다. 1년 안에 현금화가 가능한 자산은 현금, 주식, 매출채권 등입니다. 반대로 1년 안에 현금화를 할 계획이 없거나 현금화에 시간이 오래 걸려 1년 이상의 시간이 걸리는 자산은 '비유동자산'이라 부릅니다. 예를 들어 토

비유동 vs. 고정

2011년 K-IFRS 전면 도입 이전에는 비유동 대신에 '고정'이라는 접두어를 사용했습니다. 고정자산·고정부채가 더 직관적이고 이해하기 쉽지만, IFRS 시대이기에 비유동자산·비유동부채로 기억하고 사용하세요.

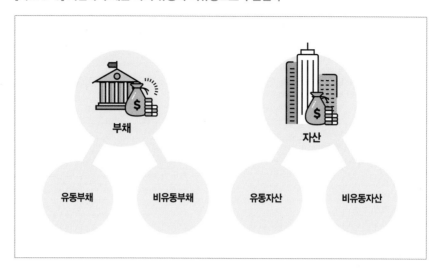

지나 건물과 같은 부동산 자산이 대표적인 비유동자산에 해당합니다.

이 개념을 확장하면 부채에서 유동부채와 비유동부채의 개념을 쉽게 잡을 수 있습니다. '유동부채'는 1년 안에 갚아야 할 부채입니다. 예를 들어 단기차입금이나 매입채무 등입니다. 그리고 '비유동부채'는 1년 이후에 갚아도 되는 채무입니다. 만기가 길게 남은 회사채나 은행에서 장기로 빌린 장기차입금 등입니다.

이해를 돕기 위해 상장사 중 지배·종속하는 계열사 없이 자사만의 단독 재무제표만 있는 경남스틸의 재무상태표를 보겠습니다. 자산을 크게 유동자산과 비유동자산으로 나누고 그 아래에 유동·비유동 성격에 맞추어 세부 항목들이 기술되어 있습니다. 경남스틸의 경우는 유동자산 중 매출채권이 457억여 원으로 가장 많고, 재고자산이 338억여 원으로 두 번째로 많습니다.

그리고 유동자산에서 가장 먼저 나오는 현금 및 현금성 자산은 142억여 원이 있는 것으로 나와 있습니다. 그런데 이 표의 특징을 눈치 챈 분이 계실

재무상태표

제 31 기 1분기말 2020.03.31 현재

제 30 기말　　　2019.12.31 현재

(단위 : 원)

	제 31 기 1분기말	제 30 기말
자산		
유동자산	94,532,390,627	90,436,330,806
현금및현금성자산	14,231,341,939	5,600,578,508
매출채권 및 기타유동채권	45,789,476,667	50,799,865,348
기타유동금융자산	623,935,570	535,176,856
기타유동자산	33,893,454	66,712,999
재고자산	33,853,742,997	33,433,997,095
비유동자산	52,214,645,024	51,490,359,816
비유동 당기손익-공정가치 측정 금융자산	2,000,000,000	2,000,000,000
비유동 기타포괄손익-공정가치 측정 금융자산	949,037,185	949,037,185
지분법적용 투자지분	3,583,168,532	3,583,168,532
기타비유동금융자산	739,234,400	646,422,600
유형자산	41,180,579,265	40,723,718,049
투자부동산	1,689,249,720	1,514,637,528
영업권 이외의 무형자산	1,285,550,742	1,285,550,742
이연법인세자산	787,825,180	787,825,180
자산총계	146,747,035,651	141,926,690,622

까요? 바로 유동자산 내에서도 유동성이 높은 항목 순으로 유동자산들이 나열되어 있다는 점입니다. 가장 유동성 높은 현금이 맨 첫 줄에 있지요. 이는 재무제표를 읽는 이해관계자들의 이해를 돕기 위해 정리된 규칙입니다.

비유동자산을 보겠습니다. 비유동자산 중 가장 큰 금액을 차지하는 것은 유형자산으로 411억여 원이 있습니다. 유형자산은 회사 건물이나 공장 또는 부동산처럼 형체가 있는 자산을 의미합니다. 그 외에 비유동 금융자산이 회계적 기준에 따라 20억 원과 9억 4,903만 원이 있군요.

이렇듯 재무상태표를 보면 유동자산이 세부적으로 어떻게 구성되었는지 비유동자산이 어떻게 구성되어있는지 알 수 있습니다. 이렇게 나온 유동자산과 비유동자산을 합친 금액은 너무도 당연한 이야기입니다만, 자산 총계(총자산)가 됩니다.

그 다음으로 부채 부분을 보겠습니다.

앞서 설명드린 것처럼 부채는 유동부채와 비유동부채로 나누어집니다. 당연히 유동부채와 비유동부채의 합계는 부채 총계(부채)입니다. 재무상태표에 너무 많은 숫자들과 항목들이 등장하기 때문에 간혹 헷갈리는 분들이 계셔서 노파심에 추가 설명드렸습니다.

[자료 5-10] 경남스틸의 2020년 1분기 보고서 중 부채 항목

부채		
유동부채	56,956,033,440	51,273,832,225
매입채무 및 기타유동채무	38,336,849,222	35,154,784,061
단기차입금	7,500,000,000	4,880,116,788
유동성장기차입금	10,000,000,000	10,000,000,000
기타유동금융부채	167,642,302	162,539,851
기타유동부채	32,392,957	6,484,010
당기법인세부채	919,148,959	1,069,907,515
비유동부채	3,660,880,268	3,470,379,768
전환사채	3,147,411,825	3,101,602,517
확정급여부채	513,468,443	368,777,251
부채총계	60,616,913,708	54,744,211,993

부채 항목은 자산에 비해 단출하지요. 부채의 유동성 정도에 따라 유동부채와 비유동부채로 나누었을 뿐입니다. 유동부채 중 가장 큰 값은 매입채무 및 기타유동채무로 383억여 원이 있습니다. 원재료나 물건을 사온 후 아직 지급하지 않은 대금입니다. 보통은 수개월 내에 지급해줘야 하므로 유동부채로 구분되어 있지요. 비유동부채에는 314억여 원이 전환사채로 잡혀있습니다. 비유동부채로 분류되었다는 것은 전환사채의 만기가 1년 이상 남았음을 의미합니다. 관련하여 경남스틸의 2020년 1분기 보고서 중 '재무제표 주

석'을 자세히 살펴보면 전환사채에 대한 설명이 나와 있습니다. 내용을 살펴보면 만기가 2022년 2월 28일로 되어있으니 2020년 1분기 말 기준으로는 만기가 1년 11개월 남은 비유동자산이라는 것을 확인할 수 있습니다.

(2) 자본

자산과 부채를 유동·비유동으로 나누어 자세히 알아보았습니다. 그런데 가장 중요한 것을 아직 설명드리지 않았습니다. 재무상태표의 주인공인 자본(자기자본, 순자본 또는 순자산)에 대한 설명을 지금부터 하겠습니다.

자본은 자산에서 부채를 뺀 순수한 자산이기에 매우 중요합니다. 그래서일까요. 부르는 명칭도 다양해 자본총계, 자기자본, 순자본, 자본, 순자산 등으로 부르곤 합니다. 어떤 명칭이든 '전체 자산에서 빚을 뺀 순수한 회사자산'이라는 의미를 담고 있습니다.

자본(자본총계)은 기업 밸류에이션 측정에서 자산가치를 활용한 BPS(주당순자산), ROE(자기자본 순이익률) 등의 공식에 사용되는 중요 항목입니다.

자기자본은 유동과 비유동과 같은 유동성 기준으로 나누기가 애매합니다. 자본총계가 총자산에서 부채를 뺀 값이다 보니 자기자본의 값이 총자산 어디에서 왔는지 알 수 없습니다. 다만, 자본총계는 유동·비유동보다 더 세밀하게 자본이 만들어지는 과정을 담은 항목들로 구성되어있습니다. 다음의 공식을 보겠습니다.

자본총계 = 자본금 + 자본잉여금 + 이익잉여금 + 그 외 다수 항목
자본잉여금: 주식발행 시 자본금을 초과하여 들어온 잉여금
이익잉여금: 회사가 경영하면서 쌓아온 이익금의 합
자본금: 회사의 근본적인 자금으로 주식의 액면가에 총주식수를 곱한 값

너무 자세히 들어가면 어려울 수 있기에 자본금과 자본잉여금 그리고 이익잉여금으로 구성되어있다 이해하되, 자본금 부분은 꼭 구분하여 기억하길 바랍니다. 이렇게 공식만 보면 머리가 아프지요. 앞서 보았던 경남스틸 사례에서 자본 부분만 떼어 살펴보도록 하겠습니다.

[자료 5-11] 경남스틸의 2020년 1분기 보고서 중 자본 항목

자본		
자본금	2,500,000,000	2,500,000,000
자본잉여금	2,790,578,858	2,790,578,858
기타포괄손익누계액	(86,069,632)	(86,069,632)
이익잉여금(결손금)	80,925,612,717	81,977,969,403
자본총계	86,130,121,943	87,182,478,629
자본과부채총계	146,747,035,651	141,926,690,622

거의 교과서적으로 자본 부분이 정리되어 있습니다. 경남스틸의 경우 자본금은 액면가 100원에 2500만 주의 주식이 발행되었기에 25억 원으로 표시되어 있습니다. 다음으로 자본잉여금의 경우는 27억 9천여만 원으로 적혀있군요. 과거에 언제일지는 모르지만 신주가 발행되었고 액면가보다 초과되어 들어온 잉여금이 27억 9천여만 원이었던 것입니다.

다음으로 이익잉여금을 보겠습니다. 경남스틸의 경우는 회사가 업력을 쌓으면서 809억 2,561만여 원의 이익잉여금을 쌓았습니다. 업력이 오래된 회사일수록 자본금보다도 이익잉여금이 엄청나게 큰 경우가 많습니다. 오랫동안 이익을 쌓으면서 회사의 자기자본(순자산)이 커져왔다는 의미입니다.

이제 여러분은 재무상태표에 대해 90%를 알게 되셨습니다. 재무상태표를 이해하기 쉽도록 지배·종속회사가 없는 경남스틸의 사례로 설명드렸습니다.

다음과 같은 궁금증이 생기는 분들도 있을 것 같네요.

"이해하기 쉽게 하려고 계열사가 없는 사례를 들었다면, 계열사가 있는 회사의 재무제표를 보려면 더 알아야 할 것이 있단 말일까?"

네, 맞습니다. 상장회사 정도 되면 지배·종속회사 등 계열사들이 많은데 이 회사들의 재무제표들을 연결하여 만든 것이 '연결재무제표'입니다.

② 연결재무제표 의무화 시대

앞서 2011년에 K-IFRS 제도가 상장기업에 전면 도입되었다는 설명을 드렸습니다. IFRS가 도입되면서 많은 변화가 있었는데, 재무제표 내 용어가 바뀐 것도 있지만 '연결재무제표'가 의무화된 것이 가장 큰 변화입니다. 앞에서 예로 든 경남스틸은 지배·종속 관계에 있는 계열사가 없어서 설명이 쉽지만, 대부분의 상장기업은 지배·종속 관계에 있는 회사들을 두고 있기에 그 회사만의 재무제표(별도 재무제표) 외에 지배·종속관계에 있는 회사들의 재무제표를 합친 연결재무제표를 함께 공시해야만 합니다.

연결재무제표는 예전부터 있었지만, 일정 규모 이상의 기업들이 별도 보고하는 형태였고 K-IFRS 회계 기준이 의무화된 이후에는 분기·반기·사업보고서에는 연결재무제표가 함께 보고되고 있습니다.

참고로 그 회사 개별 재무제표를 개별 재무제표 혹은 별도 재무제표라고 부릅니다. 엄밀히 따져보면 개별 재무제표에는 지배하는 회사들의 내용이 충분히 반영되지 못할 수 있습니다. 계열사들도 사업을 통해서 회사를 키워가기도 하고 혹은 사업에 실패하면 자산가치가 치명적인 훼손을 받을 수 있

K-IFRS(한국채택국제회계기준), 국제적으로 통일된 회계기준의 필요성에 의해 국제회계기준위원회 IASB 에서 IFRS(국제회계기준)을 제시하였고 한국에서는 2009년부터 희망기업에 한해서, 2011년부터는 의무 적용하고 있습니다.

K-IFRS가 의무화되면서 과거 GAAP(일반적으로 인정된 회계기준) 때보다 더 현실적인 재무제표로 바뀌었습니다. 부동산이나 유형자산 그리고 금융부채 등 다양한 자산과 부채들에 대해 취득원가 기준이 아닌 공정가치 기준으로 평가 방식이 바뀌었습니다. 이와 함께 재무제표를 구성하는 항목들의 명칭도 변하여 대차대조표는 '재무상태표'로 그리고 손익계산서는 '포괄 손익계산서'로 변경되었습니다.

연결재무제표는 예전부터 있기는 했습니다만, 일정 규모 이상 기업들이 별도 보고하는 형태였습니다. K-IFRS 회계기준이 의무화된 이후에는 분기 · 반기 · 사업보고서에 연결재무제표가 메뉴에 나란히 마주하고 함께 보고되고 있습니다. 이때 그 회사 개별의 재무제표를 개별 재무제표 혹은 별도 재무제표라고 부른다는 점도 기억하세요.

K-IFRS 의무화 이후, 회사의 자산이 재평가되는 효과도 발생하고 계열회사에 대한 자산가치가 연결재무제표로 반영되면서 2010년대 초중반 기업들의 순자산가치가 증가하는 효과가 발생하기도 했습니다. K-IFRS 시행 이후 기업들의 순자산가치가 높아지면서 가치평가 기준 중 하나인 PBR(주가 순자산 비율)을 비교할 때 2011년 이전과 이후를 같은 숫자로 비교할 수 없다는 의견도 있습니다.

지만 개별 재무제표에서는 그 회사의 상황만 보여주니 종속회사들의 상황을 충분히 반영하지는 못합니다.

그러하기에 K-IFRS가 의무 적용된 이후 연결재무제표는 개별재무제표와 함께 나란히 분기·반기·사업보고서 메뉴에 위치해 있습니다. 우리가 투자 분석을 하고 연구할 때에는 연결재무제표를 보면 됩니다. 지배하는 종속회사들의 상황도 모두 녹아있기 때문입니다.

[자료 5-12] 연결재무제표와 재무제표는 회계보고서 내에 나란히 위치하고 있다

한 가지 주의할 점이 있습니다. 투자자 입장에서 볼 때, 연결재무제표에서의 자본(자기자본)의 개념은 일반적으로 생각하는 자본의 개념과 살짝 차이가 있기 때문입니다. 지금부터 조금 어려울 수 있으므로 신경 써서 보시기 바랍니다.

어떤 회사 C가 여러 개의 계열사를 두고 있다고 가정하겠습니다. 지분율 100%인 회사도 있겠지만, 지분율이 50%를 살짝 넘는 경우도 다반사이지요. 예를 들어 현대차의 관계사에는 현대캐피탈이 있는데 지분율이 59.68%입니다. 혹은 지분율이 50%가 안 되더라도 실질적인 지배 여부에 따라 종속회사로 보기도 합니다.

이런 계열사들의 재무제표를 연결하여 연결재무제표를 만들었을 때 그 재무제표상의 자본(자본총계)은 과연 오롯이 C사의 자본총계일까요? 계열사 중에는 지분이 50% 정도밖에 안되는 회사들도 있을 텐데 보유 지분 외의 지분율은 계열사의 주식을 보유한 다른 투자자들의 몫일 것입니다.

이때 C사 계열사를 보유한 다른 투자자들의 몫을 빼내어 따로 기록을 해두는데 그것이 바로 '비지배지분 자본'입니다. 즉, C사가 소유하는 않는 자본이란 것입니다. 그렇다면 C사가 오롯이 지배하는 부분에 대한 자기자본이 따로 기록되어야겠죠? 바로 이 부분이 연결재무제표를 볼 때 가장 중요한 '지배기업 소유주지분(자본)'입니다.

어떤 회사는 '지배기업의 소유주에게 귀속되는 자본'이라고도 하고 어떤 회사는 '지배기업 소유주지분' 혹은 '지배기업 주주지분'이라고도 합니다. 주주가 투자한 회사의 재무상태표에서 계열사에 투자한 다른 이들의 자본을 빼고, 주주가 투자한 회사의 순수한 자본이라는 의미를 담고 있지요.

이해를 돕기 위해 삼성전자의 2020년 1분기 보고서에 있는 연결재무제표 내 자본에 관한 부분을 집중적으로 살펴보겠습니다.

[자료 5-13] 삼성전자의 2020년 1분기 연결재무제표의 자본에 관한 사항

자본	
지배기업 소유주지분	258,481,770
자본금	897,514
우선주자본금	119,467
보통주자본금	778,047
주식발행초과금	4,403,893
이익잉여금(결손금)	257,078,919
기타자본항목	(3,898,556)
비지배지분	7,905,953
자본총계	266,387,723
부채와자본총계	357,457,535

삼성전자의 자본 부분에서 연결재무제표 자본총계는 266조 3,877억 원입니다. 하지만 바로 위 '비지배지분'은 7조 9,059억 원입니다. 즉, 이 부분은 삼성전자의 주식을 보유하고 있는 이들의 자본과는 별개로 보아야 하는 것이지요. 자본총계에서 비지배지분을 차감하게 되면 258조 4,817억 원으로 계산되는데 이것이 바로 지배기업 소유주 지분, 바로 삼성전자의 지분을 가진 투자자들의 몫입니다.

이 값을 토대로 주당순자산을 계산합니다. 그 회사에 투자한 투자자들의 자본이기 때문입니다. 따라서 기업을 분석할 때 사용하게 되는 재무 항목들

은 대부분 명칭 앞에 '지배주주'가 붙습니다.

삼성전자의 사례를 보면 사소하게 보일 수 있지만, 경우에 따라서는 자본총계와 지배기업 소유주 지분이 10% 이상 차이가 나는 경우도 있습니다. 1주당 자산가치를 계산했는데 단순 자본총계에서는 10,000원으로 계산되었지만, 지배기업 소유주 지분 자본으로는 9,000원의 값이 계산된다면 시장 밸류에이션이나 가치 측정에 엄청난 괴리가 발생할 것입니다.

노루홀딩스의 경우 2020년 1분기 기준 자본은 5,663억 원인데 지배기업주 주주지분은 3,660억 원이었습니다. 36%나 차이나는 수치입니다. 조금 과하게 표현하자면 자기자본이 지배기업 주주지분 자본보다 갑절 가까이 큰 수치인 것입니다. 지배기업 주주지분 자기자본으로는 주당순자산이 2만 7천 원대로 계산되지만, 자기자본을 그대로 사용하면 4만 원이 훌쩍 뛰어넘게 됩니다.

참고로, 회사 명칭에 홀딩스가 들어가는 지주회사들은 자기자본과 지배기업 주주지분 자본과의 괴리가 큰 편입니다.

지주회사

지주회사는 주식의 소유를 통해 다른 회사의 사업을 지배·관리하는 것을 주사업으로 하는 회사로, 자산총액이 대통령령이 정하는 금액 이상인 회사를 의미합니다. 대부분의 대기업이 지주회사 체계를 갖추고 있으며 일반적으로 지주회사 회사 이름 뒤에 '홀딩스'를 붙입니다.

지배기업 소유주지분(지배기업 주주지분 등)은 자기자본보다 더 중요한 핵심포인트란 점을 꼭 기억하기 바랍니다. 다음에 이어질 포괄 손익계산서에서도 지배주주와 관련한 사항이 중요하게 등장하기 때문입니다.

포괄 손익계산서 이해하기

VALUE INVESTMENT

① 매출액, 영업이익, 당기순이익

재무상태표가 특정 시점의 사진과 같다면 그 중간 과정을 설명해주는 존재가 바로 포괄 손익계산서입니다. 앞서 설명한 것처럼 포괄 손익계산서는 동영상과 같은 존재입니다. 2011년 국제회계기준 K-IFRS가 적용되기 이전에는 손익계산서로 불렸지만 K-IFRS가 전면 도입된 이후에는 포괄 손익계산서라는 명칭으로 불리고 있습니다. 포괄이라는 용어가 붙은 만큼 예전 손익계산서에 비하여 더 많은 정보들을 포괄 손익계산서로 확인이 가능합니다.

포괄 손익계산서를 이해하기 위해선 다음 세 가지만 기억하시면 됩니다. 매출액, 영업이익, 당기순이익입니다. 매출액은 말 그대로 회사가 특정 회계기간 내에 만든 매출의 총액입니다. TV에서 맛집 탐방을 할 때 "1년 매출이 얼마입니까?"라는 질문이 자주 등장하기에 매출액이라는 개념은 우리에게도 익숙합니다. 다만, 일반적인 생각과 달리 매출액은 회사의 순수한 이익이 아닙니다. 주식투자를 처음 하는 분들은 TV에 소개된 맛집의 경우처럼 매출액이 오롯이 회사의 순수익인 것처럼 착각하곤 하는데 매출액은 회사가 제품, 용역, 서비스 등을 제공하고 받는 대가의 합계입니다. 순이익까지는 몇 가지 단계를 더 거쳐야 하지요.

과거에는 매출액으로 회사의 외형을 판단하거나 비교하였기 때문에 매출액은 회사의 규모를 가늠하는 잣대로 활용되곤 했습니다. 하지만 매출액이 크더라도 이익도 무조건 큰 것은 아니며, 매출액이 작더라도 이익이 높은 경우도 많습니다.

이런 차이가 발생하는 이유는 바로 매출액을 만드는 데 매출원가와 판매관리비가 들어가기 때문입니다. 매출원가는 제품, 서비스를 제공하기 위해 들어가는 원재료 가격으로 생각하면 됩니다. 쇼핑몰을 운영하며 필기구를 판매할 경우 대리점에서 필기구를 가지고 오는 원가가 있을 것인데 이 개념이 바로 매출원가입니다. TV 속 맛집으로 비유하자면 소고기, 야채, 쌀 가격 등이 되겠군요.

이 금액을 빼고 나면 매출 총이익이 계산됩니다. 일반적인 사람들은 매출에서 매출원가를 빼고 남은 이익의 비율로 마진이 몇 퍼센트라면서 원재료 가격은 얼마 되지도 않는데 너무 비싸게 가격을 책정한다고 불만을 토로하기도 하지요. 하지만 우리는 기업을 분석하는 것입니다. 이러한 일반적인 사람들의 생각에서 벗어나야만 합니다.

이제부터 중요한 비용이 등장하기 때문입니다. 바로 판매관리비(판관비)입니다. 매출 총이익에서 판매관리비를 뺐을 때 비로소 이익이라고 할 수 있는 영업이익이 계산됩니다.

판매관리비는 직원들의 봉급, 사무실 임대료, 마케팅 비용, 접대비 등 판매 및 회사 관리에 들어가는 모든 비용을 망라합니다. 매출액에서 원재료 비용이라 할 수 있는 매출원가를 뺀 후 판관비를 뺐을 때 영업이익을 구할 수 있습니다. 실질적으로 회사의 사업 과정에서 만들어지는 이익이기에 증권사 애널리스트 중에는 당기순이익보다도 영업이익을 더 중요하게 보는 경우도 많습니다. 회사의 실제 사업으로만 만들어지는 이익이 영업이익이기 때문입니다. 영업이익은 매출원가와 판관비를 적절히 통제하면 급격히 증가할 수도 있고, 매출액이 커지더라도 원가와 판관비 통제가 안 되면 적자가 발생할 수도 있습니다.

다만, 매출액이 빠르게 성장할 경우 성장주로서 투자자들에게 높게 평가받곤 합니다. 매년 매출액이 30%씩 늘어난다면 10년이면 회사 매출이 14배 가까이 성장합니다. 엄청난 성장이지요. 그리고 매출액이 꾸준히 성장하는 기업은 영업이익도 꾸준히 증가할 것이라는 기대를 가지게 합니다. 그래서 매출액이 성장하는 기업들은 가치를 높게 평가 받곤 합니다. 특히 영업이익이 매출액과 함께 꾸준히 성장하는 기업이라면 사업을 제대로 잘 영위하고 있는 기업이라는 평가를 받을 것이고 더 높은 가치로 평가 받겠지요.

그런데 이 영업이익만으로 회사의 이익 계산이 끝나는 것이 아닙니다. 회사를 경영하다 보면 돈을 빌려오기도 하고 남는 돈을 투자하거나 외국 기업들과 거래하는 경우 달러 가격이 변할 때마다 외환 차익·차손이 발생할 수도 있습니다. 이러한 손실이나 수익들은 회사의 본 사업과 다르기에 영업 외 수익 혹은 영업 외 손실로 불렸지만, 요즘은 영업이익 이하에 기타수익·기타비용·금융수익·금융비용·관계회사투자손익 등으로 항목을 차감하여 법인세차감전 순이익을 구한 후 법인세를 차감한 당기순이익을 계산합니다.

괜히 말이 어려워졌군요. 간편하게 표로 정리해 보겠습니다.

[자료 5-14] 포괄 손익계산서의 개념도

포괄 손익계산서에서 당기순이익은 투자지표와 재무비율에서 매우 중요하고 많이 사용됩니다. 당기순이익을 주식수로 나눈 것이 주당순이익 EPS 인데, 이익가치를 토대로 한 기업 가치 분석에 사용됩니다. 당기순이익을 자기자본으로 나누어 자기자본순이익률 ROE 를 계산하기도 합니다. 또는 기업이 배당을 많이 하는지 적게 하는지 계산하는 잣대인 배당성향을 계산할 때에도 사용됩니다.

포괄 손익계산서도 재무상태표와 마찬가지로 항목 하나하나 버릴 수 없는 귀한 정보를 담고 있습니다. 실제 사업보고서 내에 포괄 손익계산서를 살펴보겠습니다. 이해를 돕기 위해 계열사나 관계회사가 없이 별도 재무제표만 존재하는 기업으로 사례를 준비했습니다. 현대통신이라는 회사의 2019년 사업보고서를 함께 보겠습니다.

[자료 5-15] 현대통신의 2019년 사업보고서 중 재무제표 내 포괄 손익계산서

구분	제 22 기
매출액	104,552,529,917
매출원가	83,753,759,455
매출총이익	20,798,770,462
영업이익(손실)	10,499,476,325
법인세비용차감전순이익(손실)	12,052,164,230
당기순이익(손실)	10,660,182,897
지배기업지분당기순이익(손실)	10,660,182,897
비지배기업지분당기순이익(손실)	
총포괄이익(손실)	10,590,677,423
지배기업지분총포괄이익(손실)	10,590,677,423
비지배기업지분총포괄이익(손실)	
주당순이익(손실)	1,238
연결에 포함된 회사수	－

현대통신의 재무제표 중 2019년(22기)의 포괄 손익계산서 부분을 발췌했습니다. 앞서 설명드린 매출액부터 영업이익 그리고 당기순이익까지의 계산 과정이 쉽게 이해될 것입니다.

현대통신은 2019년(22기) 매출액이 1,045억 5,252만여 원이었고 매출원가가 837억 5,375만여 원 이었습니다. 이를 차감한 매출 총이익은 207억 9,877만 원으로 계산됩니다. 여기에 판관비 102억 9,929만여 원을 뺀 후 영업이익이 104억 9,947만 원이 계산되었습니다. 이후 기타이익·기타손실·금융수익·금융원가를 더하고 뺀 후 법인세전 순이익 120억여 원이 계산되었으며 법인세비용을 뺀 후 당기순이익 106억 6,018만 원을 2019년에 기록했습니다.

여러분은 이미 손익계산서의 개념을 이해하기에 재무제표의 포괄 손익계산서를 보는 데 어려움이 없을 것입니다. 조금 어렵긴 합니다만 여러 번 접

하다 보면 금방 익숙해질 것입니다. 만약 어렵다 느껴지면 이 회사가 TV 맛집으로 소개된 식당이라 생각하면서 보세요.

그런데 초보 투자자가 포괄 손익계산서를 볼 때 자주 발생하는 사소한 실수가 있습니다. 분기나 반기보고서의 포괄 손익계산서를 연간 실적으로 오해하는 것입니다.

재무상태표는 사진처럼 특정 시점에 자산·부채·자본의 상태를 표시하기에 오해할 일이 없지만, 포괄 손익계산서는 특정 기간 동안 찍은 동영상과 같기에 그 자체를 연간 전체로 판단할 경우에는 실제와 큰 괴리가 발생할 수 있습니다. 이런 실수를 하지 않도록 기간을 꼭 확인하세요.

[자료 5-16] 삼성전자의 1분기 보고서 요약재무정보 내 손익계산서(단위: 백만 원)

	2020년 1월~3월	2019년 1월~12월	2018년 1월~12월
매출액	55,325,178	230,400,881	243,771,415
영업이익	6,447,345	27,768,509	58,886,669
연결총당기순이익	4,884,926	21,738,865	44,344,857

위의 자료는 삼성전자의 1분기 보고서 내 매출액과 영업이익 그리고 당기순이익 부분입니다. 이 자료는 친절하게 2020년 1~3월이라고 기간을 기입했지만 헷갈리게 작성된 경우도 많습니다. 2020년 1분기(1~3월) 매출액이 55조 3,251억 원으로 2019년 전체 매출액의 1/4 정도라는 것을 확인할 수 있습니다. 가끔 이런 분기 자료를 보고 매출이나 순익이 급감했다며 회사에 문제가 생겼다고 오판하는 분들이 은근히 많습니다. 따라서 전자공시에 있는 재무정보 또는 포털사이트나 증권사 HTS에서 기업정보 내 포괄 손익계산서를 보실 때에는 자료의 시점을 꼭 체크하는 습관을 가지기 바랍니다.

계속 강조하듯 포괄 손익계산서는 동영상과 같은 자료이기 때문에 다른 시기와 비교해야 하는 경우가 많습니다. 1분기 자료는 전년동기 1분기와 비교하기도 하고, 직전 분기 자료와 비교하는 등 매출액, 영업이익, 순이익의 증감률을 비교하여 회사의 성장성이나 여러 가지 가치 판단에 참고합니다.

포괄 손익계산서에 담긴 정보는 이 외에도 더 많습니다. 파고들수록 더욱 흥미진진한 내용들이 기다리고 있습니다.

② 포괄 손익계산서에 궁금한 것 두 가지

2011년 K-IFRS가 의무화되면서 연결재무제표가 중요해졌다는 점을 강조드렸습니다. 포괄 손익계산서에서도 연결재무제표가 의무화되면서 계열사 등 지배관계에 있는 회사들의 손익계산서를 연결하여 작성하게 됩니다.

회계적으로 작성하는 방법까지 공부하면 어려울 수 있는 내용이기에 간단히 설명드리자면, 지배관계에 있는 계열사들의 매출액 및 각종 비용들을 통합하여 계산하고 내부거래를 조정한 것이 바로 연결손익계산서입니다.

LG전자의 2020년 1분기 개별 손익계산서와 연결손익계산서를 보도록 하겠습니다.

[자료 5-17] LG전자의 2020년 1분기 연결손익계산서와 개별손익계산서 중 일부

(단위 : 억원)	2020년 1분기 연결손익계산서	2020년 1분기 개별손익계산서
매출액	147,278	67,573
영업이익	10,904	3,376
당기순이익	10,867	6,568
지배기업의소유지분	10,254	
비지배지분	613	

LG전자의 개별손익계산서에 비해 연결손익계산서가 더 큰 매출액과 영업이익, 당기순이익을 기록하고 있음을 한눈에 확인할 수 있습니다. 그도 그럴 것이 연결된 회사수가 136개에 이르기 때문입니다. 다만, 모든 기업의 연결손익계산서가 개별손익계산서에 비해 영업이익이나 순이익이 큰 것은 아닙니다. 오히려 자회사들이 적자를 발생시킨다면 개별손익계산서에서는 당기순이익이 흑자라도 연결손익계산서에는 대규모 적자가 기록될 것입니다.

이렇게 보면 개별손익계산서만 보는 게 더 정확하지 않냐고 생각할 수도 있습니다. 하지만 실제 종속관계에 있는 자회사들의 실적은 결국 모회사의 기업 가치에 영향을 미칩니다. 마치 제국주의 시대 영국의 식민지가 영국의 크나큰 국력이 되었던 것처럼 말입니다.

따라서 재무상태표와 마찬가지로, 포괄 손익계산서도 연결재무제표에 있는 자료로 회사를 분석하셔야 합니다. 그리고 개별손익계산서는 참고로만 사용할 필요가 있겠습니다.

그런데 연결재무제표의 손익계산서에서도 익숙한 단어가 눈에 들어옵니다. 바로 지배기업의 소유지분과 비지배지분입니다. 재무상태표에서 설명드렸던 바와 같이 종속관계에 있는 자회사의 지분율만큼 연결손익계산서 계산시 지배기업에 투자한 투자자들의 이익으로 인식하는 것이 맞습니다. 자회사의 나머지 지분만큼은 다른 투자자들의 몫이기 때문입니다. 따라서, 연결재무제표상 손익계산서를 보시고 주당순이익 EPS 를 계산할 때에는 반드시 지배기업의 소유주지분(지배주주지분) 순이익을 사용해야 합니다.

영원무역홀딩스의 2020년 1분기 보고서의 연결손익계산서에 있는 내용으로 간단히 주당순이익을 계산해 보겠습니다(다음 페이지 참고).

2020년 1분기 영원무역홀딩스의 당기순이익은 618억 7,404만 원이었습

개별손익계산서도 무시할 수는 없습니다. 코스닥 시장 규정상 개별재무제표 기준 4년 연속 영업손실 시 관리종목으로 지정되어 주가에 악영향을 주기 때문입니다.

매년 연초 12월 코스닥 결산법인들의 주주총회가 다가오면 이 문제가 증시의 이슈로 뜨겁게 부상하고 증권가 메신저에는 '살생부'라고 불리는 상장폐지 가능성이 높은 종목 리스트가 돕니다. 물론 '상장 적격성 실질 심사' 대상이 된다고 하여 바로 상장폐지로 이어지는 것은 아닙니다. 횡령, 배임 및 회계 처리 기준 위반 등 중대한 결격 사유가 있어야 상장폐지 여부가 결정됩니다.

다만, 연결손익계산서에서는 매년 흑자로 기록되었는데 개별손익계산서에서 4년 이상 연속 영업적자가 기록되고 있었다면 '상장 적격성 실질 심사' 등의 돌발 상황으로 주가가 갑작스럽게 폭락하는 상황을 마주할 수 있습니다.

그나마 다행인 것은 4년 연속 개별손익계산서에서 연속 적자를 만들었다면, 연결손익계산서에서도 이미 적자가 연속될 수밖에 없습니다. 2년 이상 적자가 지속되면 개별·연결 손익계산서 그 어느 쪽에서도 적자를 막을 수 없기 때문입니다.

니다. 그리고 지배기업지분(지배주주) 순이익은 304억 3,928만 원이었고 영원무역홀딩스의 유통 주식수는 1,160만 4,898주입니다. 주당순이익EPS는 당기순이익을 주식수로 나눈 값이기에 만약 당기순이익 618억 7,404만 원을 1,160만 4,898주로 나눈다면 5,331원으로 계산되었을 것입니다. 하지만 지배주주 순이익으로 나눌 경우 주당순이익은 2,623원으로 계산됩니다.

5,331원과 2,623원의 차이는 두 배에 이르는 큰 값입니다. 자칫 회사의 가치평가를 할 때 적정주가를 최소 두 배 이상 다르게 계산할 수 있는 것입니다. 단, 이는 1분기 만의 주당순이익입니다.

이 예를 보신 것처럼 재무상태표와 마찬가지로 '지배~'라는 단어는 포괄

손익계산서에서 중요합니다. 지배기업 소유주지분(지배주주지분)이 중요하다고 각인을 해놓는다면 향후 밸류에이션 지표들을 계산할 때 실수하지 않을 것입니다.

개념에 더 익숙해지기 위해 예전 자료를 예로 준비했습니다. 기아차의 2008년 연결재무제표 지배주주 손익 부분을 보겠습니다. 2008년에는 심각한 적자였군요.

[자료 5-18] 영원무역홀딩스와 기아차의 연결재무제표상 요약손익계산서(삼각형 표시는 적자를 의미)

[영원무역홀딩스의 2020년 1분기 요약손익계산서]		[기아차의 2008년 요약손익계산서]	
	(2020년 1-3월)	매출액	20,311,996
		영업이익	△57,923
매출액	587,757	법인세비용차감전순이익	△99,854
영업이익	57,152	연결당기순이익	△172,392
당기순이익	61,874	지배회사지분순이익	△151,469
[지배기업지분]	30,439	소수주주지분순이익	△20,923
[비지배지분]	31,435	연결에 포함된 회사수	20
기본주당순이익(원)	2,623		

그런데 말입니다. 손익계산서를 왜 포괄 손익계산서라 하는지 궁금하지 않은가요? 그냥 손익계산서라고 해도 될텐데, 왜 굳이 포괄 손익계산서라고 이름을 붙인 것일까요?

예전의 손익계산서는 당기순이익 부분이 나오면 끝이었습니다. 하지만 포괄 손익계산서 제도가 시행된 이후 기업들은 당기순이익까지 기록하는 손익계산서를 기본으로 작성하고 이하에 덧붙여서 포괄 손익계산서에 해당하는 내용을 추가하거나 아예 '포괄 손익계산서'라고 하여 당기순이익부터 그 이하의 내용을 기술하고 있습니다. 즉, 매출액에서 영업이익 그리고 당기순이익까지 내려오는 내용에 포괄손익 관련한 내용까지 추가된 것이 포괄 손익계산서입니다. 그러다 보니 재무제표에 손익계산서와 포괄 손익계산서가 별도로 있는 것을 보고 당황할 수도 있습니다. 그럴 때는 이 두 개가 한 세트라고 생각하면 되겠습니다.

[자료 5-19] 기아차의 2019년 사업보고서, 연결재무제표상 포괄 손익계산서

연결 포괄손익계산서
제 76 기 2019.01.01 부터 2019.12.31 까지
제 75 기 2018.01.01 부터 2018.12.31 까지
제 74 기 2017.01.01 부터 2017.12.31 까지

(단위 : 백만 원)

	제 76 기	제 75 기	제 74 기
당기순이익	1,826,659	1,155,943	968,018
기타포괄손익	268,853	(452,911)	(245,241)
후속적으로 당기손익으로 재분류되지 않는 항목			
확정급여제도의 재측정요소	(66,023)	(124,527)	50,420
관계기업의 재측정요소	(55,023)	(88,667)	31,149
기타포괄손익-공정가치측정금융자산평가손익	43,103	(72,405)	
후속적으로 당기손익으로 재분류되는 항목			
매도가능금융자산평가손익			(20,676)
파생상품평가손익	20,868	(22,753)	1,431
지분법자본변동	20,273	(6,951)	(75,255)
부의지분법자본변동	173,404	(121,409)	(62,574)
해외사업환산손익	132,251	(16,199)	(169,736)
총포괄이익	2,095,512	703,032	722,777
총포괄이익의 귀속			
지배회사소유주지분	2,095,512	703,032	722,777
비지배지분			

그리고 증권사 HTS, 네이버·다음 등의 포털사이트에서 볼 수 있는 기업 정보의 포괄 손익계산서 자료는 이 한 세트를 하나의 표로 만들었다 보면 됩니다. 다만, 포괄손익 관련 내용은 부연 설명 성격이다 보니 기업 밸류에이션 계산에 직접적으로 사용되지는 않습니다.

그런데 포괄이라는 의미는 무엇일까요? 개념상으로는 '손익의 거래이긴 하지만 당기손익에는 포함되지 않는 수익과 비용 항목들'을 '기타 포괄손익'이라 합니다. 손익계산서에 이 기타 포괄손익 내용이 추가되었다 하여 포괄손익계산서인 것이지요. 기타 포괄손익은 실제 당기순이익에는 포함되지는 않지만 순자산(자기자본) 증감에는 영향을 미치는 항목들을 의미합니다. 미실현된 손익의 모음이라고 이해하면 되겠습니다. 다만, 회계적인 이유로 당기손익으로 분류되는 것이 있고 그렇지 않은 항목도 있습니다.

앞에 기아차 2019년 사업보고서의 연결포괄 손익계산서를 보면 당기순이익 이하에 기타 포괄손익이 주요 항목별로 정리되어있고 아래 총포괄이익으로 마무리되었음을 확인할 수 있습니다.

실제 투자 분석을 할 때 기타 포괄손익 부분은 중요한 판단기준으로 보지는 않습니다. 그러다 보니 중요도가 떨어지는 항목들이 모인 느낌이 강할 수 있습니다. 하지만 '후속적으로 당기손익으로 재분류되는 포괄손익'의 경우는 이례적인 수치가 발생할 경우 차후 당기순이익에 영향을 미칠 수 있기에 눈여겨 볼 필요가 있겠습니다.

5

현금흐름표에서
가장 중요한 것은?

VALUE INVESTMENT

사람들에게 가장 받고 싶은 선물이 무엇이냐고 물어보면 대부분 '현금'을 이야기할 것입니다. 부모님도, 부부 사이에서도, 아이들도 현금을 원합니다. 현금은 사람들에게만 중요한 것이 아닙니다. 개인과 비교할 수 없는 큰 규모의 경제 활동을 하는 기업들에게도 현금흐름은 생존에 매우 중요한 요소일 뿐만 아니라 미래 성장과 발전을 위해 없어서는 안되는 존재입니다.

직원에게 월급을 줄 때도 현금이 필요하고, 원재료를 구입한 뒤 어음을 끊어주었더라도 나중에는 현금을 지급해야 하지요. 공장을 세우려 해도 현금이 들어가고, 이자비용 또한 현금입니다. 주주들에게 배당금을 지급할 때도 현금이 필요하지요. 이렇듯 회사의 경제활동에 현금이 빠지지 않는 곳이 없습니다.

재무상태표는 특정 시점의 사진과 같고, 연결손익계산서는 동영상과 같다고 설명했는데요. 현금은 회사에 영양분과 산소를 공급하는 피와 같은 역할을 하며 현금흐름표는 혈액순환을 보여주는 표와도 같다고 비유할 수 있겠습니다.

현금흐름표는 재무제표의 필수적인 구성요소입니다. 기업의 현금이 일정 기간 동안 어떻게 회사 내에서 순환하였는지를 영업활동·투자활동·재무활동으로 나누어 설명하고, 최종적으로 기간 내 현금이 얼마나 증가 또는 감소하여 현금이 얼마나 남았는지 알려줍니다. 현금흐름표는 재무상태표, 연결손익계산서와 복잡하게 얽혀있기 때문에 재무제표에서 혹시 숨기는 것은 없는지 검증할 때 크로스 체킹용으로 종종 사용되곤 합니다.

> 현금흐름표의 구성 요소는 아래의 세 가지로 크게 나누어집니다.
> I. 영업활동으로 인한 현금흐름(또는 영업활동 현금흐름)
> II. 투자활동으로 인한 현금흐름(또는 투자활동 현금흐름)
> III. 재무활동으로 인한 현금흐름(또는 재무활동 현금흐름)

① 영업활동 현금흐름

영업활동으로 인한 현금흐름은 회사의 영업과 연관이 있는 현금흐름을 정리한 부분입니다. 계산 방법은 매우 복잡하기에 개념적인 부분만 살짝 정리하겠습니다.

일반인은 회사의 당기순이익을 보고 돈을 벌었다고 생각하지만 이 당기순이익이 회사에 그대로 현금이 들어왔다는 의미는 아닙니다. 당기순이익은 현금의 흐름이 아닌 회사 내 다양한 자산 형태로 흩어진 이익들이기 때문입니다. 그러하기에 일반적으로 당기순이익에서 몇 단계를 거쳐 현금흐름을 계산합니다.

감가상각비

건물이나 기계 같은 자산은 시간이 지날수록 노후화됩니다. 이를 회계적으로 반영하기 위하여 매년 자산가치에서 비용으로 상각합니다. 예를 들어 우리가 승용차를 2,000만 원에 구입하고 5년 동안 매년 똑같은 금액(정액법)으로 감가상각한다면, 첫해에는 회계상 2,000만 원이 잡히지만 매년 400만 원씩 비용으로 손익처리하면서 자산에서도 깎이게 됩니다.

공장 기계에 대한 감가상각 비용의 경우, 당기순이익을 계산할 때 비용으로서 손익계산 과정에 들어가지만 실제 현금이 지출된 것은 아닙니다. 영업활동에 있어 감가상각은 비용이지만 현금을 지출시킨 것은 아니기 때문입니다. 따라서 당기순이익에서 감가상각비와 같은 현금 지출이 발생하지 않는 비용들을 더해줘야 합니다.

또는 어떤 회사에 제품을 납품하고 아직 돈을 못 받아 매출채권으로 남아 있을 경우 영업활동으로 인한 현금흐름 계산시 당기순이익에서 차감해주어야 합니다. 당기순이익에는 이익항목으로 들어왔지만 아직 현금을 받은 것은 아니기 때문입니다.

[자료 5-20] SK텔레콤의 2020년과 2019년 1분기 영업활동으로 인한 현금흐름

연결 현금흐름표

제 37 기 1분기 2020.01.01 부터 2020.03.31 까지
제 36 기 1분기 2019.01.01 부터 2019.03.31 까지

(단위 : 백만 원)

	제 37 기 1분기	제 36 기 1분기
영업활동으로 인한 현금흐름	972,430	968,655
영업에서 창출된 현금흐름	1,043,967	1,031,504
연결당기순이익	306,847	373,631
수익·비용의조정	1,087,500	936,723
영업활동으로인한자산·부채의변동	(350,380)	(278,850)
이자수취	9,233	11,821
배당금수취	15	9,308
이자지급	(78,755)	(82,928)
법인세납부	(2,030)	(1,050)

이런 식으로 영업활동으로 인한 현금흐름을 계산할 때에는 당기순이익에서 수익·비용 관련한 항목 중 현금흐름의 방향과 반대에 있는 항목들을 조정해줍니다.

앞의 표는 SK텔레콤의 2020년과 2019년 1분기 연결 현금흐름표 중 영업활동으로 인한 현금흐름 부분입니다. 당기순이익에서 수익·비용 관련한 사항을 조정하고 그 외 영업활동과 관련된 부차적인 항목을 합산하게 됩니다.

일반적으로 영업활동 현금흐름은 감가상각비 등의 영향으로 당기순이익보다 큰 수치를 보여줍니다. 하지만 가끔 당기순이익은 분명 흑자인데 영업활동 현금흐름이 심각한 유출을 보이는 경우도 있습니다. 이런 경우는 회사가 무언가를 숨기고 있다는 의미일 수 있습니다. 현금으로 받기 힘든 것으로 이익을 키웠을 가능성이 높기 때문입니다. 이를 통해 분식회계 여부를 크로스 체킹하기도 합니다.

그리고 영업활동 현금흐름은 주당현금흐름 CPS, Cashflow Per Share 을 계산할 때 사용됩니다. 이를 활용하여 주가 수준을 측정하는 PCR(주가현금흐름비율)을 계산할 수 있습니다. EPS(주당순이익), PER과 함께 가치측정에 있어 보조적이지만 요긴한 투자지표입니다.

② 투자활동 현금흐름

투자활동으로 인한 현금흐름은 회사가 남는 현금으로 금융상품이나 유가증권에 투자하거나 회수하는 과정에서 발생하는 현금 증감, 공장 증설과 같은 유형자산을 늘렸거나 공장부지를 매각하였을 때 발생하는 현금증감, 사업 다각화 등을 위해 새로운 회사에 투자하였을 때의 현금증감 등 투자활동 전반에 걸친 현금증감을 정리하고 있습니다. 현금이 들어올 항목은 현금흐름 유입으로, 현금이 유출될 항목은 현금흐름 유출로 보면 됩니다. 예를 들어 유형자산의 취득이라면 현금을 지급해 유형자산을 샀을 테니 현금 유출이 되겠지요?

[자료 5-21] 한진중공업의 2020년 1분기 투자활동으로 인한 현금흐름(단위: 백만 원)

투자활동현금흐름	75,813
단기예금의 증감	63,049
기타유동자산의 증감	
기타비유동자산의 증감	1,341
투자금융자산 취득	(2,015)
투자금융자산 처분	1,078
보증금 증감	1,085
유형자산 취득	(1,136)
유형자산 처분	4,113
무형자산 취득	(219)
무형자산 처분	43
대여금 증감	8,474

위의 자료는 한진중공업의 2020년 1분기 투자활동으로 인한 현금흐름입니다. 유형자산 취득 부분을 보겠습니다. (1,136)으로 써있습니다. 단위가 백만 원이니 -11억 3,600여만 원이 유출되었음을 의미합니다. 그 아래 유형자산 처분은 유형자산을 팔았다는 것이겠지요? 팔았으니 41억 1,300여만 원이 유입되었음을 볼 수 있습니다. 이러한 항목들을 모두 합쳐서 투자활동 현금흐름이 계산됩니다.

그런데 활발한 경제활동을 하는 기업들은 투자활동 현금흐름이 유출(마이너스 값)되고 있어야 합니다. 회사를 발전시키기 위해 영업활동으로 열심히 현금을 벌어와서 이 현금으로 새로운 기업을 인수하든 공장을 새롭게 만

재무제표에서 마이너스, 음수 표시

재무상태표, 포괄 손익계산서, 현금흐름표 등 재무제표에서 마이너스·음수 값을 표시할 때에는 직접적으로 (−)을 쓰기도 하지만 괄호 안에 숫자를 넣거나 삼각형 표시(△)로 마이너스 또는 음수를 표시하기도 합니다. 회사마다 다르게 사용하고 있기에 재무제표를 볼 때 참고하기 바랍니다.

들든 투자활동을 활발하게 할테니까요. 일반적으로 투자활동으로 인한 현금흐름이 플러스인 경우는 기존 회사 자산을 매각하는 경우가 대부분입니다. 회사 자산의 매각은 당장 현금이 늘어 숨통을 틔우지만 자칫 핵심사업 캐쉬카우를 팔아버렸을 경우에는 이후 회사의 생존에 큰 변수가 될 수 있습니다.

③ 재무활동 현금흐름

재무활동으로 인한 현금흐름은 이름 그대로 재무적인 활동과 연관된 현금흐름입니다. 재무적 활동으로는 유상증자, 회사채 발행 및 상환, 배당금 지급 등이 있습니다.

만약 회사가 회사채를 발행하였다면 부채는 늘어나지만 현금은 증가할 것입니다. 반대로 회사채를 상환하였다면 부채는 감소하지만 현금은 감소하였을 것입니다. 그 외에 주주들에게 배당금을 지급하면 당연히 회사에서 현

기업 구조조정 시에는 알짜 기업을 매각한다

재무구조가 취약해진 기업들이 회사의 자산을 급하게 매각할 때는 알짜 자산을 매각합니다. 그래야만 제값을 받고 팔 수 있기 때문입니다. 간단히 일상 속 상황을 상상하더라도 쉽게 생각할 수 있습니다. 어떤 사람이 재무적 사정으로 인해 중고시장에 자신의 물건을 급매물로 내놓았습니다. 급매물로 나온 물건의 상태가 부실하거나 망가지기 직전이라면 아무도 거들떠보지 않을 것입니다. 하지만 상태가 양호하거나 남들이 갖고 싶어하는 물건을 중고시장에 내놓는다면 생각보다 빨리 좋은 가격에 매각되어 현금을 확보할 수 있겠지요? 이런 사례를 과거 두산의 OB맥주 매각[4] 이슈에서 찾아볼 수 있습니다. 2001년 뉴스를 찾아보면 두산은 재무구조 개선을 통한 기업 건전성 확보와 새로운 사업 추진을 위해 OB맥주를 매각한다고 발표했습니다. 술(맥주) 사업은 모든 회사가 거머쥐고 싶어하는 캐쉬카우 역할을 하는 사업 아니겠습니까? 알짜 회사라 할 수 있는 OB맥주 매각을 추진한 이유는 다른 계열사들보다도 더 빨리 그리고 더 좋은 가격에 매각하여 당시 두산이 목표로 하는 재무구조 개선과 새로운 사업 추진을 위한 자금을 확보할 수 있기 때문입니다.

차후 유명한 기업이 알짜 회사를 매각한다는 뉴스가 나온다면 "왜 좋은 회사를 매각하지?"라고 생각하기보다 "저 회사가 재무 상황이 급하구만!"이라고 이해하는 게 맞습니다. 즉, 최대한 빨리 그리고 큰 현금을 확보하기 위해 기업 구조조정 시 알짜 기업을 매각하는 것입니다.

금이 유출되는 것이지요.

보통 부채비율이 낮고 재무 안정도가 높은 기업들의 경우는 재무활동으로 인한 현금흐름이 마이너스값을 보입니다. 회사 재무구조가 좋은데 회사

---

4 "IT·신금융 진출 위해 OB맥주 매각"(시사저널 2001년 6월 21일): http://www.sisajournal.com/news/articleView.html?idxno=85242

채를 발행하여 회사에 현금을 끌어올 이유가 없고 오히려 남아있던 사채를 갚으려 하기 때문이지요. 주주들에게 배당금도 꾸준히 지급하므로 재부가 우량한 기업들은 재무활동으로 인한 현금흐름이 유출로 표시됩니다.

하지만 반대로 재무구조가 취약한 기업들은 주주들에게 배당을 지급하지도 않을 터이니 배당에 의한 유출도 없고, 오히려 영업활동과 투자활동에서 현금이계속 유출되고 있기에 이를 메우기 위해 유상증자나 회사채 발행 등으로 현금을 확보하려 합니다. 재무구조가 취약한 회사들은 재무활동으로 인한 현금흐름이 현금유입으로 기록되어있는 경우가 많습니다.

현금흐름표상의 영업활동 현금흐름과 투자활동 현금흐름, 재무활동 현금흐름, 이렇게 세 항목을 합산하고 마지막으로 외화환산으로 인한 현금 변동을 보정하면 현금의 증가 또는 감소가 계산되고, 이를 기간 내 기초 현금과 합산하여 기말 현금을 최종적으로 계산하게 됩니다. 그리고 이 기말의 현금이 재무상태표에 있는 유동자산의 가장 첫줄에 있는 '현금 및 현금성자산'의 수치가 됩니다.

현금흐름을 공부하면서 재무상태표와 포괄 손익계산서 항목들이 복잡하게 얽혀있다는 것을 실감했을 것입니다. 이런 특징 때문에 현금흐름표를 보면서 분식회계를 찾아내는 크로스 체킹용으로 활용하는 투자자도 있습니다. 다만, 초보투자자는 준비 없이 깊이 들어가면 다른 재무제표보다도 복잡한 현금흐름표의 구성에 혼란에 빠질 수 있으니 세 가지만 기억해주세요.

영업활동 현금흐름, 투자활동 현금흐름, 재무활동 현금흐름

마지막으로 이해를 돕기 위해 현금흐름표가 다른 회사에 비해 간단하게 정리되어있는 송원산업의 2020년 1분기 보고서 내 연결현금흐름표를 참고로 남깁니다. 여러분 스스로 현금흐름 항목을 분석해보길 바랍니다.

[자료 5-22] 송원산업의 2020년 1분기 보고서 내 연결현금흐름표

연결 현금흐름표
제 56 기 1분기 2020.01.01 부터 2020.03.31 까지
제 55 기 1분기 2019.01.01 부터 2019.03.31 까지

(단위 : 백만 원)

	제 56 기 1분기	제 55 기 1분기
영업활동현금흐름	14,359	(4,050)
당기순이익(손실)	11,182	8,777
비현금 항목의 조정 (주26)	11,253	14,367
영업활동으로 인한 자산·부채의변동 (주26)	(1,753)	(25,280)
이자의 수취	47	100
법인세의 납부	(6,370)	(2,014)
투자활동현금흐름	(6,699)	(5,087)
유형자산의 처분 (주6)	111	66
유형자산의 취득 (주6)	(5,064)	(4,599)
무형자산의 취득 (주8)	(30)	(227)
기타금융자산의 증가	(1,716)	(327)
재무활동현금흐름	(1,365)	(1,257)
이자부차입금의 차입(유동)	159,269	173,762
이자부차입금의 상환(유동)	(157,927)	(169,943)
리스부채의 상환 (주7)	(909)	(811)
기타금융부채의 증가(감소)	(152)	(1,931)
이자의 지급	(1,646)	(2,334)
현금및현금성자산의 증가(감소)	6,295	(10,394)
외화 현금및현금성자산의 환율변동효과	2,356	378
기초의 현금및현금성자산 (주11)	63,132	63,306
기말의 현금및현금성자산 (주11)	71,783	53,290

6

더 알아두면 좋은
참고자료

VALUE INVESTMENT

① 숨겨진 정보를 찾을 수 있는 비밀 메뉴

재무제표에 대한 기본적이고 중요한 사항을 함께 공부했습니다. 그런데 재무제표를 읽어볼수록 궁금한 점이 늘어납니다. 재무상태표에 있는 재고자산은 도대체 어떻게 구성되어있는지, 혹은 재무제표에서는 짧게 요약된 내용들의 세부적인 사항들은 어떤 내용인지 궁금할 수 있습니다. 이런 사항들을 하나하나 모두 재무제표에 기록한다면 재무제표가 수백 페이지가 될 수도 있고, 경우에 따라서는 재무제표에 다 기록할 수 없는 항목도 있을 것입니다.

이런 세부적인 사항들은 '주석'(연결재무제표 주석, 재무제표 주석)에서 확인할 수 있으며 '기타 재무에 관한 사항'을 통해서도 자세한 추가 사항들을 확인할 수 있습니다. 회사에 따라 다양한 양식으로 기술되어있는 주석 내용에는 회사의 일반적인 사항부터 종속회사에 대한 사항 그리고 재무제표 주요 항목들의 세부 내용들이 자세히 기술되어 있습니다.

[자료 5-23] 삼성전자의 2020년 1분기 연결재무제표 주석 중 일부

DART   본문 2020.05.15 분기보고서 ▽   첨부 +첨부선택+ ▽   다운로드   인쇄

삼성전자

문서목차
- 분 기 보 고 서
- 【대표이사 등의 확인】
- I. 회사의 개요
  - 1. 회사의 개요
  - 2. 회사의 연혁
  - 3. 자본금 변동사항
  - 4. 주식의 총수 등
  - 5. 의결권 현황
  - 6. 배당에 관한 사항 등
- II. 사업의 내용
- III. 재무에 관한 사항
  - 1. 요약재무정보
  - 2. 연결재무제표
  - 3. 연결재무제표 주석
  - 4. 재무제표
  - 5. 재무제표 주석
  - 6. 기타 재무에 관한 사항
- IV. 이사의 경영진단 및 분석의
- V. 감사인의 감사의견 등
- VI. 이사회 등 회사의 기관에 관
  - 1. 이사회에 관한 사항
  - 2. 감사제도에 관한 사항
  - 3. 주주의 의결권 행사에 관
- VII. 주주에 관한 사항
- VIII. 임원 및 직원 등에 관한 사
  - 1. 임원 및 직원 등의 현황

당분기 및 전분기 중 판매비와관리비의 내역은 다음과 같습니다.

(단위 : 백만 원)

구 분	당분기	전분기
(1) 판매비와관리비		
급여	1,633,653	1,576,131
퇴직급여	57,324	73,713
지급수수료	1,380,275	1,324,015
감가상각비	409,564	383,984
무형자산상각비	144,711	104,477
광고선전비	959,628	965,523
판매촉진비	1,612,091	1,732,965
운반비	452,241	504,235
서비스비	732,528	701,878
기타판매비와관리비	1,329,130	1,136,309
소 계	8,711,145	8,503,230
(2) 경상연구개발비		
연구개발 총지출액	5,359,994	5,030,546
개발비 자산화	–	(127,964)
소 계	5,359,994	4,902,582
계	14,071,139	13,405,812

삼성전자의 2020년 1분기 연결재무제표 주석을 통해 판매비와 관리비 부분을 보겠습니다. 연결포괄 손익계산서에서는 '판매비와 관리비'로 14조 711억 원으로 기록된 사항인데, 주석을 보면 급여 및 감가상각비 그리고 판매촉진비 등 다양한 추가 항목들에 금액이 얼마나 투입되었는지 자세히 확인할 수 있습니다. 심지어 당분기에 연구개발 비용으로 5조 3,599억 원을 사용한 것까지 나와 있습니다. 재무제표를 이용하는 투자자 입장에서는 주석 항목만 보더라도 보물섬을 탐험하는 기분을 느낄 수 있습니다.

포괄 손익계산서나 재무상태표 그리고 현금흐름표에서 숫자로만 보았던 내용들에 한걸음 더 다가서는 느낌이라 할까요? 혹은 보물섬에 보물지도만

들고 도착했는데 보물섬에서 지도를 따라가는 과정에서 더 자세한 보물의 위치를 알아가는 과정으로도 볼 수 있겠습니다.

그리고 앞 페이지의 삼성전자의 분기보고서의 좌측 메뉴 중에 '3. 연결재무제표 주석' 아래로 세 번째에 '6. 기타 재무에 관한 사항'이라는 메뉴가 있습니다. 이 기타재무에 관한 사항은 '주석'에서 설명하지 못한 사항들이 기술되어 있습니다.

합병, 분할, 양수·양도에 관한 사항, 중요한 소송 및 채무보증 내역, 대손충당금 설정 및 사업 부문별 상세 정보들을 기술하고 있습니다. 조금 더 심오하게 회사 분석을 하고자 할 때 '주석'과 '기타 재무에 관한 사항'을 함께 살펴보고 분석하는 것도 좋습니다. 다만 처음부터 하기엔 어려울 수 있으니 일단 기본적인 재무제표에 익숙해지고 난 후에 개별 기업 연구를 할 때 주석과 기타 재무에 관한 사항을 기억하기를 바랍니다.

참! 한 가지 더 추가하고 싶은데요. 회사의 재무제표를 분석하기에 앞서 투자할 회사가 어떤 회사인지 그 내용을 알고 싶지 않은가요? 또는 그 회사 주력상품의 시장점유율 같이 사업에 관한 구체적인 내용이 궁금할 것입니다. 투자자라면 당연히 궁금해야 합니다!

그런 궁금증이 떠오를 때에는 가장 먼저 이 부분을 살펴보십시오.

바로 사업보고서·분기·반기보고서에 있는 'II. 사업의 내용' 메뉴입니다. 저도 기업을 분석할 때 꼭 살펴보는 메뉴입니다. 옆의 자료는 삼성전자의 2020년 1분기 보고서 내에 있는 '사업의 내용' 중 일부입니다. 제가 일부라고 한 것은 정말 방대한 내용이 해당 메뉴에 기술되어있기 때문입니다. 2020년 1분기 삼성전자의 사업의 내용을 모두 복사하여 아래한글과 워드에 붙여넣기를 해보았더니 50페이지를 가득 채울 정도였습니다.

[자료 5-24] 삼성전자의 2020년 1분기 보고서 내 사업의 내용 중 일부

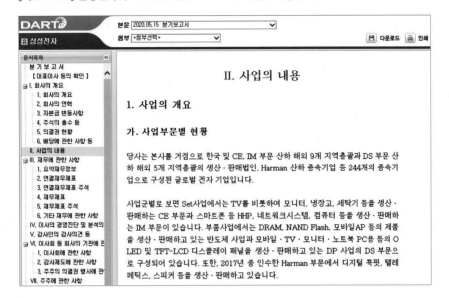

[자료 5-24] 삼성전자의 2020년 1분기 보고서 내 사업의 내용 중 일부

삼성전자의 IM 사업부문(스마트폰 관련 사업부문) 시장점유율을 '사업의 내용'에서 확인하니 2020년 1분기 기준으로 세계 시장에서 17.2%를 점유하고 있다고 나와 있고 TV 관련해서는 세계시장 점유율이 31.9%에 이르는 것을 확인할 수 있었습니다.

이렇게 재무재표만으로는 부족한 부분을 주석 및 기타재무에 관한 사항 그리고 '사업의 내용'에서 상세히 조사할 수 있습니다.

② 금융회사의 포괄 손익계산서

앞서 설명드린 재무제표에 추가 설명이 필요한 내용이 있습니다. 바로 금융회사의 포괄 손익계산서입니다. 이 내용을 앞에서 설명하고 싶었지만 자

칫 어려워질 수 있어 이렇게 재무제표 수업 가장 마지막으로 했습니다.

금융회사라고 하면 흔히 은행, 증권, 보험 및 금융지주회사들을 생각합니다. 이 회사들은 고객의 돈을 관리하면서 그 자금으로 자산운용을 하며 수익을 만듭니다. 금융업은 기본적으로 고객의 돈을 활용한 레버리지 산업이라는 특징이 있습니다. 여러분이 은행에 예금하면 그 돈으로 신용대출이나 주택담보대출을 일으켜 예대이자 마진을 남깁니다. 다만, 레버리지의 특성상 너무 위험하게 투자되면 안 되기에 일반 기업들보다도 깐깐한 금융당국의 재무기준들이 적용되어 관리되고 있습니다.

레버리지

증권·금융시장에서는 사용하는 레버리지는 타인의 자본(빚)을 이용한 투자 또는 빚을 이용한 사업을 의미합니다. 마치 지렛대(leverage)처럼 부채를 이용하여 수익을 키우는 것이죠. 레버리지를 크게 사용하였을 경우 잘되면 대박이지만 잘못되면 파산 확률이 높아질 수 있는, 양날의 검과 같습니다.

금융회사는 여타 제조, 서비스업 등과는 사업 구조가 다릅니다. 따라서 재무제표 중 포괄 손익계산서에서 영업이익 윗단에서 차이점이 나타납니다. 바로 매출액이 없습니다. 그나마 보험사는 매출액이 위치할 자리에 영업수익이 있지만 금융지주, 은행, 증권사는 아예 매출액에 해당하는 항목이 없습니다.

대신 금융회사의 손익계산서에서는 로마숫자로 금융회사 주요 사업과 관련된 사항을 정리하고 있습니다.

I. 순이자손익, II. 순수수료손익, III. 당기손익금융상품 관련 순손익 등으로 표시합니다. 이 값들을 합산하여 중간 단계인 순영업수익(순영업손익)을 구한 후 판관비를 차감하여 영업이익을 구합니다. 그리고 영업이익 이하부터는 앞서 우리가 공부한 포괄 손익계산서 구성항목과 같이 이해하면 됩니다.

증권사 HTS에서 제공되는 기업정보 중에는 금융회사들의 매출액과 관련된 주당매출액, 매출액 영업이익률 같은 투자지표나 재무비율을 제공하지

[자료 5-25] 기업은행의 2020년 1분기 포괄 손익계산서 중 일부

2. 요약연결손익계산서

(단위 : 백만 원)

과 목	제60기 1분기 (2020.1.1~2020.3.31)	제59기 1분기 (2019.1.1~2019.3.31)	제58기 1분기 (2018.1.1~2018.3.31)
I. 순이자손익	1,403,081	1,406,619	1,353,007
1. 이자수익	2,274,171	2,352,205	2,126,942
가. 당기손익금융자산 이자수익	34,588	39,967	38,865
나. 기타포괄손익과 상각후원가금융자산 이자수익	2,239,583	2,312,238	2,088,077
2. 이자비용	(871,090)	(945,586)	(773,935)
II. 순수수료손익	115,582	110,501	109,554
1. 수수료수익	210,375	205,783	230,043
2. 수수료비용	(94,793)	(95,282)	(120,489)
III. 당기손익금융상품 관련 순손익	87,382	235,276	33,965
IV. 당기손익인식지정금융상품 관련 순손익	79,370	(91,282)	22,691
V. 위험회피회계 관련 순손익	(44,987)	(2,763)	20,605
VI. 상각후원가금융자산 처분손익	41,785	39,972	71,464
VII. 기타포괄손익금융자산 관련 순손익	85,109	53,930	52,424
VIII. 보험손익	(32,725)	(24,825)	(18,972)
IX. 외환거래손익	(74,574)	17,825	32,370
X. 총영업이익	1,660,023	1,745,253	1,677,108
XI. 금융자산 손상차손	(237,888)	(270,548)	(322,518)
XII. 순영업이익	1,422,135	1,474,705	1,354,590
XIII. 일반관리비	(573,361)	(580,288)	(540,405)
XIV. 기타영업수익	75,825	69,543	65,149
XV. 기타영업비용	(248,569)	(205,037)	(190,896)
XVI. 당기손익조정접근법 조정손익	(14,709)	(14,492)	9,257
XVII. 영업이익	661,321	744,431	697,695

않는 경우도 많습니다. 금융회사의 매출액 개념인 포괄 손익계산서 내에서 수익에 해당하는 부분만 세부적으로 분류하여 합산하기도 합니다.

금융회사는 잠정실적 공시 때 매출액에 관한 내용이 나옵니다. 일반적으로 매출액을 이자수익, 수수료수익, 보험수익, 당기손익-공정가치측정금융상품 수익, 기타영업수익을 합친 것으로 기재한다고 단서를 붙이고 있으며 보험사는 매출액을 원수보험료 기준으로 작성한다고 합니다.

이처럼 금융회사의 매출액 개념은 금융업마다 조금씩 차이가 있다는 것을 기억하세요. 영업이익부터는 다른 일반 기업들과 손익계산서 항목이 다르지 않으니 쉽게 이해할 수 있을 것입니다.

재무제표의 이면까지
살펴보기

VALUE INVESTMENT

지금까지 재무제표에 대해 알아보았습니다. 여러분은 재무상태표, 포괄손익계산서, 현금흐름표만 보고 현재 회사의 상태는 물론, 회사가 어떻게 운영되어왔는지 분석할 수 있는 능력을 갖췄습니다. 이제 재무제표를 볼 때 두려움이나 어려움은 없을 것입니다. 그런데 재무제표를 읽을 줄 아는 것만으로는 부족합니다. 특정 시기의 재무제표로는 그 시점 전후의 회사 상황만을 알 수 있기 때문입니다. 그리고 재무제표만으로는 분석하기 어려운 부분이 있기에 조금 더 살펴볼 필요가 있습니다.

(1) 과거 자료 직접 정리하기

첫 번째로 시야를 넓힐 수 있는 방법은, 분석하려는 기업의 재무제표 핵심 항목들을 몇 년치 혹은 1990년대 후반이나 2000년부터의 자료를 직접 정리해 보는 것입니다.

과거 자료부터 쭉 추적해서 보면 그 회사가 겪어온 상황을 한눈에 확인할 수 있고, 특히 주가차트와 같이 보면 회사의 재무상태표와 손익계산서가 주가에 어떤 영향을 줬는지 알 수 있습니다. 이는 단순히 재무제표를 본다는 수준을 넘어 시야를 넓히는 경험이 될 것입니다.

여러분의 학습을 돕기 위해 빙그레의 20년 주가, 매출액, 당기순이익, 자본총계를 정리하여 표로 만들어 보았습니다. 이런 식으로 기업 분석을 한다는 예시로 보면 되겠습니다.

[자료 5-26] 빙그레의 2000년부터 2019년까지 주가(우축)와 재무제표 주요 항목
(단위: 억 원)

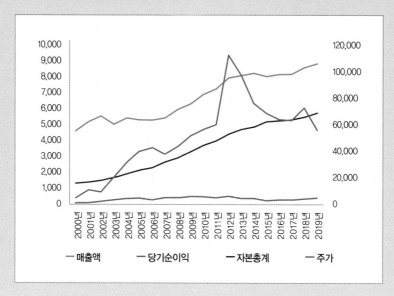

이렇게 20여 년의 자료를 정리해 보니, 해당 기업이 20년간 어떤 과정을 밟아왔는지 쉽게 읽을 수 있습니다.

매출액 포괄 손익계산서 항목들의 추이를 보면 2002년에서 2007년 사이 정체 구간에 있었지만 이익률이 높아지면서 당기순이익은 꾸준히 증가세에 있었다는 것을 확인할 수 있습니다. 2008년부터 매출액도 증가하고 2013년까지는 꾸준히 순이익이 증가했습니다만, 이후 매출액은 증가했지만 순이익이 감소세에 있다가 2017년부터 다시 순이익이 증가하였다는 것을 확인할 수 있습니다. 이 과정에서 이익이 매년 꾸준히 쌓여 자본총계(순자산)는 꾸준히 늘어나 2000년 1,310억 원에서 2019년 5,711억 원으로, 자본총계(순자산)가 4배 이상 증가했습니다.

빙그레는 매출도 꾸준하고 2000년 IT 버블 붕괴나 2008년 금융위기 때에도 실적이 꾸준했음을 확인할 수 있습니다. 기업을 분석할 때 5년 이상의 실적을 보아야 한다는 말이 있습니다. 5년 정도면 작은 규모라도 경기 호황·불황 사이클(키친 사이클과 비슷한 기간)이 지나가기에 이 과정에서 어떻게 경영했는지 확인함과 동시에 불황에 얼마나 취약한지 혹은 호황의 기회를 얼마나 살리는지 분석할 수 있습니다. 빙그레를 본다면 불황 때도 잘 견뎠고, 매출도 꾸준히 증가시켰다는 점을 확인할 수 있습니다.

그리고 주식투자자의 직접적인 관심사인 주가도 함께 보겠습니다. 주가는 시장 상황에 따라 왔다갔다 하기는 했습니다만 장기적인 관점에서 볼 때 회사의 매출이 증가하고 자본총계(순자산)이 증가함에 따라 꾸준히 주가가 우상향했음을 확인할 수 있습니다. 특히 2000년부터 2019년까지 두 번의 제법 큰 주가 레벨업 구간이 있음을 앞의 표에서 확인할 수 있습니다. 바로 2003~2007년, 2010~2013년입니다.

2003~2007년은 주식시장 5년 강세장 분위기도 있었습니다만 이 시기 당기순이익이 2002년 말 185억 원에서 2007년 420억 원까지 꾸준히 증가했습니다. 매출은 정체였지만 이익이 매년 증가하고 자기자본도 같이 증가하니 주가가 상승 탄력을 받을 수 있었던 것입니다. 2003년 초부터 2007년 연말까지 주가는 9,340원에서 3만 7,700원까지 4배 넘는 놀라운 상승을 보였습니다. 여기에서 우리는 회사의 자산가치와 이익의 증가가 주가에 긍정적인 영향이 크다는 것을 실감할 수 있겠습니다.

그리고 2010년에서 2013년에는 주가가 상승하다가 2013년에 오버슈팅 되었던 것을 확인할 수 있습니다. 이 시기 빙그레의 매출액은 2009년 6,286억 원에서 2013년 8,060억 원으로 4년간 28% 넘게 증가했습니다. 앞의 자료에서 보더라도 매출액이 급격히 빠른 속도로 성장했음을 확인할 수 있습니다. 매출액 외형 성장은 투자자들을 흥분시킵니다. 마켓셰어가 커지고 있다는 의미일 뿐만 아니라 성장주로서의 성격도 가지기 때문입니다. 빙그레가 속한 음식료 업종은 매출이 안정적이긴 하지만 성장 속도가 더딘 업종이다 보니 밸류에이션 평가가 박한 측면이 있습니다. 2010~2013년 시기의 매출액이 그 이전 2003~2007년에 정체되었던 것과 비교하면 그야말로 폭풍 성장을 한 것이지요. 결국 2012년 빙그레의 주가는 이례적인 강세를 만들게 됩니다.

하지만 2012년 507억 원까지 올라왔던 순이익이 2013년부터 꺾이기 시작하면서 2015년 247억 원으로 순이익이 반토막 나고 매출액도 정체 구간에 들어가자 주가는 다시 하락하게 됩니다. 2012년 연말 11만 2천 원이었던 주가는 그 이후 매출액 성장에도 불구하고 순이익이 감소하고 증시 전반이 무겁게 흘러가면서 2019년 연말 5만 6천 원까지 내려옵니다. 여기까지가 2019년의 상황입니다.

주식투자자 입장에서 향후 빙그레의 주가는 어떻게 될지 궁금하지 않겠습니까?

따라서 향후 실적을 예상할 필요가 있습니다. 이는 조금 복잡할 수도 있고, 미래를 예측한다는 것은 불가능할 수도 있는 영역이지요. 그렇다 하더라도 우리가 조금이라도 미래를 알려고 노력한다면 향후 실적을 어슴프레하게라도 짐작할 수 있고 만약 그 미래 전망이 긍정적이라면 앞으로 빙그레의 주가는 상승할 수 있을 것입니다.

이 책에 나와 있는 모든 내용들을 종합하여 분석하려면 시간이 걸릴 수 있고 아직 진도가 나가지 않았기에 심도 있는 분석은 어려울 수 있습니다. 다만, 여러분의 직관과 경험에 의해 빙그레의 실적을 미루어 짐작할 수 있겠습니다.

• 빙그레 아이스크림 모델에 EBS 인기 캐릭터 펭수가 나오게 되었다.
• 포털사이트, 커뮤니티에 올라오는 글에 사람들의 평가는 어떤가.
• 올 여름 무더위가 어느 정도일지, 현재 아이스크림 매출 비중은 어느 정도인지(약 42%).
• 코로나19에 아이스크림 매출이 어떻게 될지.

등 업종분석, 산업분석이라는 거창한 분석은 않더라도 우리가 일상에서 미루어 짐작할 수 있는 부분들이 있다면 이를 스토리텔링식으로 생각해 보면 됩니다. 만약 스토리텔링 분석에 따른 기대가 변변치 않다면 앞으로의 실적 전망이 부정적일 것이고 기대치가 높다면 매출 기대치는 높아질 것입니다.

이 능력은 투자자마다 판단이나 결과가 다른 면이 있습니다. 그러다 보니 증권사 애널리스트를 뽑을 때 전문적으로 맡길 업종에 근무했던 경력자를 뽑는 경우가 많습니다.

저는 왠지 펭수 효과가 클 것 같은 느낌적인 느낌이 오는군요. 아니나다를까 2020년 상반기까지의 실적은 매출액이 전년동기비(2019년 상반기 대비) 8.3% 증가한 4,621억 원, 당기순이익은 전년동기비 46.6% 증가한 347억 원을 기록했습니다. 역시 펭수 효과는 엄청나군요.

(2) 재무비율로 혜안 키우기

두 번째로 투자를 했을 때 안전한 기업인지를 판단하는 혜안을 키워야 합니다. 최소한 투자한 기업이 부도 나거나 분식회계와 같은 불미스러운 일로 인해 상장폐지될 위험은 없어야 할 것입니다.

2015년 대우조선해양에 분식회계 의혹이 제기되면서 2015년 여름 7만 원대였던 주가는 2015년 연말 2만 5천 원대까지 폭락했습니다. 2017년 4월 금융당국이 분식회계 결론[5]을 내렸는데 이 과정에서 실제 상장폐지 심사를 하고 1년 넘게 거래정지됐습니다. 우리가 이런 상황을 마주한다면 참으로 당혹스러울 것입니다.

이럴 때 참고할 수 있는 자료가 바로 재무비율입니다. 재무비율은 재무상태표에 있는 부채, 자산, 자본항목들을 계산하여 재무제표를 조금 더 깊게 분석하는 방법입니다. 이 중에서 부채비율만 체크해도 부도나 분식회계 가능성이 높은 회사를 피할 수 있습니다.

---

5 대우조선해양, 분식회계 과징금 45억 4,500만 원 부과(파이낸셜뉴스 2017년 2월 24일): https://www.fnnews.com/news/201702241352159718
   그 외 회계 관련 참조 서적: 박동흠 저(더퀘스트):《박 회계사의 완벽한 재무제표 활용법》

대우조선해양의 경우 매년 200%가 넘는 부채비율을 보여왔습니다. 수주산업의 특성상 부채비율이 높다 하더라도 2012년 301%였던 부채비율이 2014년 771%로 두 배 넘게 크게 증가하였다는 점은 우리가

부채비율

부채비율은 부채 총계를 자기자본으로 나눈 값으로 %로 표기하며 재무 리스크를 가늠하는 기본 재무비율입니다.

심각하게 보아야할 대목입니다. 대규모 적자가 발생하고 부채비율이 높아지면 회사에서는 생존을 위해 분식회계를 하고자 하는 유혹이 커질 수밖에 없습니다. 결국 대우조선해양은 옳지 않은 방법을 선택했고, 그 피해는 고스란히 투자자들에게 돌아오고 말았습니다.

최소한 이런 지혜를 갖추기만 해도 과거와 현재의 회사 상황을 분석하며 미래를 예측할 수 있기에 그 회사의 미래 주가를 짐작해할 수 있습니다. 그리고 투자한 회사가 부도·분식회계와 같은 돌발 악재를 터트리지는 않을지 살펴볼 능력을 갖춰야 안전한 투자를 할 수 있게 됩니다.

그러기 위해서는 더 많은 지식들을 쌓아야만 합니다. 지식이 쌓여야 혜안이 생기기 때문입니다. 여러분, 다음 수업을 들을 준비되었나요? 이제 조금 복잡하고 어려워지니 계산기 꼭 챙기세요.

SUMMARY

- 재무제표는 투자할 종목을 냉정하게 분석하기 위한 기본 정보다.

- 재무제표를 조회하는 방법은 금감원전자공시 시스템 DART을 활용하거나, 증권사 HTS · MTS 또는 포털사이트의 개별주식 관련 메뉴에서 기업정보 또는 기업개요 등의 세부 메뉴에서 쉽게 확인할 수 있다.

- 재무상태표(구, 대차대조표)는 특정 시점의 기업의 자산, 부채, 자본의 정보를 정지 사진처럼 제공한다.

- 재무상태표의 기본 개념은 '자산 = 부채 + 자본'이다.

- 자산과 부채는 유동성의 수준에 따라 유동자산 · 부채, 비유동자산 · 부채로 구분되며 유동성의 기준은 보통 1년 안에 현금화 또는 채무이행 여부를 기준으로 삼고 있다.

- 포괄 손익계산서는 마치 동영상처럼 특정 기간의 회사 영업 활동에 따른 실적과 그외 기업 손익에 영향을 주는 항목들을 기술하고 있다.

- 회사의 영업활동 과정에서 처음 발생하는 회계적 수치는 매출액이다. 매출액에서 각종 비용을 빼 영업이익을 계산하고 여기에 기타이익 · 손실과 금융이익 · 원가를 더하고 뺀 후 법인세를 빼주고 나면 당기순이익이 계산된다.

- IFRS가 시행되고 연결재무제표가 의무화되면서 투자자 입장에서는 재무상태표 · 포괄 손익계산서 모두에서 지배주주 소유지분 · 지배주주지분 순이익을 투자 판단시 꼭 참고해야 한다.

- 기업들은 요약재무정보(요약재무제표)를 통해 핵심 재무정보를 재무제표에 함께 제공하고 있다.

- 현금흐름표는 기업들의 영업활동 · 투자활동 · 재무활동에 의한 현금으로 구분된다.

- 영업활동으로 인한 현금흐름은 CFS(주당 현금흐름)을 계산할 때 사용하여 가치판단 기준으로 활용된다.

- 투자활동에 의한 현금흐름은 기업이 투자하고 이를 회수하는 과정에서 발생하는 현금흐름이다. 기업은 규모를 확장하기 위해 투자가 이어지기에 마이너스값이 발생하는 것이 일반적이다.

- 재무활동에 의한 현금흐름은 기업의 재무적 활동 즉 유상증자, 회사채 발행 · 상환, 배당금 지급 등에 의한 현금흐름이다.

- DART에 공시된 사업 · 분기보고서에서 '주석'과 '기타 재무에 관한 사항'에는 재무제표 숫자에 없는 비밀스러운 내용들이 숨겨져 있다.

- 재무제표는 현실적으로 과거 자료이다. 그러하기에 기업을 분석할 때에는 미래를 예상하기 위한 분석과 혜안이 필요하다. 과거 재무제표와 투자자의 혜안이 합쳐지면 좋은 종목을 발굴할 수 있는 힘이 만들어진다.

주주총회 참석의
추억과 팁

상장회사들은 1년에 한 번 정기 주주총회를 개최합니다. 12월 결산 법인이 대부분인 관계로 주주총회도 봄에 하지요. 그래서 날짜가 겹치거나 일이 바빠 주주총회에 참석하지 못하는 경우가 많습니다. 그래도 투자자라면 시간을 내어 주주총회에 참석해 한 표를 행사하고, 회사 분위기를 파악하는 것도 흥미로운 경험이 될 것입니다.

2000년대 초반에는 주주총회에 참석한 주주들에게 선물을 줬습니다. 결혼식 답례품처럼 말이죠. 우산, 주전자 같은 생필품 위주였는데요. 그러다 보니 주주총회에 참석할 수 있는 최소 수량만 매수하고는 주주총회를 돌아다니며 선물을 받아가는 '주총꾼'도 있었을 정도입니다. 지금은 이런 문화가 사라졌지요.

주주총회 현장에 들어가면 양복을 빼입은 사람들이 곳곳에 앉아있습니다. 회사 직원들입니다. 직원 대부분이 우리사주를 가지고 있을 테니 주주는 맞습니다. 다만, 이들이 주주총회에 참석한 이유는 주주로서의 권리 행사가 아닙니다.

주주총회 의장인 대표이사가 주주총회 안들을 가결하겠다고 하면 회사 직원들로 추정되는 이들이 큰 목소리로 "네~ 찬성합니다!"라며 주주총회를 속행하려 하지요. 소위 바람잡이 역할입니다. 그러면 주주총회에 참석한 개인투자자들이 화를 내면서 소리를 칩니다.

"직원 XX들은 입XX! 삐리리야!"

주주총회 현장이 순식간에 살벌해집니다. 대부분의 개인투자자는 지분이 극히 적어서 끌려나가는 일이 비일비재하지만 회사의 경영권 참여를 선언한 2대 또는 3대 주주는 소액주주들과 연합하여 발언권을 얻고 대표이사의 주주총회 진행에 저항합니다.

대부분 대주주의 입김에 발언권이 무시되고 말지만 소액주주 연합이 요구 사항을 관철하는 경우도 종종 있습니다. 배당 증액이나 자사주 매입 같은 주주 친화 정책을 요구하지요.

생업에 쫓겨 주주총회 현장에 직접 가기 어려운 투자자가 대부분입니다. 소중한 주주의 권리를 행사하지 못하는 것이죠. 몇 년 전부터 전자주주투표 제도가 시행되고 활성화되면서 상장회사 중 1/3 정도가 이용하고 있고 점점 늘어날 예정입니다. 코로나19로 성큼 다가온 언택트 시대이기도 하니까요.

현재 전자주주투표로 활용할 수 있는 플랫폼은 한국 예탁결제원의 K-VOTE, 미래에셋대우의 전자투표 플랫폼V 등이 있습니다. 필자도 주주총회 시즌에는 전자주주투표를 활용해 소액주주의 힘을 담은 '소중한 한 표'를 던지고 있습니다. 여러분도 투자한 회사의 전자주주투표에 꼭 참여하세요. 어떤 쪽에 표를 던지냐고요? 대주주나 경영진과는 다른 의견에 한 표를 던진답니다. 앗! 제가 천기누설을 했군요.

Chapter 6

좋은 가격에
투자하기 위한 핵심

- 본격 가치평가

가치평가란
무엇인가?

VALUE INVESTMENT

앞에서 우리는 재무제표를 이해하는 방법, 좋은 회사를 찾는 방법, 주가가 형성되는 원리 그리고 가치투자의 개념에 대하여 공부했습니다. 이것만 알아도 투자 성과를 만들 수 있겠지만 여기에 가치투자의 백미라고 할 수 있는 '밸류에이션'을 이해한다면 더 강력한 투자 수익을 만들 수 있을 것입니다.

밸류에이션에 관해 필자는 한마디로 '최소한 바가지 쓰지 않고 주식을 살 수 있는 방법'이라고 말합니다. 아무리 재무제표가 완벽하고 좋은 회사로서의 요건을 모두 갖추고 있더라도 비싼 가격에 주가가 형성되어있다면 그 주식은 아름다운 결실보다는 인내의 시간을 요구할 가능성이 높습니다.

밸류에이션이라는 단어가 어려울 수 있기에 일상 속 상황을 예로 들겠습니다. 마트에 장을 보러 갔습니다. 채소 코너에 갔더니 애호박이 한 개에 10만 원이라고 써있습니다. 오늘 저녁에 애호박전을 해먹고, 된장찌개에 애호박을 넣으려고 했는데, 가격이 10만 원이라면 여러분은 애호박을 살까요? 아니지요. 우리는 애호박의 적정 가격이 1천 원에서 2천 원 정도임을 알고 있기에 10만 원이나 하는 애호박을 사지는 않을 것입니다.

반대 상황을 생각해볼까요. 명품 브랜드 패밀리 세일에 갔습니다. 이것저 것 보고 있는데 수백만 원짜리 명품가방(진품이라 가정하겠습니다)에 10만 원이라는 가격표가 붙어있습니다. 여러분이라면 그 명품가방을 사겠습니까? 가방이 당장 필요하지 않더라도 10만 원에 사서 중고매장에 되팔아도 차익이 날 것이기에 당장 사들일 것입니다. 그 명품가방이 수백만 원의 가치가 있다는 것을 알기에 그런 판단을 내릴 수 있는 것이지요.

이렇듯 주식에서도 가격 판단을 위한 기준이 필요합니다. 그 기준이 바로 밸류에이션입니다. 다만 주식시장에서의 밸류에이션은 마트의 애호박이나 패밀리 세일에 나온 명품가방처럼 딱 떠올릴 수 있는 명확한 가격이 있는 것은 아닙니다. 회사의 자산가치, 이익가치, 성장가치 등 다양한 밸류에이션 잣대에 따라 다른 가격 기준이 존재합니다. 그 가격 기준에 따라 계산되는 합리적인 주가 수준을 '적정주가'라고 합니다. 다만, 밸류에이션 잣대가 다양한 만큼 같은 종목이라도 계산하는 투자자에 따라 다양한 적정주가가 계산될 수 있습니다.

적정주가가 명확한 값이 아니라 해서 회사의 밸류에이션을 가늠하는 것이 불필요할까요? 아닙니다. 다양한 밸류에이션 잣대에 따른 다양한 적정 주가가 있고, 적정한 주가 영역의 폭이 넓다 하더라도 우리는 그 기준만으로도 현재 주가에 주식을 살 때 애호박을 10만 원에 사는 것처럼 바가지를 쓴 것인지, 수백만 원짜리 명품가방을 10만 원이라는 헐값에 사는 것처럼 저렴한 가격에 주식을 매수하는지 가늠할 수 있을 것입니다.

밸류에이션을 계산하고 측정하는 능력을 가진 이들은 자신만의 기준으로 합리적인 가격에 주식을 매수하고, 과도한 수준까지 주가가 상승할 때에는 고평가된 주식을 매도할 수 있을 것입니다. 즉, 밸류에이션을 계산할 수 있느냐, 측정할 수 있느냐는 매수와 매도 양쪽에서 가치투자의 핵심이라 하겠습니다.

그런데 한편으로는 이렇게 생각할 수도 있습니다.

"모두가 가치투자 기준을 사용한다면 주가는 언제나 적정주가에 있어야 하지 않을까?"

물론 모든 투자자가 이성적이고, 복잡한 계산을 통해 합리적인 판단을 하며 마인드도 잘 컨트롤할 줄 안다면 모든 주가는 적정주가 영역에 위치할 것입니다. 하지만 현실은 그렇지가 않습니다.

왜냐하면 인간은 감정적인 동물이고, 대다수의 투자자는 합리적이지 않으며, 주식투자를 하면서도 간단한 사칙연산 계산조차 싫어하기 때문입니다.

따라서, 주식시장은 비이성적인 상황이 많이 발생하고, 수많은 밸류에이션 잣대들은 투자자들의 심리 상태에 따라 휘어지고 틀어지면서 상상할 수 없는 수준의 가격이 형성되곤 합니다.

현대투자론과 행태투자론

현대투자론에서는 효율적 시장 가설을 바탕으로 모든 정보는 주가에 반영되어 있다고 봅니다. 이는 투자자 모두가 합리적인 판단을 한다고 보기 때문입니다. 하지만 실제 현실에서는 인간 투자자는 비이성적인 판단을 자주 내리는 것이 현실이지요. 이러한 인간의 행태를 연구한 학파가 행태 투자론 학파입니다. 현대투자론의 대가로는 유진 파마, 행태 투자론의 대가로는 로버트 쉴러 교수가 있으며 이들은 2013년 노벨 경제학상을 공동 수상했습니다.

앞서 마트에서 1~2천 원 하는 애호박이 몇십 배 비싼 가격에 판매된다고 가정했는데, 주식시장에 실제로 이런 상황이 비일비재합니다. 명품가방처럼 수백만 원에 이르는 가치를 가진 주식이 뒤늦게 제값을 찾아가는 경우도 많습니다.

우리가 밸류에이션을 제대로 볼 줄 몰라 싼 주식을 매우 비싼 값에 산다면 치명적인 손실을 경험할 가능성이 클 것입니다. 매수한 순간부터 나보다 더 바보같은 투자자가 시장에 들어와서 내 주식을 사주어야 수익이 나겠지요?

이런 상황은 역사적으로 버블이 만들어지는 과정에서 수없이 발생했습니다.

1999년 IT 버블 당시 투자자들은 매출이 발생하지 않아 기존의 밸류에이션으로 해석되지 않는 기업에도 새로운 개념을 적용하여 비싼 값에 주식을 사들였습니다. 닷컴 도메인만 가지고 있어도 수억 원의 가치가 있다고 여기기도 하고, 회사 이름에 'tech'가 붙었다는 이유로 주가를 10배씩 띄우던 시절이었지요. 믿겨지지 않겠지만 실제로 있었던 일입니다. 한국 증시 역사에서는 10년에 한 번은 말도 안 되는 스토리텔링과 함께 버블이 발생합니다. '나보다 더 바보 같은 투자자'를 기다리면서 말입니다. 반대로 말도 안 되는 가격으로 주식을 투매하기도 했습니다. 주식시장은 주가가 하락하면 가격이 더 떨어질 것이라는 공포심리에 투매하는 현상이 발생합니다. 이런 현상이 우리나라 증시에서 10년에 한 번씩 강하게 나타나곤 합니다.

다음 페이지의 그래프는 종합주가지수 기준으로 극단적인 고평가와 극단적인 저평가가 시장 전체적으로 발생했던 시기를 코스피 종합주가지수에 표시한 것입니다.

처공
용어
뽀개기

브릭스

브릭스(BRICs)는 2000년대 신흥경제국으로 주목받은 브라질, 러시아, 인도, 중국의 머리글자를 따서 만든 용어입니다. 그 당시 4개 국가는 경제가 폭발적으로 성장했으나 2008년 금융위기 이후 각 국가의 성장, 경제력에 차이가 크게 나면서 BRICs라는 용어는 점점 잊히게 되었습니다.

과거 1999년 IT 버블, 2007년 브릭스BRICs 열풍 속에 이어진 5년간의 증시 강세 마지막 시기, 2011년 차화정(자동차·화학·정유 업종의 강세장) 장세의 막바지 그리고 2017년 연말 제약·헬스케어 버블피크 시기를 적색 원형으로 표시하였고, 2000년 IT 버블 붕괴 직후, 2003년 이라크전에 따른 증시 급락, 2008년 금융위기 폭락 피크, 2020년 코로나19 사태 폭락 피크 시기를 청색 원형으로 표시했습니다.

적색 원형 시기에는 투자자들이 묻지도 따지지도 않고 증시에 달려들었

으며 심지어는 밸류에이션 잣대 없이 그저 주가가 올라간다는 이유만으로 문제가 심각한 회사도 비싼 가격에 매수했습니다. 반대로 청색 원형 시기에는 투자자들이 빨리 도망가야 한다며 밸류에이션 불문하고 투매에 동참하였고 좋은 종목들도 헐값에 던졌습니다.

하지만 역사를 돌아보면 청색 원형 시기에 주식을 매수해야 했고, 적색 원형 시점에는 주식을 줄이거나 적어도 공격적으로 매수하지 말았어야 했다는 것을 알 수 있습니다.

여러분은 확고한 밸류에이션 기준을 가지고 합리적인 투자를 할 준비가 되었습니까?

②
현재가치 vs
미래가치

VALUE INVESTMENT

　기업가치를 평가하는 방법은 다양합니다. 크게는 상대적인 가치 측정방법, 절대적인 가치측정법으로 나눌 수 있고, 세부적으로 들어가면 다양한 밸류에이션 지표들을 토대로 수십, 수백 가지의 다양한 가치평가 잣대들이 존재합니다. 그런데 그 가치판단 기준들에 대해 배우기에 앞서 현재가치와 미래가치의 개념을 이해할 필요가 있습니다.

　현재가치와 미래가치에 대한 개념은 우리 생활에서도 많이 사용됩니다. 1980년대 초의 30만 원은 현재가치로 거의 300만 원 돈의 가치라고 합니다. 혹은 수십년 뒤의 1억 원은 현재 돈가치로는 절반도 안될 것이라고도 하지요. 여기에 바로 현재가치와 미래가치 개념이 녹아 있습니다.

　현재가치와 미래가치는 기대수익률과 할인율이라는 개념을 토대로 합니다. 미래의 값어치를 현재 시점에 맞게 할인한 것을 현재가치라 하고, 현재의 가치가 미래에 명목상 수치로 얼마가 될 것인지를 계산한 것을 미래가치라고 합니다.

현재 성장이 꾸준한 회사 A의 평가가치가 1억 원이라 가정하고 회사의 가치가 매년 10%의 복리로 성장한다면 그 회사의 20년 뒤 가치는 얼마일까요?

단순하게 셈하면 10%씩 20년이니, 10%×20=200%라고 계산하여 20년 뒤 2억 원이 증가하여 자산의 가치가 3억 원이 될 것이라고 생각하겠습니다만 이는 잘못된 계산방법입니다. 이것은 증가한 가치를 곶감 빼먹듯 바로바로 빼먹을 때 쓰는 계산입니다. 실제 현실에서는 증가한 회사 A의 가치까지 포함해 계속 10%로 커집니다. 증가한 가치가 또 다시 성장하는 것을 '복리'라고 합니다. 복리효과로 계산되는 미래의 값이 바로 미래가치 Future Value of money입니다.

복리효과로 계산하면 어떻게 될까요. 매년 10%씩 성장하기에 현재가치 1억 원은 1년차에 1억 1천만 원이 되고 2년차에는 1억 2,100만 원이 됩니다. 3년차에는 1억 3,310만 원으로 커집니다. 이런 식으로 20년이 지나면 회사 가치는 6억 7,275만 원이 되지요. 단순계산으로는 3억 원이 되었을 자산이 복리효과로 인해 6억 7,275만 원으로, 두 배 이상 큰 수치가 되는 것입니다.

복리효과가 만드는 미래가치의 변화를 도표로 만들어 보면 더 직접적으로 실감할 수 있습니다. 기업의 가치가 꾸준한 성장률을 기록한다면 복리효과 속에 FV(미래가치)가 기하급수적으로 증가할 수 있습니다. 그래서 기업이 몇 퍼센트의 성장률이 지속될 것이라고 예상하면 미래의 기업가치는 끝없이 상승할 것입니다. 이것을 공식으로 나타내면 다음과 같습니다.

$$FV(미래가치) = PV(현재가치) \times (1 + r)^{기간}$$

그런데 이는 오랜 시간이 흐른 몇십 년 후의 시간이지요. 반대로 미래 명목상 가치가 그렇게 성장하게 된다면 현재 시점 가치로는 어느 정도일까 궁금하지 않을 수 없습니다.

[자료 6-2] 복리효과로 극대화되는 미래가치

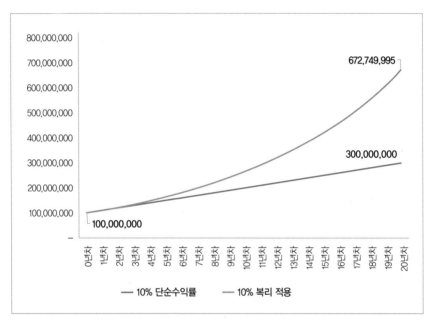

이때 사용되는 개념이 현재가치 Present Value of money 입니다. 만약 가상의 회사 B가 현 시점의 자산값이 1억 원인데 20년 뒤에도 1억 원이라고 가정해 보겠습니다. 앞서 1억 원의 가치를 가진 회사가 10% 복리 수익률로 성장하였을 때 20년 뒤에 6억 7,275만 원이 된 것과 비교한다면 회사 B는 참으로 답답한 상황이죠.

그런데 성장이 없는 회사 B가 20년 뒤에도 가치가 1억 원이라면 명목상 회사의 가치가 같으니 손해는 아니라고 위안을 삼을 수 있을까요? 현실에서도 이런 상황이 종종 발생합니다. 친구에게 20년 전에 1억 원을 빌려줬는데 그 친구가 20년이 지나서 이자도 안 주고 1억 원을 갚으면 손해는 아니었다고 생각하는 분들이 은근히 많지요.

하지만 20년 전의 1억 원과 현재의 1억 원은 천지차이입니다. 참고로 소비자물가지수CPI 만 보더라도 2020년 6월 기준 104.87p입니다만 20년 전인 2000년 6월 기준으로는 66.106p입니다. 즉, CPI 기준 물가로 감안하면 현재 1억 원은 20년 전이라면 6,304만 원에 불과한 것입니다. 20년 전에 1억을 빌려준 것을 생각하면 분한 일이지요.

즉, 미래에 어떠한 성장도 없이 20년 뒤에도 1억 원의 가치를 가지는 회사는 현재 값어치로 계산하면 1억 원이 아닌 이보다 훨씬 낮은 수치일 것이라는 것을 미루어 짐작할 수 있습니다. 만약 물가상승률을 연 2%라고 가정한다면 어떤 결과가 나올까요? 이를 위해 앞서 언급한 미래가치 공식을 꺼내 활용해 보겠습니다.

$$FV(미래가치) = PV(현재가치) \times (1 + r)^{기간N}$$

공식을 간단히 변환하면

$$PV(현재가치) = \frac{FV(미래가치)}{(1 + r)^{기간N}}$$

현재가치에 관한 공식을 뽑았습니다.

이제 성장이 없는 B기업의 현재가치를 계산하여 보겠습니다. 20년 뒤에도 1억 원의 가치를 가지고 있고 20년 동안 물가상승률이 연 2%씩 이어졌다면

PV(현재가치) = FV(미래가치) ÷ (1+r)^n에서
현재가치 = 1억 원 ÷ (1+0.02)^20 = 6,729만 원입니다.

즉, 20년간 성장이 전혀 없는 B회사는 20년 뒤 1억 원을 가치를 가져 겉으로 손해를 본 것 같지 않지만 현재가치로 계산하면 엄청난 가치 감소가 있었다는 것을 확인할 수 있습니다.

성장이 연 10%였던 A사의 현재가치를 계산해 보겠습니다.

A사의 PV = FV ÷ (1+r)^n에서
현재가치 = 6억 7,275만 원 ÷ (1+0.02)^20 = 4억 5,274만 원

앞의 미래가치와 현재가치를 계산할 때 r값을 서로 다르게 잡은 것을 눈치챘나요?

미래가치(FV)를 계산할 때는 미래 예상 성장률(Growth Rate, 보통 수식에서는 g를 사용)을 사용하였고 현재가치(PV)를 계산할 때는 물가상승률을 사용했습니다. 물가상승률을 사용할 때에는 이런 전제를 깔고 있습니다. "최소한 물가상승률 정도는 수익률·성장률이 발생해야 하는 것 아니야?"라는 전제 말입니다.

그러하기에 PV를 계산할 때 쓰이는 r값은 요구수익률 또는 할인율이라는 개념을 사용합니다. 투자자들이 희망하는 수익률이라는 개념입니다.

현재가치 개념 그리고 미래가치 개념을 확장하여 기업의 상대가치와 절

대가치에 대한 공식들이 만들어집니다. 그런데 우리는 앞에서 전율이 느껴지는 가치투자에 관한 상황을 마주했습니다. 물가상승률 연 2%라는 같은 할인율을 적용하였을 때 성장이 없는 B기업보다 성장이 높았던 A기업이 압도적으로 높은 현재가치를 만든다는 것을 말입니다.

즉, 기업의 가치를 평가하는 데 있어 성장성이 높은 기업은 기업가치가 높다고 평가받고 성장성이 저조한 기업은 기업가치가 낮다고 평가받게 됩니다. 이는 상대가치 측정법뿐만 아니라 절대가치 측정법 모두에서 공통적으로 나타나는 현상입니다.

그리고, 상대가치든 절대가치든 기업의 가치를 평가하는 계산 안에는 직접적이든 간접적이든 회사의 성장성과 요구수익률이 녹아들어가 있습니다.

자, 현재가치와 미래가치에 대해 확실히 이해했나요? 그럼 상대가치 측정법에 대해 진도를 이어가겠습니다.

엑셀·스프레드시트의 현재가치, 미래가치 함수

현재가치와 미래가치를 평가할 때 엑셀이나 스프레드시트를 활용하면 매우 편리합니다. 계산기로 일일이 계산하지 않아도 엑셀이나 스프레드시트에는 PV, FV라는 함수가 있어 너무도 쉽게 계산할 수 있습니다.

아래 표는 현재가치와 미래가치를 PV함수와 FV함수를 이용하여 계산한 예시입니다.

첫 번째 줄에 현재가치 계산은 매년 2%의 할인율로 20년 동안 매년 0원을 받고, 마지막에 1억 원의 원금을 회수하였을 때의 현재가치를 계산한 예시입니다.

두 번째 줄에 미래가치 계산은 매년 10%의 기대수익률로 20년 동안 매년 0원을 추가 투자하면서 원금 1억 원으로 시작하였을 때의 미래 가치를 계산한 예시입니다.

일일이 손으로 계산하는 것보다 쉽게 값이 나왔지요? 대신에 마이너스 값으로 나오기 때문에 약간의 수정은 필요합니다.

현재가치 = PV(할인율, 기간, 매년배당 또는 이자지급액,원금)
미래가치 = FV(기대수익률, 기간, 증액 또는 신규투자액, 원금)

[자료 6-3] 엑셀과 스프레드시트에서의 PV 및 FV함수 예시

	A	B	C
1	현재가치계산	=PV(0.02,20,0,100000000)	-₩67,297,133
2	미래가치계산	=FV(0.1,20,0,100000000)	-₩672,749,995

3 상대가치 측정법

VALUE INVESTMENT

① 가치 판단을 위한 기본 투자지표: EPS, BPS, SPS, CPS

회사의 가치를 판단하는 기준은 참으로 다양합니다. 현재가치와 미래가치 개념을 활용해 기업의 절대가치를 측정하는 DCF(현금할인모형), DDM(배당할인모형) 등의 방법이 있지만 미래가치와 현재가치만으로도 익숙하지 않을 여러분을 위해 상대 비교만 하면 되는 상대가치 측정방법에 대해 먼저 설명하겠습니다.

상대가치 측정법은 가장 기본 가치평가 방법으로, 다양한 재무적 기준으로 기업 주당가치와 주가의 비율을 구하고 이를 토대로 다른 경쟁업체나 업종 등의 상대가치 비율과 비교하여 저평가·고평가 여부를 가늠하는 방법입니다.

학창시절 친구들과 내 키가 크네 작네 했던 것처럼 말입니다. 동년배라는 공통된 기준이 있어 비교가 가능했던 것처럼 같은 산업이나 업종이라는 공통된 비교 기준으로 상대적 가치를 측정하는 것이라 할 수 있겠습니다.

상대가치 측정법은 친구들과 키맞추기를 하는 것처럼 서로 견주기만 하면 되기에 간단합니다. 그렇다 하더라도 몇 가지 기본적인 공식들을 알아야 상대적 비교를 할 수 있습니다. 네 가지 공식을 기억하기 바랍니다. 공식은 4개지만 분자만 바뀌는 매우 간단한 공식입니다.

첫째, EPS(Earning Per Share, 주당 순이익)
　　= 지배주주 순이익 ÷ 발행주식수
둘째, BPS(Books Value Per Share, 주당 순자산)
　　= 지배주주지분 순자산 ÷ 발행주식수
셋째, SPS(Sales Per Share, 주당 순매출액)
　　= 매출액 ÷ 발행주식수
넷째, CPS(Cashflow Per Share, 주당 현금흐름)
　　= (영업활동현금흐름－우선주배당총액) ÷ 발행주식수

(1) 주당 순이익 EPS

가장 먼저 EPS Earning Per Share에 대해 알아보겠습니다. EPS는 주식투자를 처음 하는 분들도 알 정도로 익숙한 주당 가치지표입니다. 1주당 이익가치가 어느 정도인지를 보여주는 지표로, 기업의 상대가치를 분석할 때 가장 기본적으로 사용됩니다. 재무제표 포괄손익계산서 최하단에 분기·반기·결산 EPS가 계산되어 있습니다.

EPS는 1주당 순이익이 어느 정도인지 의미합니다. 주식회사는 수많은 주주들이 회사 주식수의 비율만큼 지분을 가지고 있기에 순이익 또한 주주들

각자 주식수에 따라 1/N을 해야 나옵니다. 이때 N이 바로 주주들이 소유한 주식수입니다.

이 개념의 가장 원론이라 할 수 있는 '주식 1주가 얼마의 이익을 가지고 있는지'를 나타내는 것이 바로 EPS, 주당 순이익입니다.

EPS를 계산할 때 당기순이익을 주식수로 나누어 계산한다고 설명하지만, 엄밀하게는 '지배주주지분 당기순이익'을 발행주식수로 나눠야 합니다. 이 EPS 값은 PER(주가 수익 비율)를 계산할 때 사용되며 이를 토대로 주가의 상대적 가치를 측정하게 됩니다.

롯데케미칼의 2019년 포괄손익계산서를 활용해 주당 순이익을 계산해 보겠습니다. 자료에 따르면 발행할 주식의 총수는 1억 주, 발행주식의 총수는 3,427만 5,419주입니다. 이 중 I. 발행할 주식의 총수는 무시하십시오.

2019년 연말 기준 연결 포괄손익계산서 상에서 롯데케미칼의 지배기업 소유주 지분 당기순이익은 7,149억 7,806만 원이었습니다. 그리고 발행주식수는 3,427만 5,419주입니다.

이를 이용하여 EPS를 계산해 볼까요? EPS 공식은 지배기업지분 순이익을 발행주식수로 나누기만 하는 것이기에 숫자만 클 뿐 계산 자체는 쉽습니다.

> 롯데케미칼의 2019년 EPS = 7,149억 7,806만 원 ÷ 3,427만 5,419주 = 약 2만 860원

실제 2019년 롯데케미칼의 포괄손익계산서에 나온 주당 순이익값 또한

> **처음 용어 뽀개기**
>
> **발행주식수와 수정주식수**
>
> · 발행주식수도 엄밀하게는 수정주식수라 하여 발생주식수에서 자사주 매입분을 차감하는 등 몇 가지 과정이 필요합니다만, 이해를 돕기 위해 발행주식수로 간단히 하겠습니다.
>
> · 발행주식수는 분기 · 반기 · 사업보고서 내 '주식의 총수 등' 메뉴에서 확인할 수 있습니다. 이때 발행할 주식의 총수와 발행주식의 총수를 혼동하지 않아야 합니다. 발행할 주식의 총수는 미래에 주식수를 이렇게까지 발행할 수 있다는 회사의 한도치를 의미합니다. 그리고 우리가 중요하게 보아야 할 것은 '발행주식의 총수'입니다.

4. 주식의 총수 등

(1) 주식의 총수 현황

(기준일 : 2019년 12월 31일) (단위 : 주)

구 분	주식의 종류			비고
	보통주	우선주	합계	
Ⅰ. 발행할 주식의 총수	-	-	100,000,000	-
Ⅱ. 현재까지 발행한 주식의 총수	34,275,419	-	34,275,419	-
Ⅲ. 현재까지 감소한 주식의 총수	-	-	-	-
1. 감자	-	-	-	-
2. 이익소각	-	-	-	-
3. 상환주식의 상환	-	-	-	-
4. 기타	-	-	-	-
Ⅳ. 발행주식의 총수 (Ⅱ-Ⅲ)	34,275,419	-	34,275,419	-
Ⅴ. 자기주식수	-	-	-	-
Ⅵ. 유통주식수 (Ⅳ-Ⅴ)	34,275,419	-	34,275,419	-

20,860원으로 똑같습니다.

EPS를 계산할 때 유의할 점이 있습니다. 주당 순이익은 보통 연단위(4개 분기)의 실적을 토대로 계산합니다. 뒤에 설명할 SPS(주당 매출액), CPS(주당 현금흐름) 역시 연단위(4개 분기) 실적을 토대로 값을 구합니다. 1년 정도의 실적이 쌓여야 계절적인 효과도 제거할 수 있고 다른 회사와 비교가 가능합니다. 분기 EPS만을 보고 고평가되었네, 저평가되었네 생각하면 안 됩니다.

(2) 주당 순자산 BPS

BPS Books Value Per Share는 기업의 순자산가치를 측정할 때 사용하는 기본 가치지표입니다. EPS와 마찬가지로 1주당 순자산(자본)이 얼마인지를 알려주는 자산가치 측면에서의 밸류에이션 잣대라고 할 수 있겠습니다. 주당 순자산가치는 EPS 계산 때와 마찬가지로 '지배주주지분 순자산(자본)'을 사용합니

[자료 6-5] 롯데케미칼의 2019년 연결포괄손익계산서 순이익과 주당이익 계산

당기순이익(손실)의 귀속	
지배기업의 소유주	714,978,059,663
계속영업당기순이익	816,896,529,675
중단영업당기순이익(손실)	(101,918,470,012)
비지배지분	41,687,934,223
계속영업당기순이익	41,687,934,223
총 포괄손익의 귀속	
총 포괄손익, 지배기업의 소유주에게 귀속되는 지분	835,101,554,081
총 포괄손익, 비지배지분	70,429,315,038
주당이익	
기본및희석주당이익 (단위 : 원)	20,860
기본및희석주당계속영업이익 (단위 : 원)	23,833
기본및희석주당중단영업이익 (단위 : 원)	(2,973)

다. 순수하게 회사 주주들의 몫을 계산해야 하기 때문이지요.

예전에는 BPS(주당 순자산)과 EPS(주당 순이익)만을 가지고 본질가치라는 것을 계산하여 신규상장 시 공모가격을 정할 때 사용되기도 했습니다. 그만큼 주당 순이익과 주당 순자산은 매우 많이 사용되는 가치지표입니다. 그리고 BPS는 PBR(주가 순자산비율)을 계산할 때 사용되어 자산가치 대비 주가 수준을 상대측정할 때 사용합니다.

BPS(주당 순자산) 계산을 해볼까요? 앞서 언급한 롯데케미칼 2019년 사업보고서에서 지배기업지분 순자산값을 찾아와서 계산해 봅시다.

롯데케미칼은 지배기업지분 자본(지배기업의 소유주에게 귀속되는 지분)이 13조 2,043억 9,924만 원으로 연결재무상태표에 나와 있습니다. 이것을 발행주식수로 나누어주기만 하면 BPS가 계산됩니다.

EPS 계산시 사용되는 기업실적의 기준 시점은?

연단위 실적은 사업보고서처럼 명확하게 결산월 시점을 잡기는 합니다만, 주식시장이 선반영한다는 특징으로 보면 뒤늦은 값일 수 있기에 분기·반기 중 최근 4개 분기 실적 합산 값을 사용하거나 혹은 미래 전망치를 사용하기도 합니다.

그런데 미래 예상치를 사용할 때에는 불확실성을 안아야 한다는 부담이 있습니다. 단순하게 좋을 것 같다는 예상만으로 예상 순이익을 추정한다는 것은 논리적으로 문제가 있지요. 따라서 기업의 실적을 예상하기 위해서는 경제 사이클과 금리 등의 거시경제 분석과 더불어 미래 기업의 성장에 관한 예상도 함께 고려해야 합니다.

1년 이내의 실적 예상은 관세청의 수출입 동향 자료, 기업의 수주 내역, 시장 조사 등을 통해 대략 가능할 수 있습니다. 혹은 최근 실적 추이를 보고 회귀적으로 분석하여 추정하는 방법도 사용됩니다. 이보다 긴 중장기 시각에서의 예상은 기업의 질적 분석을 깊이 해야 하므로 자칫 기대를 넘어 망상 수준으로 회사의 미래 실적을 예상할 수 있다는 단점이 있습니다.

특히 주가가 버블 단계에 이르렀거나 특정 테마가 투자자들에게 각광을 받을 때 허무맹랑한 기업 실적 수치가 나오곤 합니다. 이런 오류에 빠지는 것을 막기 위해 먼 미래 예상은 살짝 보수적으로 잡는 것이 오히려 가치 판단에 현실적입니다.

주당 순자산(BPS) = 13조 2,043억 9,924만 원 ÷ 3,427만 5,419주 = 38만 5,244원

다음 페이지의 [자료 6-6]을 보면 알 수 있듯 롯데케미칼의 2019년 사업보고서 기준 BPS는 38만 5244원으로 계산되었습니다. 사업보고서에 있는 자본총계, 자기자본, 자본값으로 BPS를 계산하는 것이 아니라 '지배기업' 지분

[자료 6-6] 롯데케미칼 2019년 연결재무상태표의 자본 관련

자본	
지배기업의 소유주에게 귀속되는 자본	13,204,399,243,017
자본금	171,377,095,000
기타불입자본	880,837,946,542
이익잉여금(결손금)	12,158,354,451,643
기타자본구성요소	(6,170,250,168)
비지배지분	848,731,148,507
자본총계	14,053,130,391,524
자본과부채총계	20,043,105,157,128

관련 수식어가 붙은 자본값으로 계산해야 한다는 것을 꼭 기억하세요.

(3) 주당 매출액 SPS

이어서 SPS Sales Per Share를 알아보도록 할까요? 주당 매출액은 BPS나 EPS 보다 계산하기 쉽습니다. 지배주주 지분을 찾지 않고 바로 매출액 값을 떼오면 되기 때문입니다. 다만 주당 순이익 계산 때와 마찬가지로 매출액 또한 연단위(4개 분기) 매출액을 기준으로 SPS를 계산해야 데이터의 시차가 가장 적습니다. 공식 자체는 허무할 정도로 쉽습니다.

> 주당 매출액(SPS) = 매출액 ÷ 발행주식수

5교시 재무제표 수업에서 설명한 바 있지만 매출액은 회사의 외형을 가늠하는 매우 중요한 손익계산서 항목입니다. 과거에는 매출액만으로 회사를 평가했습니다. 그래서 2000년대에 매출액은 작지만 순이익이 높은 IT 기업들이 기존 대기업에게 얕잡아 보이기도 했습니다. 지금은 전세가 완전히 역전되었지만, 아직도 매출액 외형을 비교하는 관행이 남아있습니다.

SPS(주당 매출액)는 신생기업들의 평가 잣대로 많이 사용됩니다. 신생기업은 대부분 적자 상태이고 자본가치도 낮아 평가할 수 있는 잣대가 매출액 뿐이기 때문입니다. 그래서 장외 신생기업이나 벤처기업을 러프하게 평가할 때 종종 사용됩니다.

SPS(주당 매출액) 공식도 롯데케미칼 사례로 계산해 볼까요?

롯데케미칼 2019년 매출액은 15조 1,234억 7,795만 원입니다. 이를 주식 수인 3,427만 5,419주로 나누면 됩니다.

> 주당 매출액(SPS) = 15조 1,234억 7,794만 원 ÷ 3,427만 5,419주 = 44만 1,234원

이렇게 계산한 주당 매출액값은 주가와 함께 PSR(주가 매출액 비율)을 계산하게 됩니다. 이렇게 매출액 기준으로 기업의 상대가치를 측정할 수 있습니다.

(4) 주당 현금흐름 CPS

마지막으로 CPS Cashflow Per Share를 알아보겠습니다. 주당 현금흐름은 영업활동흐름에 의한 현금흐름에서 우선주에 지급한 배당금을 차감한 후 발행주식수로 나눈 값입니다. 즉, 주주들 몫으로 발생하는 한 해 동안의 주당 현금흐름입니다. 정상적인 기업들의 경우는 영업활동에 의한 현금흐름이 플러스를 만들고 당기순이익보다도 높은 수치를 보여줍니다. 따라서 주당 현금흐름은 당기순이익과 마찬가지로 이익가치로서의 의미도 있고 영업활동으로 현금이 잘 발생되고 있는지 가늠하는 잣대로도 활용할 수 있습니다.

현재 주가에 대한 가치측정도구로는 PCR(주가현금흐름비율)을 사용합니다.

> 주당 현금흐름(CPS) = (영업활동에 의한 현금흐름 − 우선주 지급 배당금) ÷ 발행주식수

이 공식을 이용하여 롯데케미칼의 주당 현금흐름을 계산해 보겠습니다. 롯데케미칼의 경우 2019년 사업보고서 기준 연결현금흐름표 상의 영업활동 현금흐름이 1조 2,778억 6,826만여 원이고 우선주가 없기에 우선주에 배당한 금액은 없었습니다. 발행주식수는 3,427만 5,419주이니 바로 나누어 값을 구해보면

> 주당 현금흐름(CPS) = 1조 2,778억 6,826만 원 ÷ 3,427만 5,419주 = 3만 7,282원

이렇게 CPS를 쉽게 구할 수 있습니다.

주당 순이익 EPS, 주당 순자산 BPS, 주당 매출액 SPS, 주당 현금흐름 CPS 네 가지 가치투자 지표를 배웠습니다. 전혀 어렵지 않죠? 나눠주는 분모는 모두 '발행주식수'입니다. 지금까지 계산한 것은 1주당 가치이고, 이를 1주당 가격인 현재 주가와 비교한다면 기업가치를 가늠할 수 있을 것입니다.

지금까지 EPS, BPS, SPS, CPS를 계산한 과정은 PER, PBR, PSR, PCR 등의 상대가치측정법을 활용하기 위함이었으니 이제 본론으로 가지요.

② 상대평가의 대표주자: PER, PBR, PSR, PCR, EV/EBITDA

EPS, BPS를 구할 줄 안다고 해서 곧바로 상대가치 평가를 할 수 있는 것은 아닙니다. 구슬도 꿰어야 보배인 것처럼 투자지표들을 꿰어주는 도구들을 알아야 합니다.

상대가치지표인 주가수익비율 PER, 주가순자산비율 PBR, 주가매출액비율 PSR, 주가현금흐름비율 PCR 입니다. 모든 상대가치지표들의 영어약자 첫글자에 P가 들어갔지요? 앞서 EPS, BPS, SPS, CPS를 계산했을 때처럼 공식에 공통점을 가지고 있다는 의미입니다.

공식 중 분자에 공통적으로 들어가는 것은 바로 '주식의 가격', 즉 Price입니다. 가격을 투자지표로 나누기만 하면 계산이 끝납니다. 와! 너무 쉽죠? 모든 상대가치지표들은 비교대상에 비해 상대적으로 낮은 값일수록 저평가되었음을 의미하고, 상대적으로 수치가 높을수록 고평가되었음을 의미합니다. 그러면 공식과 함께 내용을 알아보겠습니다.

(1) 주가 수익비율, PER[1]

PER Price Earning Ratio 은 상대적 이익가치를 측정하는 상대가치지표입니다. 주식·경제 관련 뉴스에서 저PER 종목, 고PER 종목이라는 용어를 자주 접했을 텐데 이때 사용한 PER이 바로 주가수익비율입니다. PER를 구하는 공식은 쉽습니다.

---

1 지청, 조담 저(학현사): 《투자론》(제7전정판), 365p

> 주가 수익비율(PER, 단위: 배) = 주가 ÷ 주당 순이익(EPS)

주당 순이익(EPS)를 계산할 때처럼 단순 계산으로 PER값을 구할 수 있습니다. 다만 계산 과정에서 한 가지는 명확하게 해야 합니다. EPS 설명에서도 언급했듯이 EPS는 반드시 1개년도(4개 분기)의 값을 사용해야 합니다. 그리고 과거 사업보고서 기준의 EPS를 사용할지 아니면 최근 4개 분기 합계 EPS를 사용할지 아니면 미래 실적을 추정한 예상 EPS를 사용할지를 먼저 기준으로 잡아야 합니다. 기업 대 기업으로 상대적 PER 레벨을 비교할 때 한쪽은 10년 전의 EPS를 사용하고 다른 회사는 최근 실적을 기준으로 한 EPS로 비교하면 안 되겠죠. 회사들을 비교할 때는 같은 기준을 사용해야 합니다.

이제 사례를 통해 직접 계산해 봅시다. 앞에서도 사용했던 롯데케미칼로 PER 계산을 해보겠습니다. PER값을 계산하기 위한 주가는 2019년 연말 기준으로 했습니다. 2019년 연말 롯데케미칼의 주가는 22만 4천 원이었습니다. 그리고 우리는 2019년 롯데케미칼의 EPS를 2만 860원으로 계산한 바 있습니다.

> 롯데케미칼의 2019년 PER = 22만 4천 원 ÷ 2만 860원 = 10.74배

롯데케미칼의 2019년 연말 주가와 2019년 사업보고서 기준 EPS로 계산하였을 때 PER 레벨은 10.74배입니다.

여기서 궁금증이 몇 가지 생길 텐데요. PER의 단위는 왜 '배 multiple'일까요? 1년 동안 만든 이익가치 대비 주가가 몇 배 수준인지를 의미하기 때문입

니다. 즉, PER이 10.74배라는 것은 주가 수준이 2019년 실적가치인 EPS의 10.74배라는 의미입니다. 또한 2019년 실적이 유지된다고 가정했을 때 이 실적을 10.74년 쌓으면 현재의 투자 원금을 회수할 수 있다는 의미입니다. PER값이 작을수록 빨리 투자 원금을 회수할 수 있습니다. 투자금을 빨리 회수하는 것이니 곧 저평가되었다는 의미겠지요. 반대로 PER값이 엄청나게 크다면 그 회사에 투자한 금액을 회수하려면 오랜 기간이 필요하다는 것이기에 PER값이 클수록 고평가라고 볼 수 있습니다.

그러면 한 회사의 PER를 어떻게 활용해야 할까요? 다른 경쟁사와 상대비교를 하거나 업종평균 PER 또는 시장평균 PER과 비교하면 됩니다. 이해의 편의를 위해 KRX(한국거래소) 사이트에서 제공하는 시장평균 PER 자료로 비교하도록 하겠습니다.

[자료 6-7] 한국거래소에서는 일주월 단위의 시장평균 PER 자료를 제공하고 있다

위의 사진은 한국거래소에서 'PER'를 검색한 후 코스피 시장에서의 연단위 시장평균 PER를 찾아본 화면입니다. 2019년 연말 기준 코스피 PER는 18.2배였습니다. 이 자료와 롯데케미칼의 10.74를 비교한다면 롯데케미칼이 저평가된 PER 레벨이라고 추정할 수 있습니다.

적정 수준의 PER 레벨은?

적정 수준의 PER 레벨에 대한 의견은 다양합니다. 단순하게 10배로 해야 한다는 의견도 있고 또는 주가수익률로도 불리는 PER의 역수를 사용하여 장기 국채 금리와 비교하는 방법도 있습니다. 1997년 당시 연준은 PER의 역수(EPS÷주가)의 값을 10년 만기 미국 국채 수익률과 비교하여 당시 미국 증시의 과열을 비교하기도 했습니다.

하지만 이 비율의 경우 전 세계적으로 제로금리가 수시로 발생하는 최근의 상황에서는 적당한 잣대가 되지 못할 수 있습니다.

대신해서 적정한 PER 레벨을 대략적으로 가늠할 수 있는 몇 가지 개념이 있습니다. 회사의 성장 기대치가 높다면 PER 레벨을 높이 평가 받을 수 있겠지요? 따라서 적정 PER 레벨을 추정하기 위한 적당한 성장기준이 무엇이 좋을지 기준을 잡아볼 필요가 있습니다.

먼저 매출액 성장률을 PER 레벨을 가늠하는 기준으로 잡을 수 있습니다. 순이익은 미미한 기업인데 초고속으로 매출이 성장하는 기업의 경우 매출액 성장률을 PER 레벨로 잡기도 하고 혹은 아예 PSR(주가 매출액 비율)로 가치를 평가하기도 합니다.

또는 ROE(자기자본 순이익률)로 성장률 기준을 잡아볼 수도 있습니다. 실제로 ROE는 이익률의 척도일 뿐만 아니라 자기자본의 성장률 기준으로도 자주 사용됩니다.

그 외에도 다양한 적정 PER 레벨 기준이 있겠으나 정답은 없습니다. 하지만 적정 주가 수준을 찾으려 하는 여러분의 노력은 투자 성과를 높이는 결과로 이어질 것입니다.

추가로 투자의 대가들이 제시하는 적정 PER에 관한 공식을 알려드립니다.

• 그레이엄의 성장주 적정 PER = 8.5 + '연간 예상성장률의 2배'

• 피터 린치 적정 PER = 연간 예상성장률

(2) 주가 순자산가치 비율, PBR

두 번째로 주가 순자산가치 비율인 PBR Price Book-value Ratio을 알아보겠습니다. PBR은 회사의 자본(순자산)에 비해 주가 수준이 어느 정도인가를 알아보는 지표입니다. 회사는 이익을 유보하면서 성장하고 자연스럽게 자기자본(순자산)이 쌓여갑니다. 늘어나는 회사의 순자산가치만큼 주가도 따라가야 하지 않는가를 상대적으로 평가하는 지표가 바로 PBR입니다. PBR도 공식은 매우 쉽습니다.

주가 순자산가치 비율(PBR, 단위: 배) = 주가 ÷ 주당 순자산(BPS)

롯데케미칼의 2019년 연말 주가와 사업보고서를 토대로 계산했던 BPS로 PBR을 계산해 보겠습니다. 앞서 롯데케미칼의 BPS(주당 순자산)은 38만 5,244원으로 계산하였지요. 주가는 그대로 22만 4,000원을 사용하겠습니다.

롯데케미칼의 2019년 PBR = 22만 4,000원 ÷ 38만 5,244원 = 0.58배

롯데케미칼은 2019년 연말 기준, 회사의 순자산가치 대비 0.58배(58%) 수준에서 주가가 형성되어 있다는 것을 확인할 수 있습니다. 보통 PBR 레벨이 1배 이하인 종목들은 성장성이 낮은 경우가 많습니다. 성장성이 낮으니 장기적으로는 자산가치를 깎아먹는다는 개념이 반영되기 때문입니다. 반대로 성장주는 높은 PBR 레벨이 용인됩니다. 순자산가치의 5배, 10배 심지어는 100배에 거래되는 경우도 있습니다.

과한 것은 반발을 불러오지요. 회사에 문제가 없고 이익이 꾸준한데도 PBR 레벨이 과하게 낮을 경우 유동성이 넘치거나 갑자기 놀라운 실적을 내면 주가는 순식간에 PBR 1을 향해 달려갈 것입니다. 반대로 매년 적자를 내는 회사가 성장성에 대한 기대감으로 PBR 레벨이 10배, 100배에 이른 경우 투자자들이 환상에서 깨는 순간 주가가 허무하게 떨어집니다. 버블이 꺼진다고도 하지요.

[자료 6-8] 한국거래소에서 검색한 시장평균 PBR

80005 PBR 추이

◉ › 시장정보 › 통계 › 지수 › 주가지수

| 계열구분 | ○ KRX 계열 ◉ KOSPI 계열 ○ KOSDAQ 계열 |
| 조회기간 | ○ 일 ○ 월 ◉ 년 2016 ▾ ~ 2020 ▾ |

🔍 조회

차트 | 컬럼 | Excel | CSV

(단위:배)

년 ⇕	코스피 ⇕	코스피 200 ⇕	코스피 100 ⇕	코스피 50 ⇕	코스피 대형주⇕	코스피 중⇕
2019	0.89	0.93	0.93	0.94	0.92	
2018	0.87	0.88	0.86	0.86	0.88	
2017	1.11	1.15	1.14	1.15	1.13	
2016	1.00	1.01	1.00	1.00	1.01	

상대적 비교를 위해 KRX에서 제공하는 업종평균 PBR 또는 시장평균 PBR을 사용합니다. 이해를 돕기 위해 시장평균 PBR로 비교하겠습니다.

위의 자료를 보니 2019년 연말 기준 시장 PBR 레벨은 0.89배였음을 확인할 수 있습니다. 롯데케미칼의 0.58배는 시장 평균 PBR에 비해서 상대적으로 저평가되어있다고 할 수 있네요.

(3) 주가 매출액 비율 PSR, 주가 현금흐름 비율 PCR

세 번째로 PSR(주가 매출액 비율)과 PCR(주가 현금흐름비율)를 한번에 알아보겠습니다. PSR은 매출액 대비 현재 주가 수준이 상대적으로 싼지 비싼지 가늠하는 잣대이고, PCR은 영업현금흐름 대비 주가 수준이 상대적으로 싼지 비싼지 가늠하는 잣대입니다. PSR과 PCR은 단독으로 사용하기보다는 PER나 PBR의 보조적인 역할을 합니다.

순이익이 적자인 기업의 경우, 주당 순이익 EPS 과 PER값 계산이 불가능하기에 PSR이나 PCR을 보조적으로 사용하는 것이죠. 적어도 매출액은 플러스일 테니까요. 순이익은 적자여도 영업활동에 의한 현금흐름은 플러스일 수도 있습니다.

공식 자체는 PER나 PBR과 개념이 비슷합니다. 가격을 SPS(주당 매출액) 또는 CPS(주당 현금흐름)으로 나누기만 하면 됩니다.

> 주가 매출액 비율(PSR, 단위: 배) = 주가 ÷ 주당 매출액(SPS)
> 주가 현금흐름 비율(PCR, 단위: 배) = 주가 ÷ 주당 현금흐름(CPS)

이 공식을 토대로 2019년 연말 기준 롯데케미칼의 PSR과 PCR을 계산해볼까요? 앞서 롯데케미칼의 SPS와 CPS를 계산하였지요. SPS(주당 매출액)은 44만 1234원, CPS(주당 현금흐름)은 3만 7282원이었습니다.

> 롯데케미칼의 2019년 PSR = 22만 4천 원 ÷ 44만 1,234원 = 0.51배
> 롯데케미칼의 2019년 PCR = 22만 4천 원 ÷ 3만 7,282원 = 6배

즉, 롯데케미칼의 2019년 연말 주가 수준은 2019년 한 해 매출액의 절반 수준이었고 2019년 영업활동에 의한 현금흐름 대비 6배 정도의 주가에서 거

래되고 있었습니다. 이 상대가치지표들은 단독으로 사용되는 경우보다는 PER나 PBR과 함께 보조적으로 사용되는 경우가 많다 보니 KRX(한국거래소) 사이트에서 PSR, PCR에 대한 시장평균 자료는 제공되지 않습니다.

자, 지금까지 네 가지 상대가치지표에 대해 알아보았습니다.

이 PER, PBR, PSR, PCR의 중요한 공통점이 있습니다. 수치가 높을수록 고평가, 수치가 낮을수록 저평가라고 상대평가할 수 있다는 점입니다. 수치를 비교할 때 성장성이 높은 산업이나 종목들의 경우는 상대가치지표의 밸류에이션 멀티플이 시장평균보다 훨씬 높은 수준으로 형성되곤 합니다. 주식시장은 미래에 대한 기대가 선방영되는 시장이기 때문입니다. 반대로 성장성이 낮은 경우 상대가치 멀티플이 낮게 형성됩니다.

만약 상대가치임에도 기준을 잡고 싶다면 PER 레벨은 10배, PBR 레벨은 1배를 적정수준으로 잡고 비교하는 것도 방법입니다.

③ EV/EBITDA

지금까지 살펴본 단순 상대가치보다 업그레이드된 상대가치 비교 방법이 있습니다. EV/EBITDA[2] 라는 방법입니다. PER에 부족한 부분을 업그레이드하여 만들어진 것인데, 주당 가치를 계산하지 않고 바로 기업평가가치를 EBITDA라는 이익 기준으로 나누는 방법입니다. 다만, EV와 EBITDA 계산 과정이 워낙 복잡해 재무학·투자론에서 시험 문제로도 자주 등장합니다.

EV/EBITDA는 특히 회사를 인수합병하는 과정에서 중요하게 사용됩니

2　프레더릭 반하버비크 저(에프엔미디어): 《초과수익 바이블》 212p

다. 회사를 인수할 때 피인수 기업에서 얼마나 현금을 회수할 수 있을지 판단할 수 있기 때문입니다. 앞서 PER이 몇 년이면 투자 원금을 회수할 수 있는지 알아보는 지표라고 설명했는데 이보다 더 직접적으로 어느 정도 기간 내에 현금 회수가 가능한지 추정할 수 있습니다.

EV/EBITDA 공식에서 EV는 Enterprise Value, 즉 기업가치입니다. EV의 개념은 시가총액에서 순차입금을 더한 값입니다. 이는 회사를 인수할 때 시가총액기준으로 매입했다 하더라도 그 회사의 부채도 떠안았다는 의미를 가지고 있습니다.

> EV = 시가총액 + 순차입금 = 시가총액 + (총차입금 − 현금성자산)

그리고 EV를 나누어 주는 EBITDA Earnings Before Interest rate, Tax, Depreciation & Amortization 는 이자, 세금, 감가상각비, 무형자산상각비 전 이익입니다. 편의상 영업이익에 감가상각비만 더하여 계산하기도 합니다.

EBITDA를 사용하면 당기순이익이 잠재적으로 가지는 분식 또는 일시적 왜곡을 줄일 수 있습니다. 심지어 PCR의 개념처럼 적자기업도 계산할 수 있습니다.

롯데케미칼의 2019년 사업보고서 기준으로 EV/EBITDA를 계산해 보겠습니다. 2019년 롯데케미칼의 시가총액은 7조 6,770억 원이었습니다. 총차입금(부채 중 현금상환의무가 있는 채무)는 3조 6,513억 원, 현금성자산은 1조 3,520억 원이었습니다. 이를 토대로 EV를 계산해보죠.

$$EV = 7조 7,660억 원 + (3조 6,513억 원 - 1조 3,520억 원) = 10조 653억 원$$

그리고 EBITDA는 포괄손익계산서와 현금흐름표에서 자료를 참고하여 영업이익 1조 1,073억 원에 법인세, 이자, 감가상각비, 무형자산상각비를 발췌하여 계산했습니다.

2019년 영업이익 1조 1,073억 원에 이자비용 1,132억 원, 법인세 비용 3,899억 원, 감가상각비 6,362억 원, 무형자산상각비 952억 원을 합산하면 EBITDA값은 약 2조 3,420억 원이 나옵니다.

이를 토대로 최종적으로 EV/EBITDA값을 계산하면

$$EV ÷ EBITDA = 10조 653억 원 ÷ 2조 3,420억 원 = 4.3배$$

즉, 2019년 연말 기준 롯데케미칼의 EV/EBITDA값은 4.3배이고 만약 2019년 실적이 지속된다면 4.3년이면 현금 기준 투자금을 회수할 수 있다는 의미입니다.

다만, EV/EBITDA도 다른 상대가치지표들과 마찬가지로 절대적인 기준은 아닙니다. 시장 상황이나 기업의 성장성에 대한 기대 차이에 따라 달라지기도 하는 상대지표입니다. 그리고 감가상각비가 높은 기업에서는 EV/EBITDA값이 과도하게 낮게 나오는 경향이 있으므로 투자 시 주의할 필요가 있습니다.

자기자본
순이익률

VALUE INVESTMENT

회사 주가의 상대가치를 평가할 때 성장성이 높은 기업은 높은 밸류에이션 멀티플(PER, PBR, PSR, PCR 등의 배수)로 시장에서 평가받고 성장성이 낮은 기업은 낮은 배수로 가치를 평가받습니다. 그런데 이런 궁금증이 들 수 있습니다.

"성장성에 대한 기준은 무엇일까?"

아무개가 취직한 회사가 성장성이 대단하네, 회사가 비전이 있네 등의 얘기를 흔히 합니다. 그런데 회사의 성장성을 말하는 기준들은 다양합니다.

첫 번째로 회사가 성장 가능성이 높은, 소위 핫한 업종에 있다는 이유로 성장성을 가늠하는 방법입니다. 1999년 IT 버블 당시 기술주, 2020년 코로나 사태 이후 제약·헬스케어 업종에서 이런 현상이 나타났습니다. 그런데 이것만으로는 가치를 측정하기 막연합니다.

두 번째로 매출액의 성장성을 통해 가늠하는 방법입니다. 매출액이 꾸준히 성장한다면 영업이익이나 순이익도 따라서 증가할 테니 회사의 성장성에 중요한 기준이 될 수 있습니다. 그러다 보니 매출액 성장률 또는 매출 성장 기대치는 매출액 성장성을 가늠하는 척도로 사용됩니다. 그런데 매출이 계속 증가하는데도 불구하고 적자가 연속된다면 과연 성장이라고 할 수 있을까요? 외형만 보기 좋게 할 뿐 근본적인 성장이라고 보기는 어려울 것입니다.

그래서 세 번째로 언급할 성장성의 바로미터가 바로 자기자본 순이익률 ROE [3]입니다. ROE는 회사의 자기자본 대비 순이익이 얼마나 발생하였는가를 보여주는 재무비율입니다. 재무학 교과서에서는 일종의 수익성 비율로 설명하며, 투자자의 몫이라 할 수 있는 자기자본(자본, 순자산) 대비하여 순이익이 얼마나 발생하였는가를 의미합니다.

자기자본 순이익률 ROE, Return On Equity 의 공식 역시 매우 쉽습니다. 지배주주 순이익을 지배주주 자본으로 나누기만 하면 됩니다.

> 자기자본 순이익률(ROE, 단위: %) = 순이익 ÷ 자기자본 = 지배주주순이익 ÷ 지배주주자본

예를 들어 자기자본이 100억 원인 A라는 회사가 순이익 10억 원을 발생시켰다면

A사의 ROE = 순이익 10억 원 ÷ 자기자본 100억 원 = 10%로 계산할 수 있습니다.

B라는 회사가 자기자본이 100억 원인데 순이익을 5억 원 발생시켰다면

B사의 ROE = 5억 ÷ 100억 원 = 5%입니다.

그런데 ROE가 성장성과 무슨 상관이 있을까요? 그 답은 ROE 공식 안에

---

3   서준식 저(스노우볼): 왜 채권쟁이들이 주식으로 돈을 잘 벌까? 110p

있습니다. ROE는 순이익을 자기자본으로 나눈 값입니다. 단순하게 보면 순이익은 결국 자기자본을 증가시킵니다. 즉, 자기자본 순이익률ROE이 높은 수치를 보인다면 기업의 자기자본은 매우 급격하게 증가할 것입니다. 여기에서 복리효과를 떠올리며 A사와 B사의 사례를 장기적인 시계열에서 분석해 보겠습니다.

앞서 계산한 A사와 B사의 ROE가 영원히 지속된다고 가정해보지요. 그렇다면 A사와 B사의 자기자본은 ROE가 자기자본의 성장률로 작용하면서 장기적인 복리효과를 만들 것입니다.

[자료 6-9] A사와 B사의 장기성장에 따른 자기자본(단위: 억 원)

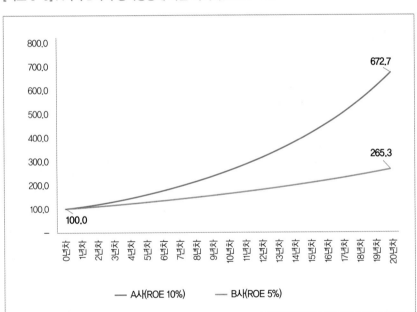

위의 자료는 A사와 B사가 20년간 각각 ROE 10%, 5%의 성장이 계속될 때 자기자본이 얼마나 커지는지 보여줍니다. 100억 원으로 시작한 자기자본은

20년 뒤 A사는 672억 원, B사는 265억 원으로 성장합니다. 복리효과로 20년 뒤 A사와 B사의 자기자본은 두 배 이상 격차를 만들며 벌어집니다. 이를 보면, 왜 ROE가 성장률로서 의미를 가지는지 실감할 수 있습니다.

주주 입장에서 자기자본의 성장은 궁극적인 기업의 청산가치 성장과도 같습니다. 높은 ROE를 가진 성장성이 높은 기업이 미래에 높은 자기자본을 만들 것이라는 기대를 가질 수 있고, 자연스럽게 높은 밸류에이션 멀티플(PER, PBR, PSR, PCR 등의 배수)로 회사를 평가할 것입니다. 그러다 보니 ROE 값을 기업의 상대가치와 절대가치를 계산할 때 유용하게 사용하곤 합니다. 그 방법은 다양합니다만 간단히 몇 가지만 소개하겠습니다.

PBR(주가 순자산가치 비율)을 이용하여 기업의 가치를 평가할 때 회사의 성장성이 높다면 시장에서 PBR값을 높게 평가할 것이고 반대로 성장성이 낮다면 PBR값을 낮게 평가하겠지요? ROE(자기자본 이익률)가 높은 기업은 PBR이 높고, ROE가 낮은 기업은 PBR이 낮을 것이라는 추정을 할 수 있습니다. 이 개념을 활용하여 ROE값과 기업의 할인율(시장금리와 기업의 리스크 등을 모두 감안한 일종의 요구수익률)을 이용하여 적정한 PBR 레벨을 가늠하는 방법이 사용되기도 합니다.

A사와 B사를 다시 한 번 볼까요? 두 회사에 대한 할인율이 7%라고 가정하겠습니다. A사와 B사의 ROE를 할인율 7%로 나눈 값이 적정 PBR 레벨이라 가정합니다.

A사의 추정 적정 PBR = ROE ÷ 할인율 = 10% ÷ 7% = 1.43
B사의 추정 적정 PBR = ROE ÷ 할인율 = 5% ÷ 7% = 0.71

이렇게 상대가치 측정법을 활용하여 주가 수준을 가늠할 때 사용할 수 있습니다. 그리고 절대가치 측정법에서는 성장률의 기준으로서 ROE를 더 요긴하게 사용합니다. 기업이 경영활동에서 만드는 현금이나 이익을 활용한 현금할인모형 혹은 주주에게 지급하는 배당을 활용한 배당할인모형 등을 계산할 때 공식에 ROE는 핵심 요소로 들어갑니다. 더 자세한 내용은 바로 이어질 절대가치 측정법에서 설명드리겠습니다.

그런데 이 자기자본 순이익률ROE을 계산할 때 주의할 점이 있습니다. 일시적으로 발생된 이익을 토대로 계산된 ROE값이 계속 지속될 것이라는 착각입니다. 보유 부동산을 매각하는 과정에서 발생하는 이익은 이례적인 현상일 뿐입니다. 그 해에만 발생된 이익이죠. 따라서 일시적 이익으로 ROE가 왜곡된 상태에서 적절한 회사 ROE를 추정하려면 최근 몇 년의 추이를 참고하거나 순이익이 아닌 영업이익을 활용하는 방법도 고려해야 합니다.

마지막으로, PER와 PBR 공식, EPS(주당 순이익), BPS(주당 순자산)을 활용하면 ROE 공식을 유도할 수 있습니다.

$$ROE = \frac{순이익}{자기자본}$$

$$BPS = \frac{자기자본}{주식수} \qquad PBR = \frac{주가}{BPS} = \frac{주가 \times 주식수}{자기자본} = \frac{시가총액}{자기자본}$$

$$EPS = \frac{순이익}{주식수} \qquad PER = \frac{주가}{EPS} = \frac{주가 \times 주식수}{당기순이익} = \frac{시가총액}{당기순이익}$$

$$따라서, ROE = \frac{EPS}{BPS} = \frac{PBR}{PER}$$

필자도 기업 ROE값을 계산할 때 종종 PBR을 PER로 나누어 계산하곤 합니다.

자기자본 순이익률ROE까지 마스터했으니 본격적으로 절대가치 측정법을 공부해야겠네요. 가치투자 공부 중 가장 많은 공식이 나오는 부분이니 마음을 단단히 먹고 페이지를 넘겨주세요. 하지만 언제나 그렇듯 하나하나 살펴보면 어렵지 않습니다. 쉽게 이해할 수 있도록 차근차근 설명하겠습니다. 이번 절대가치 측정법을 공부하고 나면 여러분은 가치투자의 마스터 단계까지 바로 올라가게 될 것입니다.

기업가치 상대가치평가 사례

국보디자인(종목코드: 066620, 코스닥 건설, 기준일자: 2020년 9월 21일, 주가 15,900원)
: 본 사례는 추천종목이 아닌 가치계산 샘플입니다. 평가에 대한 해석은 여러분의 몫으로
남기겠습니다.

[자료 6-10] 2016년부터 2020년 9월 21일까지 국보디자인의 주가 흐름

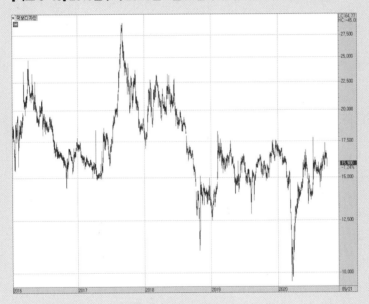

◎ **계산을 위한 기본 투자지표**

1. ROE

2016년: 12.6%, 17년: 14.3%, 18년: 13.4%, 19년: 13.8% 및 2020년 15% 추정

10년 이상 10%대 ROE 안정적 유지 中

: 미래 ROE 추정치 13%

2. 2020년 주당 순이익 EPS 추정

2019년 EPS: 2,126원

2020년 상반기까지 전년비 실적

: 매출액 40% 증가, 영업이익 119% 증가, 지배주주순이익: 132% 증가

이중 가장 낮은 값인 +40% 반영하여 2020년 EPS 성장치 추정: 2,976원

3. 2020년 상반기 기준 주당 순자산 BPS: 18,800원

4. 주가: 15,900원

◎ 상대가치 계산

동사의 PER = 15,900원 ÷ 2,976원 = 5.3배

동사의 PBR = 15,900원 ÷ 18,800원 = 0.85배

2020년 9월 21일 기준 코스닥 건설 평균 PER = 11.9배

2020년 9월 21일 기준 코스닥 건설 평균 PBR = 0.72배

여러분의 평가는 어떠신가요?

초간단 적정주가
1-2-3

VALUE INVESTMENT

기업의 가치를 측정하는 다양한 방법들을 알아보았습니다. 그런데 이런 방법 말고 즉흥적이고 빨리 계산할 수 있는 기업 가치평가 방법은 없을까요? 친구들과 주식투자에 관해 얘기를 나누다가 혹은 우연히 괜찮아 보이는 종목을 접했을 때 주가가 적정한지의 여부를 재빨리 계산하는 방법이 있다면 종목을 분석하는 데 도움이 될 것입니다.

필자도 이런 궁금증이 있었기에 적정주가 개념 세 가지를 도입하여 '초간단 적정주가 1-2-3'이라는 계산법을 만들었습니다. 투자 분석과 종목 선정 시에도 사용할 수 있는 정말 간단한 적정주가 계산법입니다. 초간단 적정주가 1-2-3은 명칭대로 세 가지 적정주가 모델이 사용됩니다. 정말 깜짝 놀랄 정도로 간단합니다.

초간단 적정주가 1-2-3
첫 번째 공식: EPS(주당 순이익)×10 (즉, PER 10배수)
두 번째 공식: BPS(주당 순자산)를 그대로 사용
세 번째 공식: 매출액 성장률 또는 ROE(자기자본이익률) 중 하나를 골라 '%'를 떼고 수치
만 적정 PER로 사용(즉, EPS×매출액성장률 또는 ROE)

정말 간단하고 쉽죠? 이 세 가지 공식은 각각 의미가 있습니다.

첫 번째 공식은 이익가치 대비 주가 수준입니다. PER 수준이 10배라는 말은 두 가지 의미를 내포합니다.

하나, 회사의 이익만으로 10년이면 수익이 투자 원금 수준이 된다.

둘, PER의 역수인 주가수익률 측면에서 볼 때 10%의 기대수익률이다(PER 10배의 주가수익률 = 1÷10 = 10%).

즉, PER 10배 정도의 밸류에이션이면 회사 리스크를 고려더라도 적절한 주가 수준으로 추정할 수 있겠습니다.

두 번째 공식은 순자산가치 측면에서의 주가 수준입니다. 즉, 주가가 회사의 순자산가치(자본) 수준에는 있어야 하지 않을까?라는 개념을 반영한 공식입니다.

세 번째 공식은 앞의 두 공식이 가진 맹점인 '성장성'을 반영하는 공식입니다. 매출액 성장률이나 ROE(자기자본이익률)를 회사의 성장률로 감안하는 것입니다. 주당순이익에 성장률에서 퍼센트(%)를 제거한 값을 곱해주어 성장성을 반영한 적정주가로 활용하는 것입니다. 피터 린치가 적정 PER 수준을 연간 예상성장률로 두었는데 이 개념이 반영된 것입니다.

그런데 초간단 적정주가 1-2-3으로 적정주가를 계산하면 공식에 따라 각

기 다른 적정주가가 계산됩니다. 세 개의 적정주가는 극단적으로 큰 값과 작은 값이 나올 수도 있고, 비슷한 수준에 몰려있을 수도 있습니다. 이 적정주가 수치들을 주가 차트에 가로 선으로 그려보면 쉽고 직관적으로 이해할 수 있을 것입니다.

초간단 적정주가 1-2-3 계산하기

송원산업의 2019년 결산기준 자료로 초간단적정주가 1-2-3을 계산하여 보겠습니다. 자료에서 주당 순이익 EPS과 주당 순자산 BPS 그리고 ROE를 찾아보겠습니다.

첫 번째로 EPS를 찾아볼까요?

5교시에 공부한 방법을 활용하여 EPS계산을 해도 되고, 더 간단히 하려면 사업보고서의 연결재무제표 포괄손익계산서에서 회사가 계산한 주당 순이익(기본 및 희석주당이익)을 사용해도 됩니다. 초간단 적정주가 1-2-3은 최대한 빨리 계산할 때 사용하는 방법이므로 절차를 간소화하는 것이 더 좋겠죠.

2019년 주당 순이익 EPS 이 1,448원으로 계산되어 있습니다. 이걸 씁니다.

EPS: 1,448원

[자료 6-11] 송원산업의 2019년 연결포괄손익계산서 하단에 있는 주당 순이익

당기순이익(손실)의 귀속	
지배기업소유주지분 (주30)	34,754
비지배지분	254
총포괄손익의 귀속	
지배기업소유주지분	25,525
비지배지분	222
주당이익	
기본 및 희석주당이익(손실) (단위 : 원) (주30)	1,448

두 번째 BPS는 조금 계산을 해야 할 듯하군요.

연결재무상태표의 자본총계 부분 중 BPS 계산 시 '지배기업소유주 지분'을 사용하기만 하면 됩니다. 주식수는 사업보고서 내 주식의 총수를 사용합니다.

BPS = 자본 ÷ 주식수 = 4,315억 9,500만 원 ÷ 2,400만 주 = 1만 7,983원

너무 쉽죠.

[자료 6-12] 송원산업의 2019년 사업보고서에 있는 주식수와 자본을 활용하여 계산한 BPS

2. 연결재무제표

연결 재무상태표

제 55 기   2019.12.31 현재
제 54 기   2018.12.31 현재
제 53 기   2017.12.31 현재

(단위 : 백만 원)

자본	
지배기업소유주지분	431,595

4. 주식의 총수 등

주식의 총수 현황
(기준일 :   2019년 12월 31일   )

Ⅵ. 유통주식수 (Ⅳ-Ⅴ)	24,000,000

세 번째로 성장률을 가늠하기 위해 매출액 증가율 또는 ROE 중에서 ROE를 사용합니다.

성장률 중 무엇을 쓸지는 여러분의 재량에 맡기도록 하겠습니다.

ROE 계산은 EPS와 BPS를 통해 공식을 유도하여 보았지요?

다시 한 번 떠올려볼까요?

$$ROE = \frac{순이익}{자기자본}$$

$$BPS = \frac{자기자본}{주식수} \qquad PBR = \frac{주가}{BPS} = \frac{주가 \times 주식수}{자기자본} = \frac{시가총액}{자기자본}$$

$$EPS = \frac{순이익}{주식수} \qquad PER = \frac{주가}{EPS} = \frac{주가 \times 주식수}{당기순이익} = \frac{시가총액}{당기순이익}$$

$$따라서, \; ROE = \frac{EPS}{BPS} = \frac{PBR}{PER}$$

이를 활용하여 ROE를 쉽게 구할 수 있습니다. EPS를 BPS로 나누기만 하면 되니까요.
EPS는 앞서 1,448원으로 계산했고, BPS는 1만 7,983원으로 계산했습니다. 따라서 ROE =
EPS ÷ BPS = 1,448 ÷ 1만 7,983원 = 약 8%

이를 토대로 송원산업의 2019년 기준 초간단 적정주가 1-2-3을 계산해보지요.
첫 번째, EPS에 10을 곱하는 것이지요. 1,448원 × 10 = 1만 4,480원
두 번째, BPS를 그냥 가지고 오는 것이지요. 따라서 BPS, 1만 7,983원
세 번째, 성장률에서 (%)를 제거한 값으로 EPS를 곱해주는 것입니다.
ROE = 8%였으니 EPS와 곱해주면 8 × 1,448 = 1만 1,584원

이렇게 세 개의 값을 구할 수 있습니다. 작은 순으로 나열하면 11,584원, 14,480원, 17,983
원입니다. 이 값만으로는 아무 의미가 없습니다. 주가차트에 선을 그어 이 값들을 주가와
비교해야 합니다. 차트 보조도구를 활용할 수 있다면 네모 박스로 색을 입혀주세요.
다음 페이지의 차트가 초간단 적정주가 1-2-3을 적용한 송원산업의 주가 차트입니다.

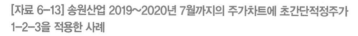

[자료 6-13] 송원산업 2019~2020년 7월까지의 주가차트에 초간단적정주가 1-2-3을 적용한 사례

지금부터는 해석 방법을 설명하겠습니다.

초간단 적정주가 1-2-3으로 계산한 적정주가 영역은 구름과 같다고 생각 하세요. 하늘에 뜬 구름처럼 대략적으로 적정주가를 가늠하는 것이지요. 이 때 주가 수준이 적정주가 영역 아래에 있다면 주가는 저평가되었다고 추정 할 수 있습니다. 반대로 초간단 적정주가 1-2-3 영역 위에 있다면 고평가 영 역으로 해석 가능합니다. 매수하기에는 부담스러운 가격이거나 반대로 매도 를 고려해야 할 영역입니다. 현재 주가가 초간단 적정주가 1-2-3 영역 안에 있다면 '계륵'이라 할 수 있습니다. 매수하기도 팔기도 애매한 가격이니까요.

송원산업의 주가를 보면 2019년에는 매수하기 부담스러운 가격대에 있다가 2019년 하반기부터는 '계륵'과 같은 주가 영역에 들어왔습니다. 그리고 2020년 3월 주가가 급락하자 초간단 적정주가 1-2-3 이하로 내려와 매수하기에 부담 없는 가격이 되었음을 확인할 수 있습니다.

사실, 초간단 적정주가 1-2-3에 사용되는 EPS나 BPS, 매출액성장률 또는 ROE값은 굳이 계산하지 않아도 증권사 HTS의 기업정보 화면이나 포털사이트의 종목 메뉴에 있는 ROE값을 사용해도 됩니다. 이를 활용할 줄 안다면 쉽게 초간단 적정주가1-2-3을 활용할 수 있을 것입니다.

다만, 사용시 몇 가지 주의점이 있습니다.

첫 번째로 EPS를 계산할 때에는 다른 가치판단 기준들과 마찬가지로 EPS 추정치를 사용할 것인지 혹은 최근 4개 분기 EPS 합계를 사용할 것인지의 기준을 세워야 합니다. 이 부분에서 어려워하는 분들이 많더군요. 특히 분기·반기 EPS가 이미 나왔는데 전년도 EPS를 사용한다면 실제와 큰 차이를 보일 것입니다.

두 번째로 성장 기대치가 매우 높은 종목 혹은 역성장 가능성이 매우 높은 종목은 초간단 적정주가 1-2-3으로 계산한 3개 주가가 극단적으로 벌어질 수 있음을 감안해야 합니다. 이런 종목들은 다양한 방법으로 더 자세히 분석해야 합니다.

세 번째로 이 결과가 절대적인 수치가 아니라는 점을 명심하세요. 우리가 구름의 위치를 수치로 정확히 말할 수는 없어도 구름이 산 중턱에 걸려있는지 아니면 높은 하늘에 떠 있는지는 가늠할 수 있는 것처럼 초간단 적정주가 1-2-3을 활용한다면 적정한 주가 수준을 가늠하고 이를 토대로 투자할 주식을 합리적인 가격에 살 수 있는 기준을 마련할 수 있습니다.

가치평가에
절대적인 것은 없다

VALUE INVESTMENT

　이번 수업을 통해 기업의 주가 수준을 평가하는 여러 기준과 잣대를 배웠습니다. 상대가치 측정법과 '부록-중급 가치투자'에서 설명할 절대가치 측정법을 활용하면 어떤 주식이 비싼지 혹은 싼지를 가늠할 수 있습니다.

　이것은 게임에서 중요한 무기 아이템을 획득한 것과 마찬가지입니다. 여러분은 관심 종목, 보유 종목들의 가치를 분석하여 현재 주가와 비교할 수 있는 능력이 생겼습니다. 친구가 좋다는 종목을 묻지도 따지지도 않고 투자하는 것이 아니라 이 회사의 주가가 투자할 만큼 합리적인 주가 수준인지 아니면 과도한 기대치가 선반영되었는지 가늠할 수 있는 것이죠.

　그런데 가치평가에 있어 몇 가지 유의할 점이 있습니다. 가치평가 도구들이 훌륭한 가치 측정 도구이긴 하지만 자칫 오남용이 발생할 수도 있기 때문입니다.

　첫째, 가치평가로 계산된 기업의 적정주가 혹은 기업가치를 절대적으로 맹신하지는 마십시오. IT 버블이 극에 달했던 2000년 즈음 해박한 지식을 가진 어떤 투자자가 절대가치 공식이라며 적정주가 계산 엑셀 자료를 배포한 적이 있습니다. 당시 필자는 주린이에서 갓 벗어났던 시절이었는데 이 자료를 보고 눈이 번쩍 뜨였습니다. 그리고 엑셀 자료에 나와있는 기업들의 적정주가 혹은 기업가치를 절대적인 숫자로 믿었습니다.

"이 회사 주가는 여기까지 가야 하는 게 맞아!"

하지만 그 엑셀 자료에 나와있던 적정주가와 달리 IT 버블이 붕괴되며 필자가 투자했던 회사는 폭락해 결국 큰 손실을 경험했습니다. 당시 필자가 했던 가장 큰 실수는 바로 적정주가와 기업가치를 절대적인 숫자로 믿었던 데 있습니다. 심지어 소수점까지도 맞아야 한다고 생각했지요.

수십 년 전 필자처럼 은근히 많은 개인투자자들이 가치투자를 하는 과정에서 기업가치나 적정주가 모형을 절대적인 값으로 믿는 경우가 있습니다. 적정주가는 그저 지나가는 구름처럼 생각할 필요가 있습니다. 몇 가지 가치평가 잣대를 토대로 적정주가 영역을 만들고 여름날의 소나기구름을 머릿속에 상상해 주십시오. 경우에 따라서는 높은 하늘 위에만 구름이 있기도 하고, 발아래 구름이 깔려있을 수도 있는 것처럼 기업가치 측정 방법들은 적정주가와 기업가치의 대략적인 위치를 알려주는 것입니다. 만약 당시 제가 이를 깨닫고 있었다면 '가즈아!'를 외치며 맹신하지는 않았을 것입니다.

둘째, 기업의 업황과 시장 기대치에 따라서 밸류에이션 기대치도 달라집니다. 아무리 좋은 노래라도 대중의 선호에 따라 낮은 순위로 밀려날 수도 있는 것처럼 말입니다. 기업의 업황과 시장의 기대치 혹은 유행에 따라 합리적인 주가에 대한 기대치가 달라지곤 합니다. 2000년대 개그프로그램 유행어처럼 시장은 "그때그때 달라요"라는 것을 기억하세요.

셋째, 밸류트랩(가치 함정)이 가치투자자들에게 발생할 수 있습니다. 보통 저성장 또는 역성장이 예상되는 종목들과 업종군에서 이런 현상이 나타나곤 하지만, 성장성이 떨어진 것을 감안하여 기업가치가 저평가된 것을 확인했더라도 밸류트랩에 빠질 수 있습니다. 이런 상황은 1994~1998년 IMF 사태 즈음 그리고 2000년 IT 버블 붕괴 후부터 2004년 중반까지 스몰캡에서 발생하였고, 최근에는 2017년 연초부터 2020년까지 가치투자 종목들 사이에서 많이 발생했습니다.

밸류트랩을 피하기 위해서는 저평가된 종목 중에 되도록 성장성이 기대되는 종목에 관심을 가지고, 더불어 저평가된 종목들을 분산투자하여 밸류트랩 발생 리스크를 회피하는 것이 좋습니다.

마지막으로, 상대적 가치측정 방법이든 절대적 가치측정 방법이든 되도록 기준을 보수적으로 잡기를 권합니다. 기업가치를 측정할 때 가장 이상적인 최대값으로 회사가치를 측정하여 적정주가를 높게 잡는 경우가 많습니다. 상대가치측정법에서는 버블이 심한 업종이나 종목과 비교해 평가하는 경우, 절대가치 측정법에서는 미래에 대한 기대치를 과도하게 높게 설정하거나 주식요구수익률(또는 자기자본비용, 할인율 Ke)을 너무 낮게 설정하는 경우 말도 안 되는 높은 가치로 기업을 평가할 수 있습니다. 특히 현재 전 세계적으로 초저금리와 유동성이 폭발하는 가운데 유명한 기업들에 대해서는 말도 안 되는 가치로 평가하기도 합니다.

기업의 가치는 할인율의 역수이기 때문에 할인율이 0%에 근접할수록 주가는 무한대로 높아지게 됩니다. 하지만 해당 기업에 대한 실망감이 생기거나 인플레이션으로 장기금리가 상승하면서 할인율이 조금만 높아져도 기업가치는 폭락 수준으로 낮아집니다. 따라서 적어도 내가 보유한 종목이나 관심 종목은 차갑고 냉정하게 또는 박할 정도로 보수적으로 측정하는 것이 투자 리스크를 줄이면서 합리적인 주가에 있는 종목을 잡는 방법이 될 것입니다.

보수적으로 가치를 측정하면 가치평가 감소폭이 미미하고, 보수적인 평가 가격에서 매수했을 경우 기업의 실적이 기대에 못미치더라도 주가 하락은 제한적일 가능성이 높습니다.

이런 점들을 감안하면서 기업가치 기준들을 활용한다면 좋은 주식을 합리적인 가격에 매수하고 다양한 종목들을 여러분의 포트폴리오에 담아 안정적이고 높은 투자 성과를 만들어갈 수 있을 것입니다.

이번 교시에는 어려운 내용이 제법 많았습니다. 지금까지의 난이도를 오르막길이라 한다면 이제는 내리막길처럼 점점 쉬워집니다. 편안한 마음으로 페이지를 넘겨주세요.

SUMMARY

- 기업가치를 측정할 수 있는 잣대를 가지고 있다면 투자할 주식의 합리적인 가격과 고평가 및 저평가 여부를 알 수 있다.

- FV(미래가치) = PV(현재가치) × (1+r)^{기간N}

- PV(현재가치) = $\dfrac{\text{FV(미래가치)}}{(1+r)^{기간N}}$

- 현재 가치(PV)의 개념은 가치판단의 기본이다.

- 상대가치 측정법에는 PER, PBR, PSR, PCR 및 EV/EBITDA가 있으며 경쟁사 · 업종 · 시장 전체와 비교하여 저평가 · 고평가를 측정한다.

- PER(주가수익비율)은 주가를 주당 순이익 EPS으로 나눈 값으로 이익가치 대비한 주가 수준을 측정한다.

- PBR(주가순자산가치비율)은 주가를 주당 순자산 BPS으로 나눈값으로 기업자산가치 대비한 주가 수준을 의미한다.

- PSR(주가매출액비율)은 주가를 주당 매출액 SPS으로 나눈 값으로 기업 매출 대비 주가수준을 의미하며 상장기업 정도면 현실적으로 마이너스 매출은 존재하지 않기에 성장주들이나 신생기업들의 가치 판단에 활용되곤 한다.

- PCR(주가현금흐름비율)은 주가를 주당 현금흐름 CPS으로 나눈 값으로 기업의 현금 창출 능력에 대비한 주가수준을 의미하며 PER를 활용할 때 보조적인 역할로 사용되곤 한다.

- 자기자본 순이익률(ROE=순이익÷자기자본)은 수익성과 성장성을 함의하는 비율이다. 상대가치 · 절대가치 측정법 모두에서 중요한 변수로 활용된다.

- 가치측정법 공식에 따른 값은 절대적인 값이 아닌 하늘 위 구름과 같다는 점을 기억하자.

- 주가가 기업 가치에 비해 대략적으로 싼지 비싼지만 알아도 합리적인 가치투자가 가능하다.

- 초간단 적정주가 1-2-3은 필자가 기업가치를 빨리 측정하기 위해 만든 방법이다.
  첫 번째 공식: EPS(주당 순이익)×10 (즉, PER 10배수)
  두 번째 공식: BPS(주당 순자산)를 그대로 사용
  세 번째 공식: 매출액 성장률 또는 ROE(자기자본 이익률) 중 하나를 골라 '%'를 떼고 수치만 사용하여 적정PER로 사용
  (즉, 세 번째 공식 = EPS×매출액성장률 또는 ROE)

똑같은 가치주로
다른 결과를 만든 사람들

기업의 가치를 계산할 수 있는 지식을 갖게 되면, 그 순간부터 시장 전체적인 레벨도 대략적으로 가늠할 수 있게 됩니다.

한국 증시 전체의 밸류에이션을 기억하고 되새겨보면, 2000년 초반처럼 저평가된 종목이 많았던 시기도 별로 없었습니다. 대충 훑어보아도 순자산 가치의 절반도 안 되는 주가 수준(PBR 0.5배 이하)에다가 1년 수익을 5년만 쌓거나 혹은 그 이하로 쌓더라도 시가총액에 이르고(PER 레벨 5배 이하), 배당수익률이 10%도 넘는 다양한 저평가 조건을 모두 갖춘 종목들이 버려진 흑진주처럼 굴러다니던 시기가 2000년 초반이었습니다.

2000년 초반, 우연히 필자의 친구 아버지와 직장동료에게 밸류에이션 기준 세 가지를 모두 갖춘 경동제약을 보유하고 기다리라 조언했고, 두 분 모두 제법 큰 금액을 투자하였습니다. 대략 평균 매수가격은 7,500~8,000원(수정 전 주가 기준)이었습니다.

당시 경동제약은 1년 이상 답답한 횡보를 걸었지만, 배당수익률이 대략 7%였고 배당이 따박따박 들어오는 곳이라 두 분 모두 잘 보유하고 기다렸습니다. 기다리는 중에도 기업가치는 계속 증가하고 있었습니다.

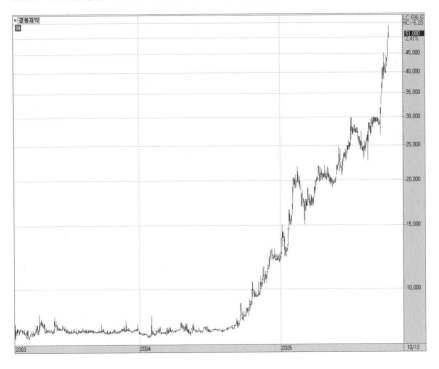

시간이 흘러 2004년 가을, 주가가 움직이기 시작하면서 장기 횡보를 돌파했습니다. 그런데 20% 정도 시세 차익이 나자 친구 아버지는 앞으로 주가가 하락할 것으로 예상하면서 매도하고 말았지요. 하지만 직장동료는 바쁜 일상 때문인지 그냥 들고 갔습니다.

그리고 2005년 가을, 경동제약은 5만 원(수정 전 주가 기준)에 이르렀습니다. 직장동료의 자산이 순식간에 7~8배나 증가했습니다. 기업의 가치가 저렴했던 종목을 매수하고 기다린 결과물이었지요.

직장동료가 경동제약을 매도한 후 고맙다며 필자에게 맛있는 식사를 대접했던 기억이 납니다.

"네 덕분에 집에서 어깨 펴고 산다!"

하지만 친구 아버지는 은행 이자보다 높은 수준의 배당 수익과 20%의 시세 차익에 만족할 뿐이었습니다. 문득 이 책을 쓰면서 같은 가치주에 투자하고 엇갈렸던 두 분의 투자 실화가 떠올랐습니다.

다시 없을 것 같았던 2000년 초반 같은 기회가 2008년 금융위기 직후 그리고 2020년 3월 코로나 쇼크 직후 다시 찾아왔었습니다. 그리고 그 기회는 기업의 가치와 시장의 가치를 읽을 줄 아는 이들에게는 엄청난 기회가 됩니다.

그런 기회가 다시는 안 올 것 같지요? 그렇지 않습니다. 일생에 몇 번은 찾아옵니다. 그런데 그 기회를 제대로 수익으로 만들 수 있는 사람은 생각보다 많지 않습니다. 필자는 그 기회를 잡는 주인공이 이 책의 독자 여러분이기를 간절히 바랍니다.

NOTE

Chapter 7

이제 가치투자를
시작해볼까?

- 가치투자 심화학습

가치에 투자할 것인가,
가격에 투자할 것인가?

VALUE INVESTMENT

지금까지 우리는 가치투자에 대해 알고 이를 실천하기 위한 재무제표, 경제분석, 산업분석, 리스크 관리 그리고 자산배분전략을 공부했습니다. 그런데 주문창에서 실시간 투자 정보들을 접하다 보면 가치투자가 과연 답인가 싶은 혼란에 빠지기도 합니다. 주변에서 테마주에 투자했는데 대박이 났다는 이야기라도 들으면 귀가 팔랑거리기도 합니다.

수많은 개인투자자들이 가치투자를 지향하겠다 선언했다가 1년도 안 되어 투자철학을 바꾸는 일이 비일비재합니다. 그렇게 이도저도 아닌 투자를 반복하면서 투자금을 녹여 없애는 사례가 너무도 많습니다.

가치투자를 지향했던 투자자가 혼란에 빠지는 가장 큰 이유는 테마주나 모멘텀투자의 수익률과 비교되는 일이 많기 때문입니다. 가격의 모멘텀, 즉 주가 상승 기세를 보며 투자하는 방법도 중요한 투자 방법 중 하나입니다. 가격 상승세를 쫓는 모멘텀투자와 가치투자를 함께 묶어 전략을 만들고자 하는 투자자들도 많습니다.

물론 가치투자와 모멘텀투자 중 무엇이 정답이라고는 하기는 어렵습니다. 각각 장단점이 있기 때문입니다. 두 가지 투자 방식을 간단히 비교해볼까요?

첫째, 포트폴리오 편입 기준

가치투자는 주가가 저평가된 종목이 있으면 분석하여 포트폴리오에 편입합니다. 주가모멘텀투자는 주가의 기세가 강한 종목이 있으면 매매 포트폴리오에 편입합니다.

둘째, 가격의 합리성

가치투자는 저평가 종목을 편입하기에 적어도 바가지 쓴 가격은 아닙니다. 주가모멘텀투자는 가격 기세만 보고 투자하기에 극단적으로 고평가된 종목들을 편입하는 경향이 강합니다.

셋째, 가격 하락에 따른 손절매

가치투자는 저평가라고 판단한 종목을 편입해 추가 하락시 저평가가 심화될 가능성이 큽니다. 따라서 포트폴리오 전략 차원에서 일부 추가 매수를 고려할 수 있습니다. 주가모멘텀투자에서는 주가 하락시 추가 매수는 오히려 독이 됩니다. 모멘텀이 꺾이면 바로 손절매를 해줘야 합니다. 모멘텀으로 매수한 종목을 보유하다 주가가 많이 하락하면 자식에게 물려주겠다고 말하는 투자자가 많지만, 이는 모순된 결정입니다. 모멘텀으로 진입했으면 손절은 필수입니다.

넷째, 가격 상승시 이익 실현

가치투자는 가격 상승시 점점 고평가 영역에 들어가기에 단계적인 이익 실현을 준비해야 합니다. 주가모멘텀 전략에서는 상승하던 주가의 기세가 꺾일 경우 수익 확보 매도인 익절 Trailing Stop 전략을 세워야 합니다.

다섯째, 수급 측면

가치투자 종목은 저평가될 때 매수하기에 매도가 많은 시기에 급매물을 싸게 살 수 있고, 주가가 상승하면 매수세가 많을 때 이익을 실현할 수 있습니다. 주가모멘텀 전략은 주가가 상승할 때 따라붙어야 하기에 쫓아 들어가야 합니다. 원하는 가격보다 높게 매수할 가능성이 높아 주문 과정에서 가격충격비용, 슬리피지 등 간접 비용이 발생합니다. 추세가 꺾여 매도할 때는 매수 공백 속에 투매해야 할 수 있습니다.

여섯째, 투자 측면

가치투자는 주가 하락 시 기다릴 명분이 있고 긴 시간 관점에서 투자하기 때문에 배당 및 기업가치 증가에 따른 주가 상승을 기대할 수 있습니다. 주가모멘텀투자는 제로섬 게임 구조를 가집니다. 주가 상승·하락 모멘텀을 토대로 매매가 진행되므로 누군가는 돈을 벌면 누군가는 돈을 잃는 제로섬 구조입니다. 이런 구조에서 손실이 지속되면 다시 일어설 수 있는 희망이 사라집니다.

이 외에도 가치투자와 주가모멘텀투자에는 각각 장단점과 특징이 있습니다. 저는 가치투자가 장기적으로 더 좋은 성과를 만들 가능성이 높다고 봅니다. 자금 규모가 크거나 업무에 집중해야 하는 개인투자자에게는 더욱 그러합니다.

자금 규모가 클수록 모멘텀투자의 메리트가 사라집니다. 다섯째 수급 측면에서 설명한 것처럼 모멘텀투자는 모멘텀을 추격해가며 매수·매도해야 하기에 스스로 가격 형성자 Price Maker 가 되고 맙니다. 투자 금액이 작은 경우에는 주문 한 번에 한 호가에서 체결이 완료되지만 자금이 큰 투자자라면 매수 주문시 가격을 몇 퍼센트씩 끌어올리게 되고 반대로 매도 주문시에는 가격

[자료 7-1] 가치투자와 주가모멘텀투자 비교표

	가치투자	주가 모멘텀투자
포트폴리오 성향	저평가된 종목	핫한 고평가 종목
가격의 합리성	최소한 버블은 아님	심각한 버블 가능성
손절매	주가 하락은 저평가 심화	손절매 규칙은 필수
이익실현 측면	고평가 영역 단계적 매도	익절(trailing stop) 필수
수급 측면	매매 수급 유리	추격 매매, 시장충격비용
투자의 관점	기업가치증가, 배당수익	제로섬 게임(승자독식)

을 폭락시키면서 주문을 급하게 넣을 수밖에 없습니다.

극단적인 예를 들어보겠습니다. 국민연금은 2020년 6월 말 기준 132조 원의 국내주식을 보유하고 있습니다.[1] 그런데 국민연금이 모멘텀이 붙었다고 매수하고 모멘텀이 사라졌다고 매도한다면 어떻게 될까요? 폭등과 폭락이 반복될 것입니다. 여기에서 그치지 않지요. 매우 불리한 가격에 매수·매도가 체결되기에 수익률은 형편없어질 것입니다. 그래서 자산 규모가 커질수록 모멘텀 방식으로 투자할 수 있는 규모가 제한됩니다.

바쁜 일상을 보내는 개인투자자의 일상을 상상해 보겠습니다. 증권사 HTS·MTS는 실시간으로 관심종목들을 쏟아냅니다. 바쁜 일상을 보내는 여러분이 이렇게 쏟아지는 시세 정보를 따라서 누구보다 먼저 매매할 수 있을까요? 아마도 늦게 뛰어들어 단기 상투를 만들고 말 것입니다. 모멘텀투자는 제로섬 게임의 형태를 띠는데 여기서 수익을 보는 이들은 대부분 일반적인 개인투자자가 아닙니다. 오히려 수익을 마련해주는 역할만 할 뿐이죠.

따라서 개인투자자는 일상을 충실히 하되 모멘텀을 좇기보다는 가치투자

---

1   국민연금 기금운용본부에서 자산배분 현황을 파악할 수 있다. https://fund.nps.or.kr/

를 통해 투자 성과를 만들어가야 합니다. 모멘텀투자자들이 투매하는 주식을 헐값에 사들여 나중에 좋은 가격에 차익실현할 수 있고, 때가 되면 배당도 기대할 수 있고, 기업의 가치가 꾸준히 증가하면서 자연스럽게 주가의 상승과 하방경직을 기대할 수 있으니까요.

주가 하방경직은 트램펄린 효과를 만들면서 과도한 주가 하락을 막아줍니다. 적절한 주가 수준을 가상의 트램펄린이라고 생각하겠습니다. 주가가 이유 없이 하락하면 어떤 현상이 발생할까요? 해당 기업은 자사주 매입을 통해 주가를 방어하기도 하고, 내부 사정을 잘 아는 회사 임직원들은 주가가 너무 싸다며 매수할 것입니다. 가치투자자들도 매수에 동참하겠지요. 그래서 저평가 수준을 크게 하회한 종목들은 주가가 더 이상 하락하지 않으려는 성질이 매우 강하며 오히려 트램펄린 효과와 함께 빠른 주가 상승이 나타납니다.

트램펄린 효과

주가가 적정 수준을 크게 하회하면 마치 놀이기구 트램펄린(방방이)처럼 반발력이 생기는 것을 보고 만든 용어입니다. 필자가 이 용어를 만들었고 증시 칼럼 기고 시 자주 사용하고 있습니다.

대표적인 사례로 2020년 3월 코로나 사태 당시의 한국 증시를 들 수 있습니다. 외국인 투매로 인한 증시 급락 속에 종합주가지수가 시장PBR 1배보다 더 크게 하락해 IMF 수준인 0.5~0.6배까지 하락하자 시장에 강한 반발력이 형성되었고 주가지수는 단 석 달 만에 제자리로 회귀했습니다. 밸류에이션 측면에서 저평가된 주가 수준이 만든 대표적인 하방경직과 트램펄린 효과 사례라 할 수 있겠습니다. 이런 장점이 있기에 가치투자를 하면 마음 편하게 투자를 이어갈 수 있습니다.

[자료 7-2] 2020년 3월 증시 폭락 당시 발생한 트램펄린 효과

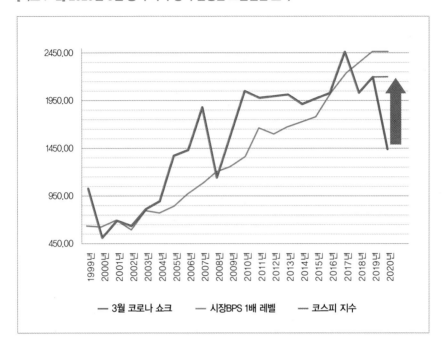

② 미스터 마켓은 변덕쟁이

VALUE INVESTMENT

가치투자를 하면서 심리적인 어려움을 겪게 되는 가장 큰 이유는 주식시장이 시시각각 극단적으로 다른 얼굴을 보이기 때문입니다. 하루는 싱글벙글 웃다가도 다음날에는 단단히 화가 난 모습을 보이니 참으로 마음을 요란하게 만들지요. 군대 시절 경험했던 선임이나 직장마다 있는 꼰대부장처럼 사람의 마음을 불안하게 만드는 존재가 바로 주식시장입니다.

이러한 주식시장의 모습을 투자의 대가 벤저민 그레이엄은 《현명한 투자자 1》에서 '미스터 마켓'이라는 존재로 의인화했습니다.[2]

미스터 마켓은 참으로 친절합니다. 매일 주가를 알려주고 의견을 제시합니다. 시장을 보는 시각이나 주가에 대한 가치평가를 보면 합리적으로 판단하고 있는 것 같은데 종종 감정적인 모습을 보여 투자자들을 혼란스럽게 만듭니다. 시장이 상승하면 싱글벙글 웃음이 가득한 모습으로 나타나 어서 주식을 사라며 투자자들을 유혹합니다. 또 어느 날은 공포에 가득찬 얼굴로 지

---

2 벤저민 그레이엄 저(국일증권경제연구소):《현명한 투자자 1》(개정 4판) 중 '8장 투자와 시장변동성'

금 당장 주식을 헐값에라도 매도하라고 부추깁니다.

미스터 마켓처럼 어떤 이가 매일같이 기쁨, 흥분, 좌절, 분노, 슬픔, 즐거움 등의 감정을 여러분 앞에서 떠들고 있다면 여러분은 냉정하게 투자를 할 수 있을까요? 한두 번은 무시하고 넘어갈 수 있겠지만, 어느 순간부터는 그 사람의 감정에 휘둘려 함께 소리치고 웃고 울면서 여러분도 또 다른 미스터 마켓이 되어있을 것입니다.

"다행히 내 옆에는 그런 인물이 없군."이라고 안심하지 마세요. 알겠지만, 미스터 마켓은 사람이 아닙니다. 의인화된 주식시장의 모습이지요. 여러분이 뉴스에서 보는 주식시장 시황, 경제TV에서 계속 마주하는 앵커와 패널들의 격앙된 목소리, 포털사이트 메인을 가득 메운 주식시장 뉴스들, 친구들과 나누는 대화 등 모든 것이 미스터 마켓입니다.

미스터 마켓을 불러내기 위해 신묘한 주문이 필요한 것도 아닙니다. 일상에서 시선을 살짝 틀어도 '조커' 같은 미소를 날리며 우리의 마음을 흔드는 미스터 마켓을 만날 수 있습니다. 주가 시세를 수시로 살피는 행동을 비롯해 어디에든 있지요.

멀리해야 마땅한 미스터 마켓을 투자자들이 스스로 불러내고 있습니다. 1900년대 초반의 주식투자자는 티커 테이프 기계를 사무실에 두고 시시각각 주가를 확인하면서 미스터 마켓의 조울증적인 반응을 확인했습니다. 인터넷이 집집마다 설치된 후에는 증권사 HTS를 통해서 1초 단위의 시세 변화까지 확인합니다. 스마트폰 시대가 된 2010년 이후에는 화장실에 앉아서도 주가 시세와 정보를 볼 수 있어 이제는 미스터 마켓과 투자자가 한몸이 되었다 해도 과언이 아닙니다.

하지만 이렇게 되면 시시각각 변하는 주가시세와 쏟아지는 정보로 인해 투자자 자신도 미스터 마켓과 똑같이 울다 웃다를 반복하다가 주식시장이 상승할 때는 묻지도 따지지도 않고 추격매수하고, 주식시장이 하락할 때는 공포와 좌절감에 투매하는 결과를 만들고 맙니다.

이런 상황에서 가치투자를 실천한다는 것은 참으로 어렵지요. 하지만 대다수의 투자자들이 미스터 마켓에 휘둘려 냉정한 투자를 이어가지 못하고 있다면, 시장이 비효율적이고 비합리적이라는 증거일 것입니다.

우리가 미스터 마켓을 멀리한다면 감정을 배제하고 가치투자를 실천할 수 있을 것입니다. 어떻게 실천할 수 있을까요? 저는 이에 대해 몇 가지 실천 방안을 여러분에게 제시하겠습니다.

첫째, 금(禁) HTS, 금(禁) MTS입니다.

PC와 태블릿, 스마트폰에 설치한 증권사 HTS, MTS과 증권정보 앱을 삭제하세요. 특히 스마트폰 MTS로 출퇴근길이나 화장실은 물론이고 언제든지 주가시세와 증권정보를 접할 수 있습니다. 유용한 도구이나 가치투자자에게는 마음을 뒤흔드는 원흉이죠. 과감하게 MTS를 삭제해 보세요. 시세를 접하는 시간이 현격히 줄어들 것입니다. 아예 주가가 어떻게 움직이는지도 모를 수도 있습니다.

둘째, 수수료가 비싼 증권사를 이용합니다.

당혹스럽지요? 일반적으로 수수료가 저렴한 곳을 찾아서 이용하는데 왜 일부러 비싼 증권사를 이용하라고 하는지 궁금할 것입니다.

가치투자는 기본적으로 모멘텀투자나 스윙트레이딩, 스켈핑 등에 비해 매매 회전율이 현격하게 적습니다. 그래서 증권사 매매수수료보다 호가갭이나 주문편차 등과 같은 매매에서 발생하는 간접적인 비용이 절대적인 비중을 차지합니다. 그런데 수수료가 비싼 증권사를 이용할 경우 마치 넛지와 같은 효과가 발생하면서 무의식 속에 '수수료도 비싼데 이번 거래를 꼭 해야 하나?'라는 생각이 자리하게 됩니다. 가끔 미스터 마켓이 여러분의 마음을 흔들더라도 성급히 주문을 내지 않을 확률이 높아집니다. 실제로 가치투자자들 중 매매 횟수를 줄이기 위해 일부러 수수료가 비싼 증권사를 이용하는 분도 꽤 있습니다.

셋째, 미스터 마켓을 이겨내기 위해 투자 현인들의 이야기를 경청하세요.

투자의 현인을 만나는 방법은 책을 통한 것이 일반적이지만 가치투자 관련한 세미나를 통해서도 가능하며 유튜브에도 가치투자와 투자심리를 안정시키는 좋은 채널들이 많습니다(필자의 유튜브 채널 'lovefund이성수'도 투자심리 안정에 도움이 될 것입니다).

특히 투자의 현인들이 직접 쓴 책들은 시장이 혼란스러울 때 여러분의 투자 심리를 안정시키는 안정제 역할을 할 것입니다. 필자 역시 코로나 쇼크로 증시가 급락할 때 세계적 가치투자 대가들의 책들과 함께 시장의 소음을 멀리했습니다. 미스터 마켓의 조울증에 동요되지 않고 새로운 기회가 오기를 기다리면서요.

다만, 투자심리가 동요된 상태에서는 책을 읽으며 마음을 다스리기가 어렵습니다. 그런 때에는 가치투자 철학을 확고히 하거나 투자심리를 안정시켜줄 유튜브 채널이나 동영상 강의를 보는 것도 좋습니다. 또는 오프라인 세미나에 참여하여 다른 사람들과 공감하며 가치투자 철학을 다지는 기회로 삼아도 좋습니다.

이런 방법 외에도 미스터 마켓의 소음을 이겨낼 다양한 노하우가 있을 것입니다. 어떤 방법이든 좋습니다. 중요한 것은 실천입니다. 미스터 마켓의 조울증을 이겨내고 나면 주식시장이 왜곡되어 만들어진 기회가 보일 것입니다. 우리가 앞에서 배운 가치투자 지식들을 토대로 좋은 종목을 발굴할 절호의 기회를 잡을 수 있지요. 2020년 3월 증시가 일순간에 밀렸던 그때, 미스터 마켓을 이겨낸 개인투자자는 정말 싼 주가에 그 기회를 잡아 큰 성과를 만들었지만 미스터 마켓에 휘둘린 투자자는 미스터 마켓이 유혹한대로 가장 싼 가격에 투매하고 말았습니다.

투자의 안전판, 안전마진

VALUE INVESTMENT

미스터 마켓이 날뛰는 시장에서 투자 손실을 최소화하는 방법 중 하나로 '안전마진Margin of Safety'이라는 개념이 있습니다. 기업 내재가치 추정치에 비해 시장가격이 현격히 낮다면 안전마진을 가졌다고 할 수 있겠습니다. 안전마진은 쿠션과 같다고 비유할 수 있습니다. 이미 내재가치보다 현격히 낮은 가격에 투자하는 것이니 하락 충격은 제한적일 가능성이 높기 때문입니다.

안전마진에 관한 개념[3]은 벤저민 그레이엄의 《현명한 투자자 1》에서도 제시되지만, 가치투자의 대가인 세스 클라만이 1990년대 출간한 《Margin of Safety》를 통해 세상에 알려졌습니다.

얼핏 생각하면 쉬워 보이는 안전마진이라는 개념은 조금 깊게 들어가면 명확히 규정하기 어렵다는 것을 느낄 수 있습니다.

첫째, 다양한 기업가치 평가 방법에서 살펴본 것처럼 내재가치에 대한 기준이 다양하기에 안전마진 자체가 안전한 투자 가격이라는 명확한 가격을

---

3   벤저민 그레이엄 저(국일증권경제연구소):《현명한 투자자 1》(개정 4판) 중 '20장. 가장 중요한 개념 안전마진'

제시하지는 않습니다.

둘째, 안전한 버퍼를 가졌다고 생각되는 안전마진의 쿠션 비율을 투자자마다 다르게 잡을 수 있습니다. 어떤 회사의 가치를 측정할 때, 배당할인모형으로는 주당가치가 1만 원으로 추정되었고, 상대가치평가로는 상대PER 기준 2만 원으로 평가된 상황이라고 가정하겠습니다. 이때 '무엇을 기준으로 삼을 것인가'가 투자자마다 다를 것이고, '몇 퍼센트 할인된 주가일 때 안전마진이 충분하다고 평가할 것인가' 역시 애매합니다. 어떤 투자자는 기업가치에서 10% 할인된 가격이면 안전마진을 가졌다고 생각하지만 어떤 이는 50%는 할인되어야 한다고 생각할 수 있습니다. 사람마다 의견이 다르겠지만 다양한 방법으로 계산한 적정가치를 훨씬 뛰어넘는 주가라면 안전마진이 없다고 할 수 있겠죠.

기업가치를 주당 1만 원과 2만 원으로 추정한 회사의 주가가 100만 원이라면 안전마진이 전혀 없고, 오히려 기업가치 2만 원에 맞춰간다면 주가는 1/50으로 토막나는 것입니다. 안전마진은커녕 추락할 가능성이 높은 회사라 할 수 있겠습니다.

그런데 이 회사의 주가가 5천 원이라면 어떨까요? 상대PER 기준으로 2만 원, 배당할인모형으로 1만 원으로 계산된 이 회사의 가치로 볼 때 주가 5천 원은 상대PER 기준 75% 할인된 가격이고, 배당할인모형 1만 원 기준으로는 50% 할인된 가격입니다.

기준이 두리뭉실할 수 있어도 우리는 이런 식으로 안전마진이 충분한지 여부를 가늠할 수 있습니다. 이에 대해 필자는 이런 표현을 쓰고 싶습니다.

"기업의 가치는 구름과도 같다."

우리는 구름이 정확히 몇 미터 높이에 있는지 알 수 없습니다. 다만 다양한 측정법을 이용해 가장 낮은 위치와 높은 위치를 추정하지요. 그리고 구름의 현재 위치를 통해 무언가가 구름보다 아래에 있는지 훨씬 높이 있는지를 알 수 있지요. 장마철 비구름이 산이나 빌딩에 걸쳐있는 것처럼 말입니다.

이처럼 안전마진을 계산할 때는 다양한 기업가치 평가 방법으로 측정하되, 되도록 보수적인 수치를 이용하기를 권장합니다. 그 내재가치가 여러분이 세운 안전마진율보다 낮은 종목이라면 투자를 결정할 수 있을 것입니다. 안전마진이 크고 충분하다면 기업가치 측정에 오류가 있더라도 심각한 오류가 아니라면 크게 신경 쓰지 않아도 됩니다. 벤저민 그레이엄은《현명한 투자자 1》에서 '미래 실적이 대폭 하락하지 않으리라는 확신이 있다면 안전마진이 클 경우 미래 실적을 정확하게 예측하느라 애쓸 필요가 없다'고 했습니다. 그만큼 마음 편하게 매수할 수 있는 가격이라는 의미입니다.

즉, 예로 든 가상의 기업이 배당할인모형으로 추정한 내재가치가 1만 원, 상대PER 기준으로 추정한 기업가치가 2만 원일 때, 이 중 보수적인 수치인 1만 원보다 몇 퍼센트 낮은 주가라면 안전마진이 있다고 평가하는 것입니다. 만약 안전마진율을 20%로 잡는다면 가장 낮은 기업가치 수치인 1만 원보다 20% 이상 낮은 8천 원보다 해당 종목의 주가가 낮다면 안전마진이 있는 종목으로 판단할 수 있겠습니다.

다만, 현실에서는 안전마진율이 크면 클수록, 즉 내재가치에서 할인폭을 크게 잡을수록 여러분이 선택할 수 있는 종목수는 급격히 줄어듭니다. 그만큼 싼 것이기에 그 가격까지 내려오기 전에 이미 다른 투자자들이 매수하여 채갔을 것이기 때문입니다.

간혹 미스터 마켓이 극단적으로 요동칠 때 모든 종목의 안전마진이 극단적으로 커집니다. 이런 상황에선 주가가 하락하더라도 제한적일 가능성이 크고, 오히려 안전마진이라는 버퍼 때문에 바로 튀어오를 가능성이 큽니다. 대략 10년에 한 번씩 발생하는 증시 대폭락 시기가 바로 안전마진이 모든 종목에 걸쳐 극단적으로 커지는 기회입니다. 2020년 3월 코로나 쇼크, 2008년 금융위기 피크였던 10월, 2001년 911 테러 이후 2003년 이라크전 사이, IT 버블 붕괴 피크였던 2000년, 1997~1998년 IMF 사태 당시가 안전마진이 극단적으로 크게 발생했던 시기였습니다.

안전마진이 충분하니 매수해도 하락 충격은 제한적이고, 적어도 기업가치만큼만 상승해도 엄청난 수익률을 거둘 수 있었던 것이지요. 한국 증시에서는 대략 10년에 한 번씩 이런 기회가 온다는 것을 기억하세요.

SUMMARY

- 가치투자는 합리적인 가격에서 매매할 수 있고 기업가치 증가에 따라 만들어지는 투자 성과를 취할 수 있다.

- 트램펄린 효과는 주가나 주가지수가 적정수준 이하로 크게 하락하였을 때 발생하는 반발효과를 의미한다.

- 미스터 마켓은 시장들을 의인화한 것으로 조울증에 걸린 것처럼 시장 상황에 따라 흥분하거나 분노하며 투자자들을 동요시킨다.

- 안전마진은 내재가치에 비해 충분히 가격이 저평가된 수준을 의미한다.

- 안전마진이 충분하다면 밸류에이션 측정과 계산에 작은 오류가 있어도 크게 문제되지 않는다.

- 한국 증시에서는 10년 주기로 안전마진이 극단적으로 커지는 기회가 만들어진다.

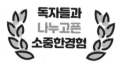

적정주가를 맹신하는 것은
금물!

주식시장이 크게 상승하면 뒤이어 경제 상황도 좋아집니다. 기업의 전망도 장밋빛 일색이지요. 주식시장이 상승장을 넘어 버블 단계에 들어가면 장밋빛 전망을 넘어 꿈과 희망만으로 기업의 성장을 전망하기에 이릅니다. '미래에 엄청난 EPS를 만들 것이다', '조만간 ROE나 기업 성장률은 상상 이상의 수치가 될 것'이라는 꿈이 시장에 가득합니다. ROE과 성장률이 올라가면 높아진 이익가치와 상승작용을 만들면서 미래 적정주가 전망치 역시 급격한 속도로 높아지게 됩니다.

필자는 2000년 초 IT 버블이 극단에 이르렀던 시기, 어설프게 알던 적정주가를 맹신하고 있었습니다. 당시 증권사 직원이 돌린 엑셀 자료 속 적정주가 레벨이 실제 현실이 될 것으로만 믿었습니다. 해당 기업이 엄청난 성장률을 만들 것이라는 꿈과 희망으로 계산된 것임에도 불구하고 그냥 믿었던 것이죠. 그 시기 필자가 투자한 주식이 10배, 100배는 더 갈 것이라고 꿈에 부풀었습니다. 아시겠지만 결과는 IT 버블 붕괴와 함께 어마어마한 손실을 기록했죠.

어설프게 적정주가를 공부한 것은 착각을 만들었습니다. 모든 꿈과 희망을 성장률이라는 변수에 담고, 미래 기대치를 주당순이익에 담아 계산한 결과였으니 결코 현실화될 수 없는 값이었죠. 해당 기업은 엑셀 자료에 정리된 그 어떤 숫자에도 결코 근접하지 못했습니다.

지금도 약간은 그때와 같은 분위기입니다. 2010년대 내내 미국 증시가 상승하고, 코로나 쇼크 이후 풀린 유동성으로 끝없이 상승하고 있습니다. 그러자 시장은 핫한 몇몇 업종·섹터에 대해 활당한 밸류에이션 기준들을 적용하고 있습니다. IT 버블이 붕괴되기 직전 필자가 맹신했던 과도한 적정주가처럼 말입니다. 5~10년 뒤의 실적 추정치를 바탕으로 2020년 현재 주가와 시가총액이 설명된다는 논리가 시장에 만연합니다. 새로운 평가 기법이라고는 하지만 필자의 경험으로는 경계심이 생기는 레벨에 이르렀습니다.

앞으로 어찌 될지는 모르겠지만, 개인투자자들에게는 이 말씀을 드리고 싶습니다. 아무리 장밋빛 전망이 가득하더라도 적정주가를 너무 과도하게 계산하지 마십시오. 최대한 보수적으로 전망하는 것이 오히려 안전성과 수익을 가져다 줄 것입니다. 시장에서 오래 생존하며 롱런하기 위해서는 이런 자세가 필요합니다.

Chapter 8

기업의 가치를 흔드는
요인이 있다?

- 확인해야 할 외적 요소

업황 기대치가 만드는 멀티플의 변화

VALUE INVESTMENT

　시대마다 그 시대를 대표하는 주도주들이 있습니다. 1970년대는 중동 건설붐 속에 건설업종, 1980년대는 트로이카 종목으로 불리는 증권·무역·건설업종, 1999년 IT 버블 당시는 닷컴 종목들이 시대를 주도했습니다. 2000년대에는 중국시장 확대와 전 세계적인 호황 속에 조선·해운·철강업종이 시장을 리드했고, 2010년대에는 자동차·화학·정유업종 장세, 2010년대 중후반은 제약 및 헬스케어 종목군의 전성시대였습니다.

　10년 단위마다 있었던 주도업종들은 공통적으로 그 시절에 성장성이 가장 높을 것으로 기대되면서 대중의 관심이 집중된 종목들이란 것을 쉽게 알 수 있습니다.

　1970년대 중동 건설붐 때에는 집집마다 아빠들이 중동에 가서 일하던 시절이었습니다. 대중적인 관심이 집중될 수밖에 없었고, 외화벌이의 중요한 원천이었지요. 성장 기대가 높을 수밖에 없는 업종이었습니다.

1980년대 3저(저유가, 저금리, 원화저평가)시대에는 부동산 호황 속에 건설주에 대한 성장 기대치가 높아졌고 저금리 속에 증권주에 대한 기대와 관심이 커졌으며, 원화가 엔화 대비 저평가되면서 수출 전선에 청신호가 켜지면서 무역업종이 관심을 받았습니다. 건설, 금융, 무역 등의 트로이카[1] 종목들은 1980년대 후반 종합주가지수 1,000포인트 시대를 이끈 주인공이었지요.

1999년 IT 버블은 21세기가 열린다는 기대감으로 인터넷과 닷컴 관련 기술주들에 투자자들의 자금이 집중되었습니다.

2000년대는 중국의 급속한 발전과 전 세계적인 경기 호황 속에 전 세계 물동량이 늘면서 조선, 해운에 대한 수요가 급증했습니다. 선박 수요 증가와 중국의 인프라 발전이 진행되면서 철강 수요도 증가하면서 조선, 해운, 철강주들이 중국관련주라는 테마로 2000년대 중반 종합주가지수 2,000포인트를 이끌었습니다.

2010년대 저환율 정책과 금융위기 이후 자동차 수요가 살아나면서 자동차업종에 대한 성장기대가 높아졌고 화학, 정유에 대한 성장기대치가 높아지면서 2011년까지 차화정 장세가 이어집니다. 2011년 3월 동일본 대지진이 발생하자 반사이익에 대한 기대치가 반영되며 차화정 장세는 한동안 계속되었습니다.

2010년대 후반에서 2020년 초반에는 초고령사회 진입에 따른 건강과 헬스케어 관련 시장이 급격하게 커지면서 제약, 헬스케어 관련 종목들의 성장 기대치가 높아졌습니다. 연구개발하던 신약과 바이오시밀러들이 실제 매출로 이어지면서 제약, 헬스케어 종목군들의 강한 상승세가 만들어졌습니다.

이렇게 특정 업종에 대한 기대치가 높아지면 자연스럽게 매수세와 유동

1 　트로이카주 편중 극심: 매일경제신문(1988년 8월 10일 12면)

성이 몰리게 되고, 몰리는 유동성은 기업의 '밸류에이션 멀티플'이 높아지는 것을 용인하게 만듭니다.

처공
용어
뽀개기

밸류에이션 멀티플

가치지표 대비 주가가 몇 배수로 거래되고 있는지를 보여주는 가치 판단의 가늠자. 가치지표에 따라 PER멀티플, PBR멀티플 혹은 PER배수, PBR배수라 한다.

어떤 시기에는 PBR레벨(특정 업종의 자산가치 대비 주가 수준의 밸류에이션 기준)을 0.5배가 적정하다고 인식하던 분위기였다가, 특정 업종에 대한 기대치가 높아지면 PBR레벨을 1배 혹은 2배 이상 높게 인정하게 됩니다. '성장에 대한 기대치'가 반영되기 때문입니다.

[자료 8-1] KRX 자동차업종 시장PBR과 코스피 시장PBR 추이 비교

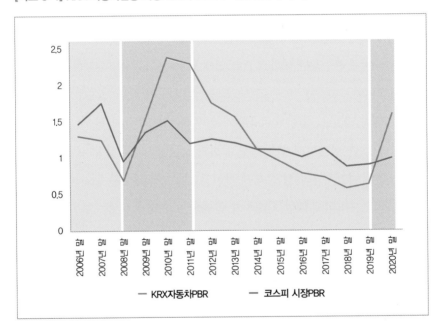

이러한 변화를 알아보기 위해 2009~2011년 차화정 장세를 주도한 자동차 업종의 KRX 시장 PBR 추이를 보겠습니다. 2008년 말에서 2011년 말 블록처리한 영역을 보면 KRX 자동차업종 PBR레벨의 증가 속도가 코스피 시

장 PBR레벨의 증가 속도보다 매우 가파랐음을 한눈에 확인할 수 있습니다. 시장에서 원화 저평가(달러가격 상승)에 따른 수혜를 자동차업종이 누릴 것이라는 기대치가 자동차업종의 PBR멀티플을 높였고 실제 자동차 수출 증가로 이어지면서 자동차 시장에 대한 밸류에이션 멀티플 증가 속도는 더욱 빨라졌습니다.

그 결과 2008년 말 0.67배였던 KRX 자동차업종 PBR레벨이 2011년 말에는 2.28배로 240% 높아집니다. 같은 시기 코스피시장의 PBR레벨은 0.94배에서 1.19배로 26% 높아졌을 뿐입니다.

그런데 차트에서 몇 가지 흥미로운 부분을 찾을 수 있습니다. 2008년 연말 이전, 2011년 말 이후 2019년 말까지는 코스피 시장 PBR의 레벨다운 속도보다 KRX 자동차 PBR레벨이 낮아지는 속도가 더 급격했다는 것을 확인할 수 있습니다. 이 시기에는 자동차업종에 대한 성장 기대치가 실망감으로 바뀌고 오히려 역성장에 대한 우려감이 지배하면서 밸류에이션 멀티플을 박하게 받았던 것입니다. 이 과정에서 현대차는 2008년 말부터 2011년 말까지 주가가 439% 상승했지만, 2011년 말부터 2019년 말까지 주가가 44%나 하락했습니다.

여기에서 중요한 포인트를 찾아볼 수 있습니다. 시장 기대치가 높아지면 매수세가 몰리면서 밸류에이션 멀티플을 높이고 실제 실적이 기대치보다 높게 형성되면 밸류에이션 멀티플이 더 높아지지만, 어느 순간 기대치에 비해 실적이 낮게 나오기 시작하면 성장동력이 떨어졌다는 우려감에 밸류에이션 멀티플이 낮아지고 역성장이라도 보이면 밸류에이션 멀티플은 급격히 낮아진다는 것이죠. 이는 다른 시대의 주도주들에게서 똑같이 나타나는 현상으로 흥망성쇠(興亡盛衰)를 떠올리게 합니다. 기대감에 높은 가치를 인정받았다가 실망감에 가치를 낮게 평가받는 그 과정이 말입니다. 이 과정이 급격하게 전개될 때를 버블 형성과 붕괴 과정으로도 볼 수 있습니다. 밸류에이션 멀티플 레벨업과 레벨다운이 급격하게 일어나면서 주가 역시 폭등 후 폭락의 싸이클을 겪게 됩니다.

2000년대 중반 조선·해운·철강주들이 승승장구하다가 2008년 금융위기 이후 성장은커녕 생존이 불확실해지면서 멀티플이 급격히 낮아졌는데 이 과정에서 주가 역시 폭등 후 폭락 과정을 거쳤습니다. 1999년에는 기대감 속에 측정 불가능할 정도로 높은 수준의 밸류에이션 멀티플을 기록했던 닷컴 및 기술주들이 그 이후 실적을 만들지 못하면서 추풍낙엽처럼 주가가 폭락하는 수순을 밟았습니다.

군중의 기대와 실망이 밸류에이션에 어떤 영향을 주는지 알아볼 수 있는 사례를 하나 이야기드리겠습니다. 2007년부터 2010년대 초반 소녀시대의 인기는 대단했지요. 소녀시대는 아저씨 팬들도 많았는데, 그 아저씨들이 소녀시대 소속사인 에스엠엔터 주식을 매수했습니다. 당시 애널리스트, 펀드매니저 중에도 팬들이 많았다는 농담반 진담반인 이야기도 있습니다.

금융위기를 보낸 직후인 2008년 연말 에스엠의 PER레벨은 5.9배, PBR레벨은 0.43배였습니다. 매우 낮은 밸류에이션 멀티플을 받던 시기에 소녀시대는 승승장구하며 글로벌 아이돌로 우뚝 섰습니다. 소녀시대의 음반이 나올 때마다 대히트를 쳤고 에스엠 성장 기대치도 높아지고 실적도 2008년 매출액 435억 원에서 2011년 1,430억 원으로 급격히 성장하며 소녀시대의 기대를 실제 숫자로 만들었습니다.

그 결과 에스엠의 밸류에이션 멀티플은 2011년 말 PBR레벨 7.2배, PER레벨은 35배에 이르고 2012년에는 10월까지 주가가 50% 넘게 상승해 PBR레벨

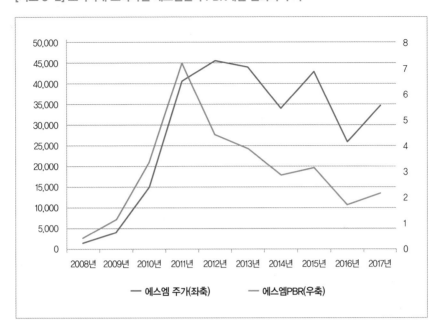

[자료 8-2] 소녀시대 소속사인 에스엠엔터 PBR레벨 변화와 주가

은 2012년에 최대 10배 가까이 접근했을 정도로 밸류에이션 멀티플을 높게 받았습니다. 이 과정에서 주가는 4,300%라는 놀라운 상승률을 기록했지요.

하지만, 2012년 가을 3분기 실적이 발표되자 실적이 좋았음에도 시장기대 치에 미흡하다는 이유로 기관의 투매가 쏟아졌고 그 이후 에스엠의 주가는 2017년 1월까지 63%나 하락하게 됩니다.

개별 종목 에스엠의 사례든 자동차업종의 사례든 공통적으로 성장기대치 가 높아졌을 때 이 시점을 미리 알거나 예상할 수 있는 방법이 있다면 투자 에 중요한 팁으로 활용할 수 있지 않을까요? 이어지는 섹션에서 업황의 흐름 을 미리 알 수 있는 몇 가지 팁을 설명하겠습니다.

업황, 어디서 어떻게 읽을까?

VALUE INVESTMENT

    상장기업들은 결산기준일 90일 이내에 사업보고서를 공시해야 하고, 이후 매분기, 반기를 보낸 후 45일 이내에 분기 또는 반기보고서를 공시해야 하는 의무[2]가 있습니다. 분기말, 반기말, 결산기준일을 보내고 수일 내에 실적을 발표해주면 좋겠지만 기업들도 재무정보들을 취합하고 정리해야 하기에 대부분의 기업은 보고 마감일에 임박하여 공시하는 것이 현실입니다.

    그러다 보니 매 분기·반기·사업보고서 제출 마감일이 되면 DART(금감원 전자공시 시스템)에는 상장기업들의 실적 공시가 한번에 몰리고, 이를 토대로 미디어에서 뉴스를 뽑아내 그 날은 다른 뉴스들을 보기 어려울 정도입니다.

    그런데 이 부분에서 실적공시 공시 규정이 가진 맹점을 찾을 수 있습니다. 바로 분기·반기·결산기준일이 지난 후 한 달 반에서 석 달 후에야 실적이 공시된다는 점입니다. 그 사이 기업들은 새로운 분기를 다 보냈거나 분기의 절반을 보낸 시점입니다. 즉, 공시된 실적보고서는 이미 과거의 데이터인

---

2   자본시장과 금융투자업에 관한 법률 제159조~제161조

것입니다. 시점의 오류를 줄이기 위하여 상장기업들은 잠정실적 보고를 본 실적보고서 발표 전에 하기도 합니다만 기준일 한달 뒤에야 발표하거나 잠정실적을 발표하지 않는 상장사들이 부지기수입니다.

주가가 경기나 기업 실적에 선행한다는 특성을 감안한다면 분기·반기·사업보고서 발표만을 기다릴 것이 아니라 이를 예상하기 위해 방법을 강구할 필요가 있습니다. 어떻게 찾아봐야 할까요? 업황 전체의 흐름을 분석하여 찾아볼 수 있습니다.

(1) 관세청 수출입 동향

첫 번째로 방법은 관세청의 수출입 동향[3]을 살펴보는 것입니다.

[자료 8-3] 관세청 수출입 무역통계 내 통계자료실에 있는 정기간행물 메뉴

한국은 GDP에서 수출이 차지하는 비중이 40% 이상입니다. 상장기업도 수출 의존도가 높은 기업들이 많지요. 이러한 점을 감안하여 관세청의 수출입 동향 자료에서 수출 부분을 참고한다면 실적보고서 공시 이전에 대략적

---

3 관세청 수출입무역통계: https://unipass.customs.go.kr/ets/

으로 특정 업종의 수출업황이 어떤지를 짐작할 수 있습니다.

관세청의 수출입 동향 관련 자료는 매 10일 단위로 발표하는데, 이는 세계에서 가장 주기가 짧고 신속한 발표입니다. 전 세계 투자자들이 관심있게 지켜보는 자료이기도 합니다.

자료를 찾는 방법은 관세청 홈페이지 → 수출입 무역통계 → 최근 통계자료(또는 통계자료실 내 정기간행물)를 통해 10일 단위, 월간, 연간 단위의 수출입 통계를 확인할 수 있습니다. 약간의 수작업이 필요합니다만 첨부된 문서들을 조회하면 산업별 수출 증감을 파악할 수 있습니다.

[자료 8-4] 2020년 6월 수출입 동향 확정 보도자료

6월 수출 10.9% 감소, 무역수지는 2개월 연속 흑자

Ⅰ ('20. 6월 수출입 현황)

○ (총 괄) 6월 월간 수출입 집계 결과, 전년 동월 대비 **수출은 10.9%** 감소한 392억 달러, **수입은 11.2% 감소한 356억 달러**로, **무역흑자 36억 달러**를 기록하여 **2개월 연속 흑자**

(단위 : 백만 달러, %)

구분	2019년		2020년		
	6월	1~6월	5월	6월	1~6월
수 출 (전년동기대비)	44,008 (△13.8)	271,147 (△8.6)	34,850 (△23.7)	39,230 (△10.9)	240,642 (△11.3)
수 입 (전년동기대비)	40,105 (△10.9)	252,569 (△4.9)	34,457 (△21.0)	35,598 (△11.2)	229,845 (△9.0)
무역수지	3,904	18,579	393	3,632	10,798

○ (수 출)

- (품목별) 주요 수출품목 중에 **반도체**(△0.2%) · **승용차**(△32.8%) · **석유제품**(△46.9%) · **무선통신기기**(△0.5%) · **선박**(△28.9%) · **자동차부품**(△44.7%) · **가전제품**(△16.9%) 등 **감소**

통계자료실의 [무역통계 보도자료] 중 2020년 7월 15일에 발표된 2020년 6월 수출입 현황(확정치) 자료를 보면 2020년 6월에 반도체 산업이 -0.2% 감소, 승용차 -32.8% 감소, 석유제품 -46.9% 감소, 선박 -28.9% 감소, 자동차

부품 -44.7% 감소였다는 것을 확인할 수 있습니다. 이 자료들을 10일 단위, 혹은 매달 살펴본다면 분석하려는 업종과 산업의 현재 수출 추이를 추적할 수 있을 것입니다.

이런 수출입 동향을 토대로 예전 자동차 산업의 업황과 주가 흐름을 함께 살펴보겠습니다. 차화정(자동차·화학·정유) 장세가 화려했던 2010년 당시 관세청 수출입 통계자료를 종합해보면 2010년에 승용자동차 수출은 전년동기비 +41.9% 증가했고, 2011년에는 전년동기비 +28.8% 증가하는 수출 호조가 이어졌습니다. 이런 분위기 속에 차화정 장세가 화려하게 이어졌던 것입니다. 하지만 2012년 2분기부터 승용자동차 수출 증가세가 3.1%로 축소되면

[자료 8-5] 차화정 장세 당시 현대차의 주가 흐름

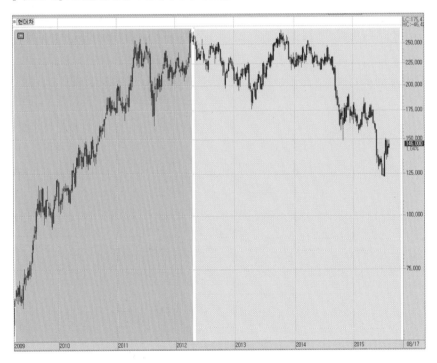

서 현대차 등의 자동차업종 주가는 하락세로 접어듭니다.

(2) 글로벌 재화와 용역의 가격 동향

업황 흐름을 예상할 수 있는 두 번째 방법은 원자재 가격 등 다양한 글로벌 재화와 용역의 가격들을 참고하는 방법입니다.

원자재의 가격 상승 또는 하락에 따라 해당 원자재를 직접적으로 가공하는 업종에 있는 기업들의 실적에 영향을 미칩니다. 원자재 가격은 제품 가격에도 직접적으로 영향을 미치기 때문입니다. 다만, 생필품 관련 기업인 경우 정부의 가격 통제가 있을 수 있으나 대부분의 경우 기업이 원자재 가격 상승분을 최종 생산·판매 제품 가격에 전가하기에 자연스럽게 이익률을 개선시키고 주가도 끌어올리는 원동력이 됩니다.

풍산홀딩스의 주가와 동(구리) 선물가격 추이를 보면 매우 똑같이 움직인

[자료 8-6] 풍산홀딩스의 주가와 동(구리) 선물가격 추이

다는 것을 확인할 수 있습니다. 2012~2016년 당시 가치주 랠리 분위기 속에 구리 가격과 풍산홀딩스 주가 흐름이 엇갈리긴 했지만 실제 매출과 이익은 그 시기 구리 가격 하락에 영향을 받아 정체 국면에 있었습니다. 하지만 그 외의 시기에는 주가와 동 선물가격이 비슷하게 움직였다는 점은 우리가 업황을 분석할 때 원자재 가격 변화를 왜 중요하게 보아야 하는지 보여주는 대목입니다.

(3) 사업보고서 내 사업의 내용

세 번째로 고려해볼 만한 포인트는 분기·반기보고서 및 사업보고서 내 '사업의 내용'에서 찾아볼 수 있습니다. 앞서 실적보고서는 이미 과거의 자료라는 점을 언급했는데 '사업의 내용'에 적혀있는 업황에 대한 내용들은 실제 살아있는 자료이기에 미래 업황을 참고할 때 사용하기도 합니다.

앞의 자료는 LG디스플레이의 2020년 1분기 보고서 내에 '사업의 내용' 중

[자료 8-7] LG디스플레이의 2020년 1분기 보고서 내 사업의 내용

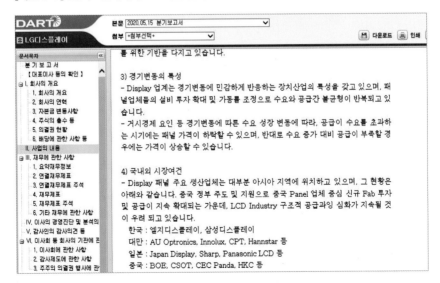

LG디스플레이가 향후 사업 여건을 어떻게 보고 있는지 짐작할 수 있는 부분입니다. 경쟁사의 지속적인 공급 확대 속에 공급과잉 심화가 지속될 수 있음을 우려하고 있습니다. 실제 LG디스플레이는 2020년 7월 23일에 공시한 2분기 연결재무제표 잠정실적보고서에서 2분기 영업적자 -5,170억 원, 지배기업 소유지분 적자 -4,891억 원을 공시했습니다.

이러한 업황의 흐름은 전체적인 경기 흐름, 경기순환 과정과 밀접한 연관이 있습니다. 다음 섹션에서는 업종별로 경기 순환이 미치는 영향에 대해서 알아보겠습니다.

3

업종간 순환
이해하기

VALUE INVESTMENT

우리는 2교시에서 금리와 유동성이 만드는 증시의 사계절에 대해 공부했습니다. 우라카미 구니오의 주식시장 사계절 모형, 앙드레 코스톨라니의 달걀 모형은 모두 금리와 유동성에 따른 경기의 흐름을 반영하고 있습니다. 주식시장의 사계절은 유동성에 따라 증시 상황을 금융장세, 실적장세, 역금융장세, 역실적장세로 구분하여 설명합니다.

이러한 금리와 경기국면에 관한 관점을 활용하여 우라카미 구니오는 사계절 모형에서 해당 국면에 따른 투자에 적합한 산업에 대하여 설명하고 있습니다. 그리고 Paul과 Carole Huebotter 또한 경기 사이클을 네 가지 국면[4]으로 구분하고 그 시기의 특징에 따라 산업의 특징을 설명했습니다.

두 이론 모두 네 가지 경기 국면으로 구분하고 금리와 업종 순환에 대하여 설명하고 있는데, 비슷하지만 업종에 따라 다른 관점을 가지기 때문에 두 이론을 나눠서 설명하겠습니다.

---

[4] The Fundamentals Of Sector Rotation by Paul and Carole Huebotter: http://traders.com/
Documentation/FEEDbk_docs/1997/02/Abstracts0297/Huebotter_abst.html

[자료 8-8] 주식시장의 사계절 개념도

구분	금리(완화적 금융정책)	실적(혹은 실물경기)	주가
금융장세	초저금리/양적완화	하락세 지속	이상급등 현상
실적장세	금리인상 시작/완화책 종료	회복/강세	지속적 상승
역금융장세	초고금리/양적긴축	완만한 상승	이상폭락 현상
역실적장세	금리인하 시작/완화책 시작	급격한 위축	약세국면 지속

먼저 Paul과 Carole Huebotter의 네 가지 국면에 대해 알아보겠습니다. 경기사이클의 국면 1에서는 경기가 후퇴기의 바닥에서 시작합니다. 금리가 최저 수준이며 사람들은 가구나 가전 구매를 시작하고, 자동차나 대규모 장비 매출이 증가하기 시작합니다. 경기가 회복되는 분위기 속에 여행과 외출이 늘어나며 유흥 또한 증가합니다. 따라서 이 시기에는 에너지 산업에 대한 수요가 급증합니다.

국면 2에서는 경기가 매우 빠르게 성장하는 가운데 중앙은행은 금리를 인상합니다. 제조업이 풀가동되는 상황에서 금속·화학·제지 등의 소재 수요가 증가하면서 재고가 소진됩니다. 시설이 최대로 가동되면서 PC와 소프트웨어, 자동화 설비 등에 대한 투자가 증가합니다.

국면 3은 금리 상승에 따른 영향이 나타나면서 서서히 연착륙 조짐이 나타나기 시작합니다. GDP 성장률은 긍정적이지만 기세가 꺾이고 있습니다. 교역과 상품 선적이 활발하기에 운송산업이 번창합니다. 시설 확장은 자본재 산업에 혜택을 주고 강력한 대출 수요는 금융업의 마진을 높여줍니다.

국면 4가 되면 성장률이 급격히 하락하면서 중앙은행은 금리인하를 통해 경기를 다시 자극하려 합니다. 공공서비스와 음식 등 경기방어적 성격의 소비재 수요는 유지됩니다.

Paul과 Carole Huebotter의 네 가지 국면의 전체적인 그림은 우라카미 구니오의 주식시장 사계절과 비슷한 부분이 많습니다. 다만, 업종에 대한 관점이 조금 다릅니다.

우라카미 구니오는 주식 사계절을 금융장세, 실적장세, 역금융장세, 역실적장세라는 네 가지 국면으로 설명하고 있지요.

금융장세는 아직 경기는 회복되지 않았지만 금리는 하락세에 있습니다. 따라서 금리인하 수혜주들이 상승합니다. 이때 움직이는 업종이 증권·은행 등의 금융주들이기에 금융장세로 불립입니다. 그리고 이 시기는 정부가 경기를 부양하기 위하여 사회간접자본 투자를 지속하기에 토목·건설 등 SOC 관련 산업들이 수혜를 입게 됩니다.

실적장세는 경기 회복이 본격적으로 나타나는 시기입니다. 경기가 회복되는 것을 넘어 활황국면에 접어들면서 물가 상승이 나타나고 주가 또한 견조하게 상승합니다. 소재에 대한 수요 증가와 소비재에 대한 수요가 증가하면서 해당 업종의 강세가 나타납니다.

역금융장세에서는 중앙은행의 금리인상 속에 후유증이 나타나기 시작합니다. 기업의 실적은 살아있으나 금리 급등은 잠재적 부담으로 작용합니다. 이자율이 높은 안전자산으로 자금이 빠져나가기 시작하다 보니 주식시장도 체력이 떨어지는 것이지요. 이때는 중소형우량주 등 가벼운 종목에 관심을 가질 때입니다.

역실적장세에서는 금리가 크게 높아진 상황에서 경기가 꺾이는 것이 가시화됩니다. 중앙은행은 서서히 금리를 인하하기 시작합니다. 하지만 기업 실적 위축과 경기 위축을 막기는 어렵습니다. 이때는 내수관련주 및 자산가치 우량주 등 방어적 성격의 주식이 적합한 때입니다.

우라카미 구니오의 주식시장 사계절과 Paul과 Carole Huebotter의 네 가지 국면은 비슷한 것 같지만 약간 다른 부분이 있지요? 이를 표로 정리하여 보겠습니다.

[자료 8-9] 주식시장의 사계절과 Paul과 Carole Huebotter의 4국면

우라카미 구니오	주식시장 4계절의 업종	Paul과 Carole Huebotter 4국면	4국면의 업종
봄/금융장세	증권, 은행, 토목, 건설	국면 1	에너지, 소비재, 여행
여름/실적장세	소재, 소비재	국면 2	소재, PC, 설비투자
가을/역금융장세	중소형 우량주	국면 3	운송산업, 금융업
겨울/역실적장세	내수주, 자산주	국면 4	공공서비스, 음식료/경기방어 소비재

위에 표에서 보듯이 유사한 부분도 있지만 다른 부분도 있다는 것을 확인할 수 있습니다. 호황시기인 실적장세와 국면 2에 소재 관련 업종에 대한 수혜가 공통적으로 들어갑니다. 침체시기인 역실적장세와 국면4에서 경기방어적 성격의 종목들이 관심업종에 들어간 것을 확인할 수 있습니다. 하지만 그 외의 국면에서는 경기 순환에 대한 개념은 비슷하면서도 수혜 업종에 차이가 크다는 것을 볼 수 있습니다.

필자가 이렇게 두 가지 이론을 비교한 이유는 여러분이 다양한 관점을 통해 시야를 넓히길 바라서입니다. 업종의 순환은 시대가 지나면서 조금씩 바뀌기도 하고, 업종들 간의 순환 없이 증시가 흘러가기도 합니다.

대표적으로 금융장세의 경우 초저금리 하에서 경기가 회복되려는 초기에 증권·금융주들이 강세를 보여야 합니다. IMF 사태 이후 1998년 여름부터 1999년 사이 증권주 랠리가 전형적인 금융장세를 보였습니다. 하지만 2020

년 3월 코로나 쇼크 후에는 이런 경향성이 크게 낮아졌습니다. 약간의 경향성은 보이지만 각 경기국면별로 투자해야 할 업종이 무엇이라고 콕 찝어서 이야기하기는 어려워진 면이 있습니다.

다만, 경기 국면에 따른 수혜업종에 대한 추론은 참고할 필요가 있습니다. 여러분이 앞으로 경험할 시대적 상황에 맞추어 다른 업종들이 각 국면에 들어갈 것이기 때문입니다.

오히려 업종 단위로 그 업종이 하강 국면에서 턴업하는 과정을 포착할 수 있는 여러 지표들을 참고한다면 더 효과적으로 업종 선정을 할 수 있을 것입니다. 더 자세하고 구체적인 업황 추정 방법은 다음 섹션에서 업종별로 알아보겠습니다.

경기침체에서 턴어라운드할 때 기업 이익이 급증하는 매커니즘

경기 침체에서 경기가 턴어라운드될 때 기업 실적이 급격히 증가하는 경향이 있습니다. 가장 큰 이유는 매출이 증가하기 때문입니다. 경기가 침체에서 호황으로 넘어갈 때 매출보다 영업이익과 순이익 같은 기업 실적은 더 강하게 증가하는 경향이 있습니다. 경기 침체 과정에서 기업 내부적으로 구조조정과 함께 각종 비용을 슬림화했기 때문입니다. 생산시설의 효율성을 높여 비용을 절감하고 인력 구조조정으로 회사의 판관비도 줄어들어 있어서 경기가 회복하여 매출액이 예전 수준으로 올라오게 되면 이익은 더 커지게 됩니다.

예를 들어 경기 호황일 때 매출 1,000억 원에 각종 비용이 700억 원이 발생하여 순이익 300억 원이었던 회사가 경기 침체를 거치면서 매출이 500억 원으로 감소하고 적자를 면하기 위해 비용절감을 통해 비용을 700억 원에서 300억 원으로 낮추었다고 가정하겠습니다. 침체 시기 매출 500억 원에 각종 비용 300억 원이 발생하여 순익 200억 원을 만들며 간신히 버틴 이 회사는 다음 해 경기가 턴어라운드하면서 매출액이 1,000억 원으로 증가합니다. 그런데 각종 비용을 300억 원으로 줄였기에 순이익은 700억 원으로 급증하게 되지요. 이전 경기 호황 때 매출액 1,000억 원에 순익 300억 원을 만든 때보다 두 배 이상 높은 순이익을 기록하게 됩니다.

현실에서는 이 정도로 드라마틱하지는 않더라도, 경기 침체 과정에서 비용 절감을 통해 생존한 기업들이 경기 회복 후 매출이 살아나면 순이익이 급증하는 현상과 함께 주가 또한 급등하는 상황들이 심심치 않게 발생하면서 투자자들을 즐겁게 만들어주곤 합니다.

4

업종별 턴업을 알리는 선행지표들

VALUE INVESTMENT

앞서 우리는 업종의 순환과 업황을 읽는 방법에 대해 배웠습니다. 업황의 변화는 해당 업종에 속한 종목들의 밸류에이션 멀티플에 큰 영향을줍니다. 만약 특정 업종의 업황이 턴어라운드하고 턴업하는 상황을 읽을 줄 안다면 업종과 종목 선정에 큰 도움이 될 것입니다. 이때 업종별 선행지표는 중요한 기준이 됩니다.

다만, 시장 전체 흐름이 중요한 변수이기에 업종별 선행지표가 턴업하더라도 시장 분위기가 좋지 않을 경우에는 아쉬운 흐름이 발생할 수도 있습니다. 그래도 시장 전체 흐름 대비 상대적 우위에 있을 가능성이 큽니다. 시장 분위기가 훈훈할 때 업종 선행지표가 턴업 신호를 보인다면 해당 업종이 괄목할 만한 수익률을 만들 수 있기에 중요하게 참고할 만하다 하겠습니다. 이해를 돕기 위해 우리 생활과 밀접한 업종을 예로 들어 설명하겠습니다.

(1) 의류업종

생활의 기본 요소인 의식주 중에 가장 먼저 등장하는 것이 옷(衣,의)입니다.

생활의 필수 요소이긴 하지만 패션과 유행이라는 변수도 있다 보니 경기 상황에 민감한 특징도 있습니다. 그런데 패션과 유행은 객관화하기 어려운 변수이기에 의류업종을 분석하는 게 조금 난해할 수 있습니다. 그런데 한 가지 확실한 기준을 선행지표로 삼을 수 있습니다. 바로 한겨울 평균기온입니다.

의류업종의 특성상 매출에 상당 부분을 차지하는 시즌은 바로 겨울입니다. 겨울옷은 여름옷에 비해 옷감이나 소재가 많이 들어가기에 옷 가격이 비싸지요. 간단히 생각해도 여름에는 몇천 원짜리 면티 하나만 걸쳐도 되지만, 겨울에는 수만~수십만 원에 이르는 코트나 패딩을 입어야 합니다. 따라서 한겨울 평균기온은 의류업종의 그 해 매출에 중요한 변수가 됩니다. 이때 참

[자료 8-10] 서울 1월 평균기온과 한섬의 영업이익 추이

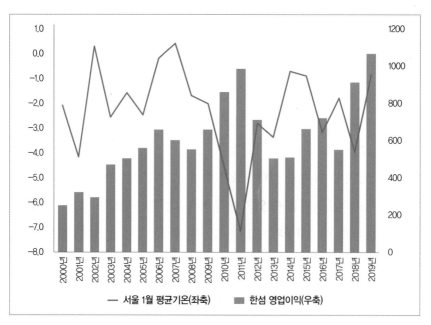

고할 수 있는 선행지표가 바로 기상청의 1월 평균기온[5] 입니다.

옆 페이지의 도표는 서울의 1월 평균기온과 대표적인 의류업체인 한섬의 영업이익 추이입니다. 전체적으로 꾸준한 영업이익 성장이 이어진 튼튼한 기업입니다. 그런데 특히 두드러진 영업이익 성장은 서울 1월 평균기온이 크게 하락했던 2010년과 2011년에 있었음을 확인할 수 있습니다. 그 해에는 1월 평균기온이 각각 -4.5도와 -7.2도를 기록한 혹한이었고 그 효과가 영업이익으로 나타났습니다. 2013년과 2014년 1월 평균기온이 상승하자 영업이익도 낮아지는 모습을 보여줍니다.

이러한 점을 감안하면, 만약 1월 평균기온이 거의 매일 영하 10도를 넘길 정도로 혹한이 반복된다면 의류업체들의 그 해 1분기 실적 성장 가능성이 높다고 예상할 수 있겠습니다. 각 회사들의 디자인과 브랜드 파워마다 다르겠지만 추우면 한 겹 더 껴입기에 대부분의 의류업체가 매출과 영업이익이 늘어납니다.

(2) 증권업종

증권업종은 우라카미 구니오의 주식시장 사계절에서 금융장세를 만드는 대표 업종으로 공부했습니다. 그런데 금융장세가 찾아왔다고 해서 증권업종이 상승한다는 논리는 다소 막연합니다. 참고할 만한 기준이 되는 것이 바로 거래대금과 주가지수입니다.

증권사의 수익 구성은 브로커리지 수수료 수입과 금융상품 투자 손익이 중요한 축입니다. 증시 거래대금이 증가하면 자연스럽게 고객들의 매매 수수료 즉, 브로커리지 수수료 수입이 증가할 것이고 주가가 상승세일 때 자연

---

5   기상청 지상관측자료(과거자료): https://www.weather.go.kr/weather/climate/past_table.jsp

스럽게 자기자본 매매에 따른 금융상품 투자 손익도 증가하게 됩니다. 그러하기에 증시가 상승하면서 거래대금도 증가하면 일석이조의 효과가 발생하면서 증권사 실적 호전을 만들게 됩니다.

2020년 동학개미운동 속에 3월 이후 증시가 턴어라운드되고 월간 거래대금이 전년 대비 3배 이상 급증하자 개인투자자가 많이 이용하는 키움증권의 상반기 매출액은 전년 동기비 218% 성장했습니다. 특히 거래대금이 감소하다가 턴업되고 증시 강세장 분위기가 만들어질 때 증권회사는 다른 어떤 업종보다도 강하게 치고 올라가는 특징이 있기에 금융장세 초기에 강한 시세를 만들곤 합니다.

다만, 금융제도 측면에서 제약이 늘어나고 파생상품 자기매매 손익 그리

[자료 8-11] 증권업종은 주식시장 강세, 거래대금 턴업 시 강세가 나타난다

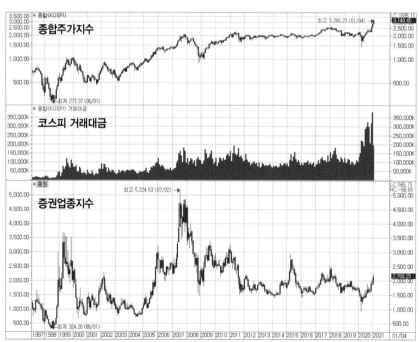

고 증권사별 투자자들의 선호도 차이가 점점 커지다 보니, 예전에 비해 금융 장세에서 증권업종의 상대적 강세가 약해지거나 증권업종 내 종목별 차별화가 심화되었다는 점은 감안할 필요가 있겠습니다.

(3) 항공산업

원유가격이 실적에 직접적인 영향을 주는 항공주를 살펴보겠습니다. 항공산업은 연료 유류비가 영업비용의 1/4 이상을 차지해 유류비가 영업이익에 미치는 영향이 큽니다. 무거운 항공기가 이착륙하고 수천 킬로미터에 이르는 거리를 비행하는 것을 생각하면 당연한 일이 아닐 수 없습니다. 따라서 항공주를 분석할 때 원유가격 추이가 매우 중요한 변수가 됩니다. 유류비가 줄어들기 위해서는 원유가격이 하락하는 것이 항공주 입장에서는 긍정적이겠지요?

[자료 8-12] WTI 현물가격 추이와 대한항공 영업이익 추이

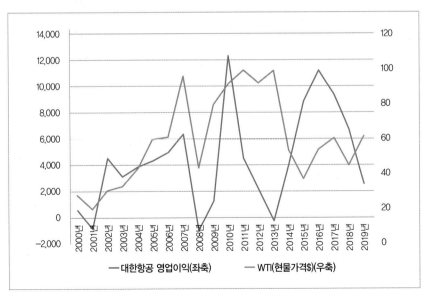

앞의 그래프는 WTI 원유 현물가격 추이와 대한항공의 영업이익 추이입니다. 연료비 증가를 파생상품으로 헷지하기에 시점에 차이가 살짝 있습니다만 유가 급등 후 배럴당 100달러 부근에 이르면 영업이익이 급감하고, 반대로 원유가격이 50~60달러 부근으로 내려오면 영업이익이 회복되는 경향이 있음을 확인할 수 있습니다. 다만, 항공주의 경우는 최근 재무적 이슈가 계속 부각되고 있어 주가에 재무적 리스크가 작용하는 경향이 크다는 점을 감안할 필요가 있습니다.

(4) 반도체 산업

수출 효과 업종인 반도체 관련 산업을 살펴보겠습니다. 2020년 기준 시가총액 1, 2위를 반도체업종인 삼성전자와 SK하이닉스가 차지할 정도로 반도체 산업은 한국의 중요한 수출 효자 업종입니다. 그러다 보니 반도체 산업에 대해 긍정적인 이야기가 쏟아지면 증시 전체가 뜨겁게 상승하고 조금이라도 아쉬운 소식이 들리면 증시 전체가 무겁게 흘러가곤 합니다.

반도체 산업을 가늠할 수 있는 중요한 지표는 D램과 낸드플래시 가격 추이입니다. D램 가격과 낸드플래시 가격 추이는 디램엑스체인지[6]에서 지수화한 정보를 볼 수 있고, 증권사 HTS의 투자정보 메뉴를 통해서도 메모리 반도체의 가격 추이를 볼 수 있습니다.

메모리 반도체 가격이 상승하면 자연스럽게 수요 증가가 예상되고 가격 상승은 영업이익 증가로 이어지게 됩니다. 반대로 메모리 반도체 가격이 정체 또는 하락세로 접어들면 영업이익은 감소하게 됩니다. 옆 페이지의 그래프는 낸드플래시 가격 추이와 SK하이닉스의 영업이익 추이입니다. 메모리

---

6 디램익스체인지: https://www.dramexchange.com/

반도체 가격 상승 추세가 이어진 후 영업이익이 2013~2016년 5조 원이 안 되던 수준에서 2017년과 2018년에는 각각 13조 원과 20조원으로 급격히 증가하고, 하락 추세로 접어든 후 2019년에는 영업이익이 다시 2조 7천억 원으로 낮아진 것을 확인할 수 있습니다.

[자료 8-13] 낸드플래시 가격 추이와 SK하이닉스 영업이익 추이

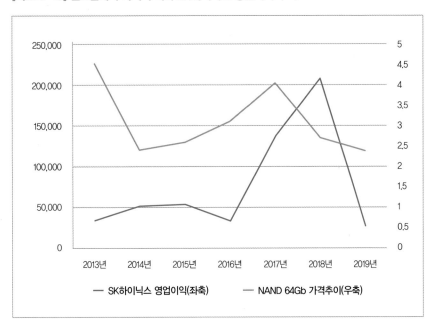

(5) 음식료업종

생활 필수재인 음식료업종은 경기에 크게 영향을 타지는 않습니다. 다만 간헐적으로 대중적인 인기를 끄는 제품이 등장하면 해당 기업의 주가가 급등하는 현상이 발생하기도 합니다. 대중적인 인기 수준을 넘어 내가 알 정도의 신드롬이라면 관련 음식료 종목을 찾아보는 것도 중요한 투자 팁이 될 수 있습니다.

대표적인 사례로 2009년부터 2010년대 초반까지 이어졌던 막걸리 열풍이 있습니다. 당시 일본 관광객들이 한국 막걸리에 큰 관심을 가졌을 뿐만 아니라 막걸리에 대한 범국민적인 애정이 커지면서 막걸리를 생산하는 국순당의 주가가 2009년 초 3~4천 원대(수정주가기준)에서 2010년 가을에는 2만 원대(수정주가기준)로 7배 가까이 상승했습니다. 당시 마트 냉장고에는 새로이 출시한 막걸리들이 쏟아졌고, '막걸리누보'라는 신조어가 생길 정도였습니다.

특정 음식료에 대한 신드롬은 몇 년에 한 번씩 생기는데, 2011년 꼬꼬면과 나가사끼 짬뽕 열풍 가운데 라면 관련 종목의 주가가 급등했고, 2014년에는 허니버터칩 광풍에 해태제과의 모회사인 크라운제과가 급등하기도 했습니다.

다만, 일시적인 신드롬에 의해 주가가 상승하는 경우는 막연한 실적 호전 기대감인 경우가 대부분입니다. 따라서 대중적 신드롬 속에 자신이 투자한 종목이 얼떨결에 주가가 크게 상승하면 좋은 가격에 매도할 기회로 생각하는 것이 좋습니다.

지금까지 업종의 순환과 가치의 변화 그리고 업종와 업황을 읽을 수 있는 다양한 방법과 관점에 대해서 공부했습니다. 업종 분석은 정답이 없고 난해할 수 있습니다. 처음 시작할 때는 여러분의 직업과 관련된 산업과 업종부터 분석해 보는 것은 좋습니다. 그 분야에서는 여러분이 증권사 애널리스트보다도 더 뛰어난 정보와 분석력을 가지고 있기 때문입니다. 그 뒤 연관된 다른 산업으로 시야를 넓혀가면 생각보다 빨리 많은 업종과 산업에 대해 이해하고 투자의 큰 그림을 잡을 수 있습니다.

SUMMARY

- 시대마다 그 시대를 주도하는 주도주는 매번 다르다.

  ex) 1980년대는 트로이카주(건설,금융,무역), 1990년대 후반 IT 버블 속 기술주,인터넷 종목들, 2000년대 중국 관련주(조선,철강,해운), 2010년대 차화정 랠리(자동차,화학,정유) 그리고 2010년대 후반에서 2020년대 제약,헬스케어

- 어떤 이슈에 대한 군중의 기대치는 해당 기업의 주가 밸류에이션 멀티플에 중요한 변수이다.

- 상장 기업들은 자본시장과 금융투자업에 관한 법률 제159조~제161조에 의거, 사업보고서는 90일 이내, 분기 · 반기보고서는 45일 이내에 보고해야 한다.

- 실적보고서의 발표 기간이 있다 보니 실제 실적 형성 시기와 발표 시기에 괴리가 있고 이를 역이용하여 업황을 예상할 수 있다.

- 관세청의 수출입무역통계, 원자재 가격, 사업보고서 내 '사업의 내용'에서 기업들의 현재와 미래 실적을 추정할 수 있다.

- 경제는 크게 4단계 국면으로 움직이는데 그 시기마다 주도하는 업종의 특징이 있다.

- 업종의 턴어라운드를 추정할 수 있는 단서들은 업종마다 다르다.

- 의류업종은 겨울철 기온, 증권업종은 거래대금과 증시 등락률, 항공주는 원유가격 추이, 반도체 관련주는 반도체 가격 추이로 추정할 수 있다.

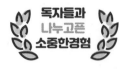

유상증자 권리락 경험 그리고 선택

상장기업에 투자하다 보면 종종 유상증자 공시를 접하게 됩니다. '유상증자'란 기업이 기존주주 또는 제3자에게 공개적으로 주식을 발행하거나 보유 주식을 공개적으로 매각하여 기업의 자금을 확보하는 일련의 과정입니다. 보통 신주(新株)를 기존 주주들에게 시가보다 싼 가격으로 발행하는 형태의 유상증자를 많이 합니다.

유상증자를 하는 이유는 새로운 사업을 추진하거나 기업의 운영자금을 확보하기 위해서입니다. 기존 주주에게 유상증자 권리를 부여할 때, 단순히 주식을 오래 가지고 있다고 해서 유상증자에 참여할 수 있는 것이 아니라 특정 기준일에 주식을 가지고 있는 주주에 한해 유상증자에 참여할 수 있는 권리가 부여됩니다.

유상증자 권리락일(D+2일) 기준에 맞춰 주식을 보유하고 있는 주주들은 시가보다 할인된 가격으로 유상증자에 참여할 수 있습니다. 다만, 권리락일에 대부분 주가가 하락하다 보니 할인받고 유상증자에 참여한다는 기분이 반감되기도 합니다. 주주 입장에서는 유상증자 권리락일에 주가 하락분을 감안하면 할인된 가격으로 유상증자에 참여해도 손익에 의미가 그닥 없습니다. 내가 투자한 회사에 직접적으로 사업자금을 지원했다는 '주주로서의 뿌

듯함'을 느낄 뿐이죠.

하지만 유상증자 권리를 가졌더라도 유상증자에 참여하고 싶지 않은 주주도 있을 수 있지요. 이런 주주를 위해 일정 규모 이상의 유상증자일 경우 신주인수권 매매 기간이 발생합니다.

2020년 유상증자를 진행한 에스퓨얼셀의 신주인수권 상장기간 등 유상증자 일정

2020년 11월 13일	권리락	-
2020년 11월 16일	신주배정 기준일(주주확정)	-
2020년 11월 25일	신주배정 통지	-
2020년 12월 02일 ~ 2020년 12월 08일	신주인수권증서 상장 거래기간	5거래일 이상 거래
2020년 12월 09일	신주인수권증서 상장 폐지	구주주 청약초일 5거래일 전
2020년 12월 14일	확정 발행가액 산정	구주주 청약초일 3거래일 전

신주인수권(유상증자 참여권리)을 시장에서 매각함으로써 유상증자 권리락일에 발생한 평가 손실 감소분을 커버할 수 있습니다. 신주인수권의 이론적 가격은 유상증자 예상 발행가격과 현재가의 괴리 정도에서 형성됩니다.

필자의 경우, 이 제도를 잘 모를 때는 유상증자에 피동적으로 참여하는 경우가 많았는데요. 유상증자에 따른 신주인수권 매매를 알게 되어 신주인수권 상장 기간에 맞춰 매도하는 방법을 자주 활용하고 있습니다.

여러분도 보유종목이 유상증자를 한다고 하면 유상증자에 참여하거나 경우에 따라서는 신주인수권 매도를 선택할 수도 있다는 점을 기억하세요.

Chapter 9

리스크 관리의 기초

-가치투자 체계화 도구

1

포트폴리오의
원리와 효과

주식시장은 지뢰밭과 같다는 생각을 종종 하곤 합니다. 좋은 종목이라고 생각하고 투자했는데 그 종목이 갑자기 부도, 상장폐지, 공장 화재 등과 같은 돌발 악재가 발생해 하루아침에 엄청난 투자 손실을 경험하는 개인투자자가 부지기수입니다. 특히 한두 종목에 집중투자한 투자자라면 엄청난 타격을 받겠지요.

옆의 자료는 한국예탁결제원에서 발표하는 2019년 12월 결산 상장법인 주식투자자(소유자) 현황 보도자료[1]에 나온 보유종목 숫자별 주주 비율입니다. 1개 종목을 보유한 투자자가 전체의 41%가 넘고 2개 종목을 보유한 투자자는 17.7%이니 1~2개 종목을 보유한 투자자 비율이 거의 60% 수준에 이릅니다. 3개 종목까지 따지면 대략 70%의 투자자가 1~3개 종목에 집중투자(몰빵)하고 있다고 해도 과언이 아닙니다.

---

1 한국예탁결제원 보도자료 2019년 12월 결산 상장법인 주식투자자(소유자) 현황
  https://www.ksd.or.kr/ko/about-ksd/ksd-news/press-release/35822

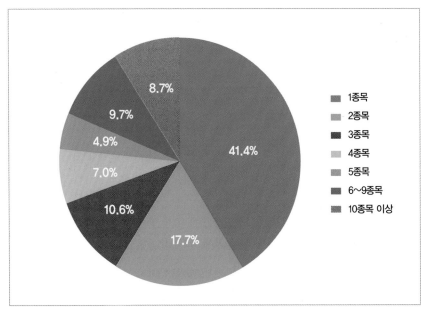

41.4%

17.7%

10.6%

7.0%

4.9%

9.7%

8.7%

■ 1종목
■ 2종목
■ 3종목
■ 4종목
■ 5종목
■ 6~9종목
■ 10종목 이상

출처: 한국예탁결제원

　몇 개 종목에 집중하면 돌발 악재가 발생했을 때 심각한 손실로 이어질 수 밖에 없습니다. 필자가 겪은 실제 사례를 이야기드리겠습니다. 2010년대 초, 필자의 지인 여러 명이 한꺼번에 상장폐지를 경험했습니다. 그들은 회사이름에 N이 들어가는 각기 다른 종목에 투자했는데 그렇게 됐습니다. 주식투자에 감이 있고 중요한 정보를 체크한 뒤 투자하는 사람들이었는데요. 그들은 공통적으로 한 종목에 올인했는데 필자는 해당 종목들에 재무적 리스크가 발생할 가능성이 높아보인다고 조언했으나 "대박 수익을 내기 위해서는 한 종목에 몰빵해야 한다"는 얘기만 들었지요.

　그리고 얼마 뒤 그 회사들은 재무적으로 불미스러운 사건이 발생하면서 결국 상장폐지 수순을 밟고 말았습니다. 그들이 각기 다른 N사에 투자했던 자금을 합치면 수억 원에 이르는 큰 돈이었습니다. 최소한 5개 종목에 분산했다면 투자 피해금은 1/5로 줄었을 것이고 10개 종목에 분산했다면 투자 피해액은 1/10로 줄었을 것입니다. 하지만 1개 종목에 집중투자한 바람에 치명적인 손실을 입고 말았죠.

이러한 예상치 못한 돌발 상황을 '블랙스완'이라고 부릅니다. 특히 개별 종목 단위에서는 아무리 조심하더라도 블랙스완은 순식간에 찾아올 수 있습니다. 이렇게 개별 종목 단위에서 발생하는 리스크를 '비체계적 위험'이라 합니다.

블랙스완

경제학에서 예상치 못하게 발생한 부정적인 상황을 표현할 때 블랙스완(검은 백조)이라 합니다. 백조는 흰 색만 있다고 생각하다가 18세기 검은 백조가 발견되면서 생물학계에 충격을 안겨주면서 이 용어가 등장했는데요. 백조의 경우처럼 불가능하다고 생각되던 상황이 실제 발생할 때 '블랙스완'이라는 표현을 사용합니다.

그런데 블랙스완은 개별 종목 단위에서만 발생하는 것이 아닙니다. 가장 최근의 사례가 2020년 코로나19 쇼크입니다. 전대미문의 전염병인 코로나19로 전 세계 경제가 얼어붙으면서 2020년 3월 전 세계 증시를 폭락시키고 말았습니다.

그나마 코로나19 사태는 한두 달 전부터 조짐이 있었으나 아무런 조짐도 없이 시장 전체를 흔드는 블랙스완도 있습니다. 하루아침에 전 세계 증시를 붕괴시킨 2001년 911 테러가 바로 그 사례입니다. 뉴욕 월드트레이드센터에 여객기 테러가 발생할지 누가 알았겠습니까? 여객기가 월드트레이드센터에 충돌한 것만으로도 충격적인데 생방송으로 월드트레이드센터가 불타고 붕괴하는 장면이 전 세계에 중계되었죠. 다음날인 9월 12일 미국 증시는 임시 휴장했지만 한국 증시는 개장을 했고 거의 대부분 종목이 하한가를 기록했습니다. 느닷없이 발생한 911 테러로 인해 주식시장은 공포와 패닉으로 어찌할 줄 몰랐습니다.

이렇게 시장 전체적으로 발생하는 리스크를 학술적으로 '체계적 위험'이라 합니다. 현대 포트폴리오 이론MPT, Modern Porfolio Thoery[2]은 주식투자의 총 리스크는 시장 전체 리스크인 체계적 위험(Systematic risk 또는 Market risk,시장 위험)과 개별 종목들의 리스크인 비체계적 위험(non-Systematic risk 또는 firm-specific risk, 개별 종목 리스크)으로 구분하고 있습니다.

비체계적 위험, 즉 개별 기업 단위의 리스크는 분산투자로 줄일 수 있습니다. 보유 종목수를 늘려갈수록 개별 기업 단위에 잠재된 리스크들이 상충하며 사라집니다. 종목수가 시장 종목수까지 늘어나게 되면 결국은 분산투자만으로 피할 수 없는 체계적 위험이 남습니다.

이 개념을 도표로 만들어 보면 한눈에 이해할 수 있을 겁니다. 아래 그래프에서 보듯이 편입종목수가 증가할수록 비체계적 위험(개별 종목의 리스크)

[자료 9-2] 포트폴리오 분산에 따른 비체계적 위험과 체계적 위험 도식도

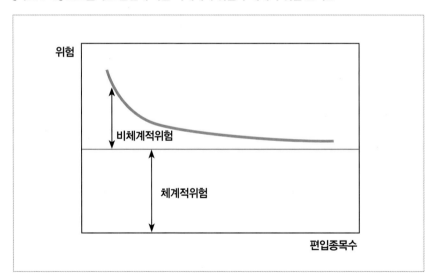

2   Modern Portfolio Theory: Why It's Still Hip (인베스토피아)
    https://www.investopedia.com/managing-wealth/modern-portfolio-theory-why-its-still-hip/

이 줄어들지만 아무리 종목수를 늘려도 체계적 위험을 줄이지 못한다는 점을 확인할 수 있습니다.

이 점을 생각한다면, 우리가 리스크 관리를 위해 취할 수 있는 방법 두 가지를 떠올릴 수 있습니다.

첫 번째로 개별 종목 단위의 리스크를 줄이기 위해 분산투자는 필수란 점입니다. 만약 1종목에 집중투자한 상태에서 상장폐지를 맞게 될 경우 치명적인 손실을 기록하지만, 10종목으로 분산했을 경우 피해 규모는 1/10로 줄어들게 됩니다. 그런데 종목수만 늘린다고 해서 분산투자라고는 할 수 없습니다. 너무 많으면 시장을 그대로 복제한 것에 불과할 수 있고, 비슷한 업종에 있는 종목으로 분산했다면 분산투자의 효과가 아예 없을 수 있습니다.

두 번째로 시장위험이라 할 수 있는 체계적 위험을 줄일 수 있는 방법입니다. 체계적 위험은 분산투자로는 줄어들지 않습니다. 분산투자로 종목수를 늘려봐야 시장을 복제하는 것에 불과합니다. 하지만 체계적 위험을 줄이는 방법이 있습니다. 바로 자산배분전략을 활용한 방법과 헤지 성격의 다양한 자산을 포트폴리오로 추가하는 것입니다. 어쩌면 자산시장 전체 관점에서의 분산투자라고도 할 수 있겠습니다.

지금부터 개별 종목의 위험을 줄여주는 분산투자와 시장위험을 줄여주는 자산배분전략 그리고 다양한 헤지 자산을 이용한 리스크 관리 방법을 자세히 알아보겠습니다.

분산투자와
자산배분전략

VALUE INVESTMENT

① 분산투자의 방법, 포트폴리오

우리나라 투자자들은 극소수의 종목에 집중투자하는 경향이 매우 강합니다. 3개 종목 이하로 투자하는 투자자의 비율이 70% 정도이니 대부분의 개인투자자가 몰빵투자하고 있다고 해도 과언이 아닙니다. 그리고 분산투자한다는 사람도 알고 보면 비슷한 업종·산업·테마군의 종목들에 투자한 경우가 많습니다. 혹은 같은 그룹사 내의 계열사들에 투자하고는 분산투자했다고 말하는 경우도 다반사입니다.

필자가 알고 지내던 개인투자자 한 분은 본인은 분산투자를 철저히 하고 있다고 말했습니다. 그래서 보유하고 있는 종목이 무엇인지 물어보니 삼성증권, SK증권, 기업은행, 삼성화재 등 모든 종목이 금융주였습니다. 이런 방식으로 종목수를 늘린다 한들 이는 분산투자라 할 수 없습니다. 같은 업종, 테마, 그룹사 종목들은 주가의 등락률만 다를 뿐 비슷하게 움직이기 때문입니다. 이렇게 비슷하게 움직이는 종목들로 포트폴리오를 꾸리면 분산투자의 장점이라 할 수 있는 리스크 축소 효과가 없습니다.

분산투자를 통해 리스크를 축소하는 효과를 극대화하기 위해서는 서로 성격이 다른 종목들을 포트폴리오에 담아야만 합니다. 비슷한 업종군에 있는 종목에 분산투자했을 때와 다른 업종군의 종목으로 분산투자를 했을 때의 차이를 알아보기 위해 2009년 연말부터 2020년 6월 말까지 주가 상승률이 비슷한 SK하이닉스와 국제약품을 샘플로 뽑아보았습니다..

두 종목 모두 2009년 연말부터 2020년 6월까지 누적 주가 상승률이 200%대로 비슷합니다. SK하이닉스는 267% 상승했고 국제약품은 259% 상승했습니다. 리스크 척도라 할 수 있는 월간등락률의 표준편차는 SK하이닉스가 9.0%, 국제약품이 12.3%입니다. 국제약품의 변동성이 높다는 것은 SK하이닉스에 비해 가격 리스크가 높다는 의미입니다.

SK하이닉스와 국제약품을 50%씩 투자한 후 계속 보유한 포트폴리오는 재미있는 결과를 보여줍니다. 수익률은 SK하이닉스와 국제약품의 중간값이 나오지만 포트폴리오 수익률 흐름은 두 종목들의 등락률 중간에서 유유히 움직입니다. SK하이닉스가 급등락할 때에는 국제약품 주가가 선방하는 등 서로 상충하면서 종목의 변동성에 비해 주가가 매우 평온하게 움직이는 것을 시각적으로 확인할 수 있습니다.

이는 실제 월간수익률 표준편차에서도 나타납니다. SK하이닉스는 9.0%, 국제약품은 12.3%의 월간수익률 표준편차를 보여주었지만 두 종목 포트폴리오의 월간수익률 표준편차는 7.5%로 두 종목들 각각의 표준편차값보다도 낮았습니다.

분산투자 포트폴리오를 구축할 때는 서로 다른 업종·테마·그룹사에 있는

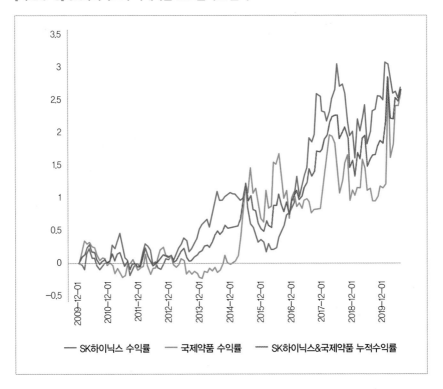

종목이어야 분산투자의 효과가 극대화됩니다. 상관관계가 적거나 혹은 상관관계가 정반대일 때 분산투자에 따른 리스크 축소가 극대화되지요. SK하이닉스와 국제약품의 경우 업종이 전혀 다르고 산업 또한 아예 다르며 통계적으로 월간수익률의 상관계수가 -0.03 수준으로 상관관계가 거의 없고, 미약하지만 서로 반대로 움직이는 경향이 있습니다.

따라서 여러분이 실전투자에서 포트폴리오를 구성한다면 되도록 다른 성격의 종목들로 분산해야 수익률의 안전성을 높이면서 조금 더 마음 편안한 투자를 할 수 있을 것입니다.

그렇다면 이런 궁금증이 생깁니다. 여러 종목으로 포트폴리오를 분산할 때 종목당 비율을 어떻게 나눠야 할까? 실제로 많은 사람들이 이 부분에서 고민을 하는데요. 일반적으로 '영감과 느낌이 가는 종목'의 비중을 가장 높게 가져가겠지만 이는 제대로 된 분산투자가 아닙니다. 기준을 가지고 종목당 비중을 구성해야죠. 종목당 비중을 나누는 몇 가지 방법이 있는데요. 시가총액가중방식, 동일가중방식, 가치가중방식에 대해 설명하겠습니다. 세 가지 방법 중 무엇이 정답이라고는 할 수 없으므로 자신의 상황에 맞게 종목당 비율을 세팅하기 바랍니다.

(1) 시가총액가중방식

시가총액가중방식은 분산투자하려는 종목들의 시가총액을 합산한 후 종목마다 시가총액의 비율이 어느 정도인지 계산해 종목당 비중을 계산하는 방식입니다.

A종목, B종목, C종목의 시가총액이 각각 3조 원, 2조 원, 1조 원이라면 이 세 종목의 시가총액 합(3조+2조+1조)인 6조 원에 대해서 각 종목의 시총 비율이 어느 정도인지 계산하는 것입니다. A종목은 3조 원이니 전체 시총 6조 원의 절반인 50%입니다. B종목은 2조원÷6조원=33.3%, C종목은 1조원÷6조원=16.7%로 계산할 수 있습니다.

시가총액방식은 종합주가지수, S&P500지수 등 주요 주가지수에 사용되는 방법입니다. 이렇게 하면 시가총액이 큰 종목의 비중이 상대적으로 높아지기에 포트폴리오를 세팅할 때 매수·매도가 편리합니다. 대형주는 거래량도 충분하기에 쉽게 매매할 수 있지만 시가총액이 작은 종목은 거래량이 작아 매매가 어려운 편이죠. 이 방식을 수익률 측면에서 보자면 대형주 중심장세일 때 전체 수익률을 높이는 효과가 있습니다. 다만, 박스권 장세가 오래 지속될 때는 이 방식의 수익률은 상대적으로 뒤쳐질 수 있습니다.

(2) 동일가중방식

동일가중방식은 용어에서 알 수 있듯 똑같은 비율로 균등하게 세팅하는 방식입니다. 필자는 개인적으로 이 방식을 선호합니다. 종목을 균등하게 세팅하므로 특정 종목에 정(情)을 주지 않을 수 있습니다. 그래서 투자 심리를 관리하는 데 도움을 줍니다. 특정 종목의 비중이 높을 경우 자칫 그 종목에 마음이 쏠릴 수 있고, 추가 매수 시 그 종목에만 몰빵하는 상황이 발생할 수 있습니다. 동일가중방식으로 분산투자하면 보다 냉정하게 종목들을 대할 수 있습니다. 다만, 이 경우 대형주들만 상승하는 차별화 장세나 몇 종목만 상승하는 모멘텀 장세의 경우에는 상대적으로 수익률이 아쉬울 수도 있습니다.

(3) 가치가중방식

가치가중방식은 저평가된 종목들의 비중을 더 높이는 방식입니다. 6교시에서 공부한 다양한 가치측정법들을 활용해 저평가된 종목에 더 많은 비중을 두고 상대적으로 고평가된 종목은 비중을 낮추는 방식입니다.

종목 PBR을 활용해 A종목, B종목, C종목을 가치가중방식으로 설정한다고 가정하겠습니다. 종목들의 PBR을 보니 A종목 PBR은 0.5배, B종목 PBR은 1배, C종목 PBR은 1.5배입니다. PBR이 가장 낮은 A종목을 가장 높은 비중으로 해야겠지요? 일반적으로 가치지표들은 낮을수록 저평가이기 때문에 가치가중방식으로 종목 비중을 계산할 때는 역수로 만들어 계산합니다.

A종목을 역수로 하면 2(=1/0.5), B종목은 그대로 1, C종목은 0.67(=1/1.5)입

니다. 이 PBR 역수를 합친 값인 3.67을 분모에 둔 후 각각의 종목 비중을 계산합니다.

종목당 비중을 계산하면

A종목은 2÷3.67 = 54.5%

B종목은 1÷3.67 = 27.2%

C종목은 0.67÷3.67 = 18.3%

이렇게 저평가인 종목의 비중을 높게 해 포트폴리오를 세팅합니다. 저평가된 종목의 비중을 높였기에 기대수익률이 높은 편입니다. 다만, 저평가로 생각되었던 종목이 밸류트랩에 빠져 주가가 불리하게 흘러갈 경우 동일가중방식보다 수익률이 더 나빠질 수 있는 단점이 있습니다. 따라서 가치가중방식으로 포트폴리오를 구성할 때에는 각오가 필요합니다. 기대수익률도 높지만 리스크도 높을 수 있기 때문입니다.

이 세 가지 방법 중 정답은 없습니다. 장단점을 살펴보고 여러분과 맞는 방법을 결정해 종목당 비율을 결정하기 바랍니다. 판단을 돕기 위해 세 가지 방법을 요약·정리해 보았습니다.

[자료 9-4] 분산투자 방식에 따른 장단점 비교

	장점	단점
시가총액방식	• 시가총액 비중이기에 거래 용이 • 대형주 장세에 유리	• 횡보장, 상대적 부진 • 시총 공룡주 편입 시 절대비중 차지
동일가중방식	• 균등 세팅, 매우 간단 • 횡보장 수익률 우세	• 차별화 장세에서 상대적 부진
가치가중방식	• 저평가 가치주에 고비중 • 기대수익률 높음	• 밸류트랩 발생 시 리스크 높음

② 자산배분전략과 리밸런싱

투자 시 리스크를 관리하는 궁극적인 방법은 자산배분전략에서 해답을 찾을 수 있습니다. 자산배분전략이라는 용어가 어렵게 느껴지기 때문일까요? 막연하게 거부감을 가지고 멀리 하는 분이 대부분입니다. 그러나 자산배분전략은 우리도 살아오면서 많이 접한 것입니다.

유태인의 탈무드에도 자산배분전략[3] 개념이 등장합니다. "자신의 돈을 세 부분으로 나누게 하되, 3분의 1은 토지에, 3분의 1은 사업에, 3분의 1은 예비로 남겨두라"는 내용이 바로 그것입니다. 여기에서 사업은 주식투자자 관점에서 주식일 것이고 예비로 남겨두는 돈은 안전자산, 토지는 기타 투자자산(리츠 등)으로 비유할 수 있을 것입니다.

자산배분전략을 따로 하지 않는 주식투자자 중에도 "현금(안전자산)을 적어도 10%는 갖고 있어야 한다"고 말하는 분들이 있습니다. 이것이 바로 자산배분전략입니다. 거창한 전략을 세우지 않고 현금(안전자산) 10%만 들고 있는 것도 자산배분입니다. 정석대로 자산배분전략을 하려 한다면 현금(안전자산)과 주식자산의 비율을 어떻게 나누고 어떤 규칙에 따라 관리할 것인가를 계획할 필요가 있습니다. 안전자산을 무작정 들고 있는 것이 아니라 비율을 어떻게 결정하고 조절할지 규칙을 세운다면 그것이 바로 자산배분전략이 됩니다.

그러나 대부분의 투자자가 자산배분전략을 무시하고 특히 상승장이 지속될 때는 "큰 수익을 만들어야 하는데 안전자산이 무슨 말이냐"며 자산배분전략의 필요성 자체를 외면하곤 합니다.

---

3 김성일 저(에이지21):《마법의 돈 굴리기》, 154p

[자료 9-5] 자산배분전략의 간단한 개념도

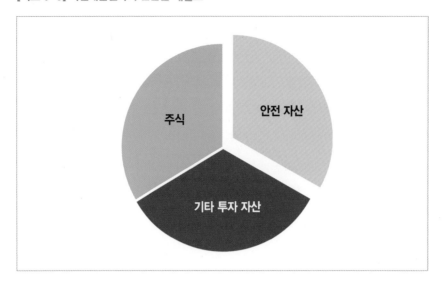

하지만 시장은 한 번씩 변덕을 부리곤 하지요. 그때 여러분의 자산을 보호해 주는 것이 자산배분전략입니다. 돌발 악재로 증시가 단숨에 -20%나 급락할 때 10%의 안전자산 비중을 가지고 있을 경우 평가손실률은 -20%가 아닌 -18%로 줄어듭니다. 이렇게 안전자산은 하락장에서 강한 안전판 역할을 합니다.

뿐만 아니라 규칙에 따라 리밸런싱을 하면 주가 급등락이 일어나도 수익률이 저절로 발생하는 '섀넌의 도깨비' 현상[4]도 나타납니다. 즉 자산배분전략은 안전성과 수익성이라는 두 가지 기능을 가지고 있습니다.

자산배분에는 다양한 전략이 존재합니다. 주식과 안전자산의 비율만으로 간단하게 구성하는 '정적 자산배분전략', 주식과 안전자산의 비율을 다양한 변수를 활용해 동적으로 계산해 적용하는 '동적 자산배분전략'이 있습니다.

---

4   윌리엄 파운드스톤 저(도서출판 소소): 《머니 사이언스》, 272p

섀넌의 도깨비

과학자이자 수학자인 클로드 섀넌은 무작위로 널뛰기하는 주식시장에 주식과 현금을 절반씩 투자한 후 규칙에 따라 정기적으로 비율을 다시 맞추는 리밸런싱을 하는 것만으로도 수익이 만들어지는 현상을 발견했습니다. 주가는 등락하다 제자리로 돌아왔는데 투자 수익은 우상향했던 것입니다. 이는 리밸런싱 과정에서 간접적인 저가매수·고가매도가 반복되면서 수익이 쌓이는 나타나는 현상인데, 그 자체가 워낙 도깨비같이 보이는 현상이다 보니 발견한 사람의 이름을 따서 '섀넌의 도깨비 Shannon's Demon'라 부릅니다.

특히 변동성이 큰 투자 대상에서 '섀넌의 도깨비' 현상은 더욱 가시적으로 발생합니다. 이를 활용해 다양한 투자 전략을 세워볼 수 있을 것입니다. 그중 가장 쉽게 활용할 수 있는 방법은 바로 자산배분전략과 리밸런싱입니다.

동적 자산배분전략은 시장 내외의 변수에 따라 무한에 가까운 방법이 존재합니다. 그러나 개발에서 적용까지 개인투자자가 사용하기에는 어려움이 따릅니다. 따라서 필자는 개인투자자에게는 단순한 비율로 구성된 정적 자산배분전략을 권합니다. 자산배분전략을 실행한 후 충분히 노하우가 쌓였을 때 자신만의 동적 자산배분전략을 만들어가면 멋진 성과를 낼 수 있을 것입니다.

정적 자산배분전략은 아주 단순합니다. 주식자산과 안전자산의 비율을 정하고 그 비율에 따라 자산을 세팅한 후 주기적으로 혹은 규칙에 따라 비율을 재설정하기만 하면 됩니다. 그런데 주변의 사례를 보면 처음에만 비율에 맞춰 세팅하고 몇 년 동안 리밸런싱을 전혀 하지 않는 경우가 많습니다. 이는 자산배분전략이 아니라 그냥 '방치'입니다. 단순비율전략으로 자산배분을 했다면 1년이나 6개월 같이 주기적으로 사전에 정한 자산배분 비율에 맞춰 리밸런싱을 해야 합니다.

자산배분전략을 사용하는 것은 간단합니다. 사전에 두 가지 규칙만 결정하면 됩니다.

첫째, 주식자산과 안전자산의 고정비율 규칙을 결정

둘째, 리밸런싱 주기에 관한 규칙을 결정

이때 안전자산의 비율이 낮을수록 주식비중이 높아지므로 공격적인 성향의 자산배분전략이라 할 수 있고 안전자산비율이 낮을수록 보수적인 성향의 자산배분전략이라고 할 수 있습니다. 실제 단순비율 자산배분전략이 적용된 금융상품들은 주식과 안전자산의 비율을 각각 70:30, 50:50, 30:70 등의 비율로 정하고 적용합니다.

수익을 높이기 위해 공격적으로 투자하고 싶다면 주식 90:안전자산10의 비율로 할 수 있고, 안전지향적 투자를 원한다면 주식 10:안전자산 90의 비율로 자산배분전략을 세울 수 있습니다. 안전자산의 비율이 높을수록 투자 리스크는 낮아지지만 그만큼 기대수익률은 낮아집니다. 투자자마다 리스크를 감내하는 정도가 다르기에 자신의 성향을 살펴 선택해야 할 것입니다.

자산배분전략을 도입하면 안전자산·주식자산을 비율대로 세팅한 것에 그치면 안 됩니다. 투자 후 리밸런싱도 반드시 기억해야 합니다. 자산배분전략의 백미는 리밸런싱에 달려있기 때문입니다. 리밸런싱은 정해진 비율에 맞춰 주기적으로 투자자산의 비율을 재세팅하는 것을 말합니다.

예를 들어 1억 원을 50:50으로 투자해 1년에 한 번 리밸런싱한다고 가정하겠습니다. 계산의 편의를 위해 배당과 이자가 없다고 상정합니다.

처음 투자 시 5천만 원은 주식자산, 나머지 5천만 원은 안전자산(현금)에 투입되겠지요? 1년 뒤 계좌를 보니 주식이 반토막 나서 2,500만 원이 되었다고 합시다. 안전자산은 5천만 원 그대로 남아있으니 전체 투자자산은 7,500만 원으로 -25% 손실을 기록하고 있을 것입니다. 만약 1억 원을 모두 주식에 투자했다면 -50%라는 치명적인 손실이 났겠지만 다행히도 -25%로 선방했네요. 그런데 1년 후에 리밸런싱을 하기로 했으니 '냉정하게' 규칙에 맞춰 리밸런싱을 합니다. 남은 자금을 다시 50%씩 나누는 것이죠. 3,750만 원은 주식자산, 3,750만 원은 안전자산으로 재편성될 것입니다. 그런데 이 과정에서 안전자산 5천만 원에서 일부가 주식자산에 투입되어 주식을 추가매수하게 되었습니다. 즉, 간접적인 저가매수 현상이 발생합니다.

다시 1년 뒤 증시가 100% 상승하면서 기쁘게도 제자리로 돌아왔습니다. 1년 전 리밸런싱한 3,750만 원의 주식은 7,500만 원이 되어있을 것이고 안전자산은 그대로 3,750만 원이겠지요? 이를 합하면 1억 1,250만 원입니다. 뭔가 이상하지 않습니까? 주식시장은 제자리로 돌아왔는데 전체 자산의 평가금액은 1억 원에서 1억 1,250만 원으로 증가했으니까요.

주식시장의 급등락에도 굴하지 않고 정해진 시기에 자산배분과 리밸런싱을 해주면 시장이 널뛰다가 제자리로 돌아왔음에도 자산이 증가하는 현상이 발생합니다. 이것을 '섀넌의 도깨비'라고 부릅니다. 이러한 현상이 발생하는 이유는 증시 하락 후 리밸런싱 과정에서 간접적인 저가매수가 발생했고 결과적으로 이것이 수익률을 높였기 때문입니다.

대부분의 개인투자자는 주가가 하락한 상황에서 리밸런싱은커녕 공포에 빠져 투매하고 시장에서 도망가기 바쁠 것입니다. 하지만 자산배분전략을 통해 리밸런싱을 이어간 투자자들은 그 시기를 기회로 만들 수 있습니다.

다시 예시로 돌아와서, 증시가 100% 상승한 뒤 또 다시 리밸런싱을 실행합니다. 총 평가금액 1억 1,250만 원을 50%씩 나누어 5,625만 원은 주식, 5,625만 원은 안전자산으로 분배하는 것이죠. 이때 주식자산 7,500만 원 중 1,875만 원을 매도해 안전자산으로 이동시키게 됩니다. 이 과정에서 간접적인 고가매도 현상이 발생합니다.

[자료 9-6] 50:50으로 리밸런싱만 잘해도 저절로 수익이 증가한다(단위: 원)

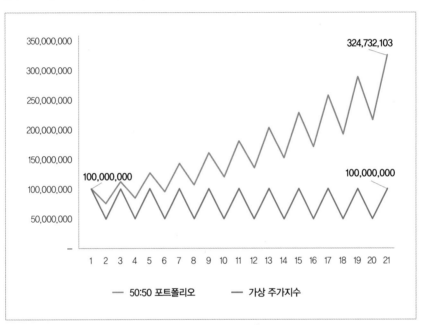

리밸런싱을 통해 간접적 저가매수, 간접적 고가매도를 하게 되는데 이것이 바로 투자자들이 원하는 '싸게 사서 비싸게 파는 Buy Low And Sell High' 행동입니다. 그리고 위의 상황이 반복되면 어떻게 될까요? '섀넌의 도깨비' 현상은 장기적으로 상상 이상의 결과를 낼 수 있습니다.

자산배분전략은 주식투자를 시작하는 초기부터 하는 것이 좋습니다. 처음부터 자산배분전략을 습관화하지 않으면 앞으로 시장이 폭등하든 폭락하든 사용하지 못할 것입니다. 시장에 오래 생존한 투자 고수들이 공통적으로 안전자산 10% 정도는 들고 가는 것 또한 자산배분전략입니다. 여러분에게도 이런 전략이 필요합니다. 머리가 복잡하다면 단순하게 90:10부터 70:30, 50:50, 30:70 중에서 자신의 투자 성향과 리스크 감수 정도에 맞추어 비율을 정하세요. 그리고 몇 개월 단위로 리밸런싱을 할 것인지 규칙을 정하면 됩니다. 이것이 투자의 안정성과 수익성 모두를 얻을 수 있는 최선의 방법입니다.

위험을 줄이는
다양한 헤지 자산

VALUE INVESTMENT

위험을 관리하는 방법으로 분산투자와 자산배분전략을 설명했습니다. 분산투자는 종목수를 늘림으로써 개별종목의 리스크인 비체계적 위험을 감소시키는 효과가 있고, 자산배분전략은 위험자산과 안전자산을 정해진 비율로 나눠 투자해 리스크를 줄이고 수익을 만드는 장점이 있습니다. 그런데 이들은 모두 간접적으로 리스크를 관리하는 방법입니다. 포트폴리오의 리스크를 중장기적으로 낮춰줄 수는 있지만 시장에 돌발적으로 발생하는 리스크를 효과적으로 막지는 못합니다. 분산투자는 시장위험이 그대로 남아있어 돌발악재로 증시 하락시 하락을 그대로 경험할 수 있으며 자산배분전략은 일정 비율은 주식(위험자산)을 가지고 있어야 하기에 리스크를 획기적으로 줄여주지 못합니다. 이때 리스크를 줄이기 위해 사용하는 것이 헤지 hedge 입니다.

주식시장이 하락할 때 주식시장과 반대로 움직이는 헤지자산을 추가한다면 계좌의 손실을 최소화할 수 있을 것입니다. 금융시장에는 초보투자자도 접할 수 있는 여러 가지 헤지 방법이 있습니다.

선물, 옵션, 인버스 ETF, 달러가 리스크 헤지를 위한 대표적인 투자 대상입니다. 헤지해야 할 금액을 모두 투입하지 않아도 증거금만 있으면 증거금의 몇 배에 이르는 투자자산을 위험에서 헤지할 수 있습니다. 헤지를 위한 투자 대상들은 적은 증거금으로 큰 자산에 투자할 수 있다 보니 기본적으로 매우 큰 리스크에 노출될 수 있습니다. 그래서 금융당국은 선물·옵션에 투자할 때는 사전교육을 의무화하고 있으며 기본예탁금 제도를 두고 있습니다. 그리고 레버리지·인버스 ETF에 투기적 수요가 발생하자 2020년 9월부터 파생형 ETF에 대한 사전교육이 의무화되었습니다.

그러나 선물·옵션·파생 ETF 등을 거래하기 위한 사전교육도 그리 어렵지 않습니다. 작은 절차일 뿐이지요. 교육을 통해 자격 요건을 갖추면 이런 자산들을 여러분의 투자 헤지용 도구로 사용할 수 있습니다.

① 선물

먼저 선물 Futures 에 대해 알아보겠습니다. 선물은 미래에 거래할 대상을 현 시점에 미리 계약하는 제도입니다. 교과서에서 자주 사례로 등장하는 선물 사례는 배추 밭떼기인데요. 이것은 엄밀히 말해 선물계약이 아닌 선도계약입니다. 중간 상인은 배추를 수확할 때 밭 통째로 사가겠다고 농민과 계약을 맺습니다. 이를 선도계약이라고 합니다. 농민은 수확기에 배춧값이 폭락하더라도 현금을 확보할 수 있고 반대로 중간 상인은 배춧값이 폭등하더라도 계약한 가격으로 배추를 확보할 수 있습니다.

자, 이 개념을 확장해 주식시장에서의 선물시장을 생각해보죠.

선도계약과 선물계약의 차이점

선도계약과 선물계약은 비슷한 듯하지만 거래가 이루어지는 시장이 다릅니다. 선물계약은 특정 거래소에서 표준화된 계약이고 매일 일일정산하며 계약이행여부를 결제기관이 보증합니다. 거래소의 규제가 수반되고 실제 실물의 인수도 극히 낮은 비율로 발생합니다. 선도계약의 경우는 개인 대 개인 또는 사업자 대 사업자가 맺는 개별 계약의 형태가 대부분이기에 계약의 안정성이 선물계약에 비해 낮습니다. 일종의 사계약 형태라고 보면 됩니다. 선도계약 사례로는 투자 교과서에 가장 자주 등장하는 '배추 밭떼기'가 있겠습니다. 개인 대 개인 또는 사업자 대 사업자의 개별 계약 형태라서 계약 불이행이 발생할 수도 있고 상황에 따라 내가 원하는 선도계약의 효과를 얻지 못할 수 있습니다.

선물계약 사례는 금융시장에서 볼 수 있는 코스피200 선물, 코스닥150 선물, 개별 주식 선물, 상품 선물 등과 같이 거래소에서 거래되는 것입니다. 이들 선물 거래는 거래소가 매매와 정산을 하고 정확하게 관리하기에 선도계약과 달리 계약 불이행 상황이 발생할 가능성이 극히 낮습니다.

여러분이 다각도로 분석한 결과 주식시장이 하락할 것으로 예상했다고 합시다. 주식 포트폴리오의 리스크를 헤지할 수 있는 방법으로, 주식을 매도하는 방법이 있겠죠. 주식을 대규모로 매도하려면 수수료나 매매 과정의 비용, 배당금 문제 등이 있어 부담이 됩니다. 이때 사용할 수 있는 방법 중 하나가 선물시장에서 증거금만 내고 선물 매도 포지션을 갖는 것입니다.

옆의 도표는 선물 포지션에 따른 손익 개념도입니다. 선물 매수 포지션을 가지면 주식을 보유한 것과 마찬가지로 주가가 상승하면 플러스 수익이 발생하고 주가가 하락하면 수익이 줄거나 마이너스 손실이 발생합니다. 반대

[자료 9-7] 선물 포지션에 따른 손익 개념도

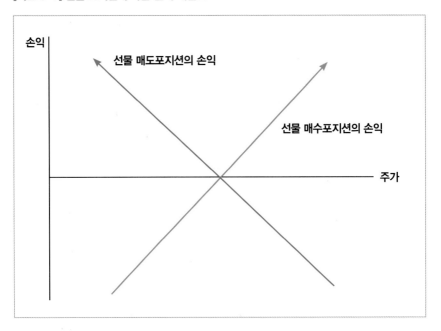

로 선물 매도 포지션을 가지고 있다면 주가가 하락할 때 수익이 발생하고 반대로 주가가 상승하면 손실이 발생됩니다.

위험 헤지 차원에서 주식시장 하락을 예상해 같은 평가금액만큼 선물 포지션을 취한다면 주식에서 손실이 발생하더라도 손실을 줄이거나 아예 제거할 수 있습니다. 그러나 예상과 달리 주식시장이 상승할 경우, 선물 매도 포지션이라면 손실이 발생할 수 있습니다.

따라서 선물 매도를 활용해 포트폴리오를 헤지할 때에는 예상과 다르게 흘러갈 때(증시 상승)를 대비해 선물 매도를 언제 청산할지 출구전략도 함께 세워야 합니다. 그리고 선물과 옵션시장에는 만기가 존재합니다. 만기일 이후에도 계속 해당 포지션을 유지할 경우 차월물 파생포지션으로 재세팅하는 롤오버를 해야 합니다. 이때 직간접적인 거래비용이 발생합니다. 따라서 선물로 헤지 시에는 적절한 시점 혹은 기준을 세우고 선물 매도 포지션을 언제 되사들여(환매수) 청산할지 꼭 계획을 세워야 합니다.

② 옵션

두 번째 헤지 방법으로 옵션Option 을 고려할 수 있습니다. 옵션은 일상생활에서도 자주 사용하는 용어인데요. 옵션은 선택 사항이지 의무는 아니지요. 그런데 우리가 그 옵션을 선택하면 권리를 가지게 됩니다. 자동차를 구입할 때 옵션은 구입해도 되고 아니어도 되지만 일단 선택하고 값을 지불하면 판매자는 그 옵션을 꼭 자동차에 장착해야 합니다.

파생상품 옵션도 마찬가지입니다. 파생시장에서의 옵션은 콜옵션 Call Option 과 풋옵션 Put Option 이 있습니다. 콜옵션은 특정 가격에 '살 수 있는 권리' 입니다.

"이 물건이 100원짜리인데 앞으로 물건 가격이 어찌 될지는 모르겠지만, 대신 지금 10원 주면 나중에 가격이 어찌 되든 100원에 살 수 있는 권리를 너에게 줄게."

"오케이, 콜!"

이렇게 되면 거래 성립이죠? 특정 가격에 살 수 있는 권리를 가지고 있을 때 만약 그 가격이 계속 상승한다면 기분이 참 좋아지겠지요? 돈을 버는 것이니 말입니다. 실제 옵션시장에서는 살 수 있는 가격과 실제 가격 차이 이상으로 콜옵션 가격이 상승합니다. 반대로 가격이 하락할 때에는 그냥 살 수 있는 권리를 포기하면 됩니다. 극단적으로 물건 가격이 0원이 되었을 때 군이 콜옵션을 행사해서 100원에 살 필요는 없으니까요. 콜옵션 보유자는 사야 할 의무가 없습니다. 따라서 옵션시장에서 기준물의 가격이 하락하면 콜옵션 가격은 그저 0원에 근접하지 마이너스가 되지는 않습니다. 그저 프리미엄만 버리면 됩니다.

반대로 풋옵션은 '팔 수 있는 권리'입니다. 내가 어떤 물건을 특정 가격에 팔 수 있는 권리를 풋옵션 가격으로 사는 것입니다. 어떤 물건을 100원에 팔 수 있는 권리를 10원에 샀다면 그 물건 가격이 떨어지면 떨어질수록 기쁘지요. 물건값이 0원이 되더라도 100원에 팔 수 있으니까요. 반대로 그 물건값이 천정부지로 상승해 1,000원, 10,000원이 되더라도 손해는 보지 않습니다. 그저 풋옵션을 포기하면 되니까요. 이미 지불한 10원이라는 프리미엄만 손해보면 그만입니다.

[자료 9-8] 콜옵션과 풋옵션의 손익 개념도

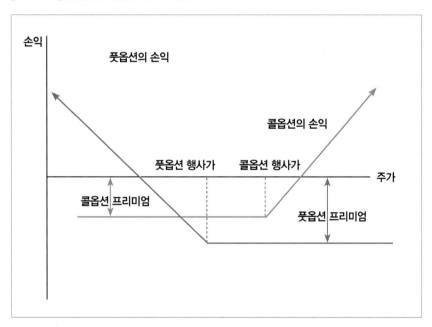

말로 설명하려니 다소 막연하네요. 콜옵션과 풋옵션의 수익구조를 쉽게 이해할 수 있도록 도표로 정리했습니다. 앞 페이지의 [자료 9-8] 개념도를 잘 살펴보길 바랍니다.

콜옵션은 주가가 상승할수록 수익이 커집니다. 주가가 하락하면 프리미엄만큼 손해를 보기는 하지만 손실폭은 프리미엄 수준에 그칩니다. 반대로 풋옵션은 주가가 하락할수록 수익이 선형으로 커집니다. 하락시에도 풋옵션 프리미엄만큼만 손해 보면 그만입니다.

흔히 헤지용으로 풋옵션의 매수 포지션을 종종 사용합니다. 풋옵션이라는 권리만 사면 나의 자산을 주가 하락에서 헤지할 수 있기 때문입니다. 그래서 주식시장에 급격한 하락이 발생할 때 풋옵션이 100배씩 상승하는 현상이 나타나기도 합니다.

다만, 옵션들의 만기는 선물 만기보다 짧습니다. 그리고 옵션을 헤지용으로 매입할 때의 가격은 단순히 행사가격과 주가의 차이보다 훨씬 큰 시간가치라는 것이 있어 헤지비용이 제법 크게 발생합니다. 그래서 옵션 만기가 되어 차월물 옵션으로 롤오버를 반복하다 보면 헤지비용이 더 크게 발생할 수 있습니다. 따라서 풋옵션을 헤지용으로 사용할 때에는 심사숙고해야 합니다. 다만, 주식시장의 급변동이 예상될 때 선물보다 적은 증거금으로 주식 포지션을 헤지할 수 있다는 점에서 고려할 만한 방법입니다.

③ 인버스 ETF

세 번째로 고려할 수 있는 헤지방법은 인버스 ETF 매수입니다. 선물·옵션의 경우 별도로 파생상품 계좌를 만들어 관리해야 하지만, 인버스 ETF는 주식처럼 매수하면 되기 때문에 간단히 이용할 수 있습니다. 인버스 ETF는 운용사가 자체적으로 파생상품을 활용해 기준 주가지수의 등락과 반대의 등락률을 만들도록 설계한 것입니다. 그래서 선물 매도포지션과 유사한 형태로 수익 구조가 형성되어 있습니다.

이를 비교하기 위해 코스피200지수와 KODEX인버스를 차트로 살펴보겠습니다.

[자료 9-9] 코스피200지수(상)과 KODEX인버스(하) 차트

차트는 2009년 연말부터 2020년 7월 중순까지 코스피200지수와 KODEX

인버스 ETF의 흐름을 보여주고 있습니다. 한눈에 봐도 서로 반대로 움직이죠? 주식시장이 하락하는 시기에 인버스 ETF는 가격이 올라갑니다. 인버스 ETF를 활용하면 하락장에서 수익률을 완충시킬 수 있습니다.

다만, 인버스 ETF에도 고려할 요소가 있습니다. 상품 구조상 파생상품을 사용하기 때문에 롤오버 비용이 발생합니다. 따라서 헤지 차원으로 인버스 ETF 포지션을 취했다가 장기로 보유할 경우 잠재적 손실이 누적될 수 있습니다. 앞의 차트에서 보듯이 2018년 연초 주가지수가 최고치에 이르던 시기 인버스 ETF도 최저점 부근에 가격을 형성했습니다. 하지만 2020년 7월 코스피 200이 하락한 상황임에도 불구하고 인버스 ETF는 2018년 최저점 부근까지 가격이 하락한 것을 확인할 수 있습니다. 즉, 인버스 ETF 또한 헤지용으로 많이 사용되긴 하지만 무작정 오랜 기간 들고 가기에는 무리가 있는 것입니다.

④ 달러

그 외에도 다양한 자산으로 헤지할 수 있습니다. 생각해보면 헤지는 자산배분전략과 마찬가지 개념입니다. 자산배분전략에서의 안전자산(채권 등) 대신 금융상품을 사용한 셈입니다. 즉, 주식시장과 역의 상관관계(반대로 움직이는 경향)가 있는 자산을 추가한다면 헤지할 수 있는 거죠.

주식시장과 역의 상관관계이고 주식시장이 하락할 때 가격이 상승하는 것이 무엇이 있을까요? 앞서 언급한 선물 매도 포지션, 풋옵션, 인버스 ETF를 비롯해 '달러($)'도 있습니다.

우리나라가 경제위기에 빠질 때마다 주식시장은 하락하고 달러는 급등했습니다. 그래서 달러 자산을 헤지 차원에서 활용하는 분들도 많습니다. 헤지를 위해 달러 자산을 매수하려면 어떻게 할까요? 달러 예금, 달러화 표시 채권이나 미국채를 사는 방법, 미국 주식을 추가하는 방법 등이 있습니다.

[자료 9-10] 종합주가지수와 달러 가격의 흐름(1987년~2020년 상반기)

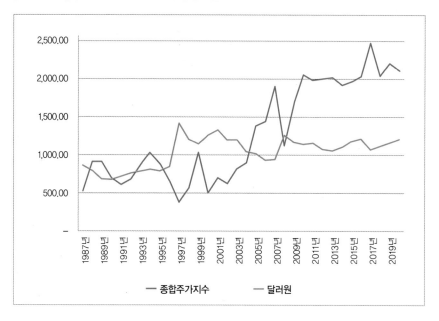

위의 자료는 종합주가지수와 달러원 환율의 1987년부터 2020년 상반기까지의 흐름을 함께 표시한 차트입니다. 1997년, 2008년 그리고 2018년 이후 흐름을 보면 주식시장이 약세 국면일 때 달러 가격은 크게 상승했음을 확인할 수 있습니다. 통계적으로 분

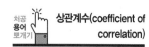

처음 용어 뽑개기 **상관계수(coefficient of correlation)**

상관계수는 -1에서 +1의 값을 가지는데, -1의 경우는 완전히 반대로 움직이며 +1의 경우는 똑같이 움직이는 경향을 가집니다. 0에 근접할 경우에는 아무런 상관이 없다 하겠습니다.

석하더라도 주가지수와 달러원 환율 수익률의 상관계수는 연간 -0.52로, 거꾸로 움직이는 경향이 강합니다.

그 이유는 금융위기나 경제 불안 시기에 기축통화인 달러의 수요가 증가해 가격이 급등하기 때문입니다. 한국의 경제가 튼튼해지고 증시가 상승할 때는 오히려 달러 가격이 하락하며 수익률을 갉아먹기도 합니다. 따라서 달러 자산은 자산배분전략의 일부로 활용하는 경우가 대부분입니다. 달러를 헤지로 활용하는 대표적인 사례로는 4등분 자산배분전략이 있습니다. 자세한 내용은 다음 단락에서 설명하겠습니다.

다음 단락에서는 자산배분전략이 어떤 성과를 만드는지 실제 사례를 들어 살펴보겠습니다. 4등분 전략도 샘플 사례로 준비했습니다.

자산배분전략 실행하기

VALUE INVESTMENT

필자는 몇 년 전부터 새벽시간에 수영을 배우고 있습니다. 처음에는 물속에 바로 가라앉는 맥주병이었지만 몇 개월 뒤에는 개구리처럼 퐁퐁 평영을 하는 단계에 이르렀고 지금은 접영으로 쭉쭉 나갑니다. 어떤 영법을 배우든 처음에는 발차기부터 배웁니다. 발차기가 기본이기 때문이지요. 발차기가 익숙해진 이후에야 팔동작과 롤링 단계로 나갑니다. 발차기만 잘해도 팔을 움직이지 않더라도 앞으로 나갈 수 있습니다.

투자에서 이런 발차기와 같은 역할을 하는 것이 바로 '자산배분전략'입니다. 화려한 매매 기술이 없더라도 자산배분전략을 잘 지키면 투자의 세계에서 앞으로 나갈 수 있습니다. 자산배분전략은 느리지만 안정적이면서 장기적으로 수익을 만들 수 있는 간접적인 BLASH Buy Low And Sell High 효과와 함께 섀넌의 도깨비 현상을 만들어 줍니다.

그렇다면 자산배분전략이 어떤 성과를 냈는지 몇 가지 사례를 통해 함께 살펴보겠습니다.

가장 단순하면서도 간편한 비율인 50:50 전략을 먼저 살펴보지요. 위험자산(주식)과 안전자산(국고채, 현금)을 50:50으로 배분하고 정해진 주기마다 비율을 다시 50:50으로 맞추는 방식입니다.

매우 간단한 방식이지만 거대 투자기관이나 기금에서도 이 전략을 사용합니다. 대표적으로 일본 공적연금은 위험·안전 자산을 반반 나누고 이를 다시 국내·해외로 나누어 4등분 전략으로 사용하고 있습니다. 골치 아프게 계산할 필요도 없고 특정 시기 혹은 정해진 규칙에 맞추어 비율만 다시 맞추면 되니 초보라도 사용할 수 있는 전략입니다.

[자료 9-11] 50:50 전략의 성과(1987년~2020년 6월)

(기준가: 100)

위의 그래프는 50:50 전략을 1987년 말부터 2020년 6월 말까지 운용했을 때의 성과를 나타냅니다. 종합주가지수보다 안정적이면서 꾸준히 높은 성과를 만들었음을 확인할 수 있습니다.

32년 6개월여 동안 종합주가지수는 기준가 100p에서 401.5p로 올라 301%의 수익률을 기록했고, 50:50 전략은 기준가 100p에서 784.10p로 올라 684%가 넘는 수익률을 만들었습니다. 연환산 수익률CAGR로 계산하면 50:50 전략은 연 6.54%의 수익률, 종합주가지수는 연 4.36%의 수익률을 기록했습니다.

연간 2.18%p라는 작은 차이였지만 장기적으로 종합주가지수와 격차를 벌리며 엄청난 수익률 차이를 만든 것입니다. 특히 최악의 수익률을 낸 해를 기준으로 살펴볼까요? 종합주가지수는 2000년에 -51%라는 충격적인 하락률을 만들었지만 그 해에 50:50 전략은 -22% 수준의 하락률을 기록했습니다. 자산배분전략이 투자 안정성은 물론이고 수익률도 높이는 방법임을 보여주는 결정적인 증거입니다.

다만, 50%라는 위험자산 비중이 투자자에 따라 많을 수도, 작을 수도 있기에 투자 성향에 따라 주식 비중을 조정하는 것이 좋습니다. 혹은 나이에 따른 안전자산비중 활용 전략을 사용해 나이가 많아질수록 안전자산의 비중을 기계적으로 높이는 방법도 활용할 수 있습니다.

앞서 언급한 50:50 전략은 단순 비율을 이용한 정적 자산배분전략입니다. 여기서 전략을 업그레이드하면 시장 밸류에이션을 활용한 동적 자산배분전략을 만들 수도 있습니다. 시장이 고평가되면 주식 비중을 낮추고 시장이 저평가되면 주식 비중을 높이는 식이지요.

시장 밸류에이션에 관한 자료는 전 세계 주요 증권거래소 홈페이지에서 쉽게 확인할 수 있습니다. 한국거래소KRX 홈페이지에서도 PER, PBR, 배당수익률 등과 같은 시장 통계자료를 간단한 검색으로 찾을 수 있고 파일로 내려

받을 수 있습니다.

　가치투자 전략을 활용한 자산배분전략의 간단한 샘플로 시장배당수익률과 시장금리를 활용해 안전자산·주식자산의 비중을 정할 수 있습니다. 이 개념은 시장 금리로 시장배당수익률을 나눴을 때 배당수익률이 시장 금리보다 높을 경우 주식자산의 비중을 높이고, 반대로 시장 금리보다 배당수익률이 현격히 낮을 경우 안전자산의 비중을 높이는 것입니다. 시장 밸류에이션을 활용하기에, 시장이 고평가되었을 때는 안전자산의 비중을 높이고 시장이 저평가되었을 때는 주식자산을 높이면서 단순 50:50 전략보다 액티브하게 비중을 조절할 수 있습니다.

　다만, 시장 밸류에이션을 활용한 자산배분전략은 밸류트랩에 빠져 하락 모멘텀이 지속될 경우 혹은 상승장이 지속되어 고평가된 시장이 계속 상승

[자료 9-12] 시장배당수익률 자료로 만들어본 자산배분전략 성과(1987년~2020년 6월)

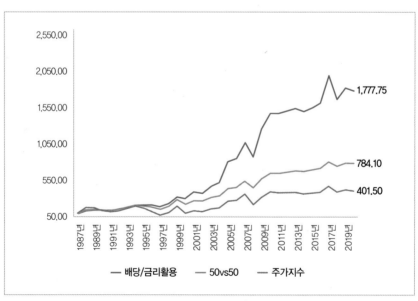

(기준가: 100)

할 경우 불리한 성과가 만들어질 수 있음을 기억하세요.

앞의 시장배당수익률과 시중금리를 활용한 동적 자산배분전략은 1987년부터 2020년 6월 말까지 32년 6개월 동안 기준가 100p가 1777.75p까지 상승하며 1677%가 넘는 수익률을 기록했습니다. 연 9.25%라는 놀라운 수익률입니다. 50:50 전략과 종합주가지수가 최악의 수익률을 만든 해인 2000년에도 배당·금리 활용 동적 자산배분전략은 -5% 수준의 양호한 수익률을 거두었습니다. 그 이유는 1999년 IT 버블로 증시가 폭등해 시장배당수익률이 1% 미만으로 내려갔고 은행금리가 7%에 육박할 정도로 높아지면서 주식 비중이 크게 낮아졌기 때문입니다. 최근에는 배당수익률이 높아지고 초저금리 시대가 되면서 주식 비중이 매우 높게 계산되는 해가 많아 실제로 사용하기에는 고민이 필요합니다.

최근 들어 해외자산에 투자하는 사람들이 크게 늘었습니다. 그에 따라 자산배분을 국내는 물론이고 해외 자산, 즉 해외주식과 해외안전자산까지 추

[자료 9-13] 4등분 자산배분전략 개념도

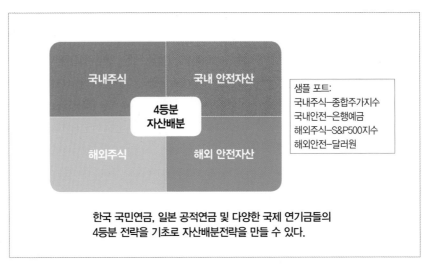

한국 국민연금, 일본 공적연금 및 다양한 국제 연기금들의
4등분 전략을 기초로 자산배분전략을 만들 수 있다.

가해 투자하는 경우도 늘고 있습니다. 이것이 4등분 전략인데요. 국내투자 자산을 주식·안전자산으로 반반 나누고, 해외투자자산 역시 주식·안전자산으로 반반 나눈 것입니다.

즉, **국내주식, 국내안전자산, 해외주식, 해외안전자산을 균등하게 배분한 뒤 1년에 한 번씩 비율을 다시 맞추는 리밸런싱만 반복하면 됩니다.**

정말 쉽죠? 국내주식/국내안전자산/해외주식/해외안전자산 카테고리에 적절한 투자 대상을 넣어보겠습니다. 계산 편의를 위해 대표지수와 손쉬운 안전자산을 적용하고, 배당수익과 이자, 세금 등은 고려하지 않겠습니다.

- 국내주식은 종합주가지수를 기준으로 했습니다. 투자 시 코스피200 추종 ETF를 활용하세요.
- 국내안전자산은 정기예금으로 했습니다.
- 해외주식은 S&P500지수로 했습니다. 투자 시 S&P500 관련 ETF를 사용하면 됩니다.
- 해외안전자산은 달러원 환율로 했습니다. 실제 투자 시에는 달러예금이나 달러발행어음을 고려할 수 있습니다. 또는 미국 증시에서 거래되는 미국채 ETF를 고려할 수도 있습니다.

그리고 해외 자산은 환헤지를 고려하지 않았습니다. 보통 환헤지를 통해 원화 기준 안정성을 추구하는 경우가 많지만, 이렇게 하면 해외자산의 분산투자 효과가 급감합니다. 오히려 환헤지를 하지 않아야 위기상황에서 4등분 전략의 수익률이 빛을 발하게 됩니다.

2008년 금융위기에 S&P500지수가 -40%나 하락했지만, 달러 가격이 상승하면서 S&P500지수의 2008년 원화 기준 수익률은 -20% 수준이었습니다.

4등분 자산배분전략을 매년 연말 리밸런싱하며 1987년부터 2020년 6월 말까지 운용했을 때의 수익률을 추적했습니다.

[자료 9-14] 4등분 전략 성과(1987년~2020년 6월)

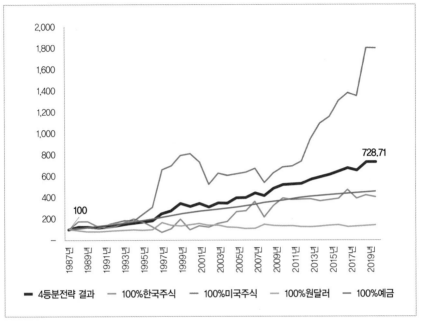

(기준가: 100)

4등분 전략은 수익률로는 628%, 자산은 7.28배 상승하는 매우 유의미한 성과를 만들었습니다. 연환산 수익률로는 6.3%라는 성과입니다. 같은 기간 예금으로만 재투자했을 경우 자산이 4.5배 증가한 것과 비교하면 매우 높은 성과라 할 수 있겠습니다. 특히 증시가 크게 휘청거리던 1997년 IMF 시기에는 달러 상승 덕분에 +37.9% 수익률을 기록했고 2000년 IT 버블 붕괴가 있던 해에는 -8.2%, 2008년 금융위기 때도 -5.6%의 작은 출렁임으로 폭락장을 이겨냈습니다.

이처럼 자산배분전략은 안정적인 수익률을 만들고 장기 수익률을 높이는 효과가 있습니다. 자산배분전략 성과를 보이기 위해 간단한 사례를 들었지만, 더 복잡하게는 옵션의 포트폴리오 인슈어런스와 같은 동적자산배분을 사용하는 등 무한에 가까운 전략들이 있습니다.

앞에서 살펴본 샘플 사례들을 토대로 여러분만의 자산배분전략을 연구하면 투자의 튼튼한 초석이 만들어지리라 생각합니다.

자신만의 자산배분전략을 세우는 방법

자산배분전략을 배웠지만 실전 투자에서 활용하는 데에는 어려울 수 있습니다. 가장 큰 어려움은 어떤 자산배분전략을 선택해야 좋은 성과가 날지 욕심이 나기 때문인데요. 그러나 고민만 하고 시간을 흘려보낸다면 안 되겠죠.

자산배분전략을 선택할 때 가장 중요한 기준을 여러분에게 살짝 귀뜸해드리겠습니다. 그것은 바로 여러분의 리스크에 대한 감수 정도입니다.

투자자마다 리스크에 대한 반응과 태도는 각양각생입니다. 필자는 위험에 대해 각오가 되어있어 공격적인 방법을 사용합니다. 고위험·고수익을 추구하는 것이지요. 그래서 필자는 단순 자산배분전략보다는 동적 자산배분전략 중 위험자산이 높게 설계된 것을 선호합니다. 하지만 다른 투자자들이 저와 같지는 않지요. 개인투자자 대부분은 위험 중립 또는 안정적인 투자를 선호합니다. 물론 공격적인 투자 성향인 분도 있겠지요.

여러분의 투자 성향이 어떤지 스스로 평가해 볼까요? 몇 가지 상황을 상상해 봅시다.

• 수익률이 반토막 나더라도 괜찮은가?
• 그렇다면 −20% 수준의 손실은 어떤가?
• −10% 정도의 하락 상황에서는 어떤 결정을 내릴까?

첫 번째, 반토막에 대한 각오가 되어있다면 공격적인 자산배분전략이 적합할 것입니다.

두 번째, 손실률 −20% 정도를 각오한다면 위험중립형 투자자입니다. 단순 비율전략 중 50:50이 적합합니다.

세 번째, 손실률 −10%도 참을 수 없다면 안정추구형 또는 안정형 투자자입니다. 안전자산 비중을 높게 가지고 가는 자산배분전략을 취해야 합니다.

자산의 투자 성향을 진지하게 고려해 적절한 자산배분전략을 사용해야 합니다. 만약 안정형 투자자가 수익을 많이 내려고 공격적인 자산배분전략을 사용하면 주식시장이 조금만 하락해도 잠이 안 올 정도로 큰 스트레스를 받습니다. 반대로 공격형인 투자자가 안전자산 비중이 높은 전략을 취하면 낮은 수익률로 좀이 쑤시고 답답해 오래 유지하지 못할 것입니다. 그만큼 자신의 투자 성향에 맞는 자산배분전략을 세우는 것이 중요합니다.

자신의 투자 성향을 구체적으로 파악하기 위해 각 증권사에서 금융상품 상담이나 계좌 개설시 행하는 투자자 성향 설문조사를 이용하는 것도 좋습니다. 증권 계좌를 개설할 때 투자자의 연령, 소득, 금융자산 비중, 투자 경험, 위험선호도, 투자 목적, 투자 위험 감내 수준, 투자 지식 등을 바탕으로 공격투자형, 적극투자형, 위험중립형, 안정추구형, 안정형의 5등급으로 투자자의 성향을 구분하고 있습니다. 이를 토대로 여러분에게 맞는 자산배분전략을 세운다면, 꾸준한 자산배분전략으로 꾸준한 수익을 거두는 데 도움이 될 것입니다.

단순 비율을 이용한 자산배분전략으로 예시를 들면,

공격투자형 투자자는 주식:안전자산 비율을 90:10 비율로

적극투자형 투자자는 주식:안전자산 비율을 70:30 비율로

위험중립형 투자자는 주식:안전자산 비율을 50:50 비율로

안정추구형 투자자는 주식:안전자산 비율을 30:70 비율로

안정형 투자자는 주식:안전자산 비율을 10:90 비율로 잡을 수 있습니다.

여러분의 투자 성향은 어떤가요? 신중하게 생각한 뒤 지금 바로 자산배분전략에 활용하기 바랍니다. 그리고 연령대가 높을수록 안전자산의 비중을 높게 가져갈 필요가 있습니다. 고령의 투자자는 공격적 투자로 돌발 상황 발생 시 손실이 많이 발생하면 이를 복구할 시간적 여유가 많지 않기 때문입니다. 따라서 은퇴했거나 고령의 투자자라면 자신의 연령을 안전자산 배율로 사용하는 연령별 자산배분전략을 고려하는 것이 안전합니다.

SUMMARY

- 현대포트폴리오 이론 Modern Portfolio Theory, MPT 에서는 주식투자의 총리스크를 체계적 위험과 비체계적 위험으로 나누고 있다.

- 체계적 위험 Systematic risk 은 주식시장 전체의 리스크를 의미하며, 비체계적 위험 non-Systematic risk 은 개별 종목의 리스크를 의미한다.

- 분산투자를 통해 비체계적 위험을 크게 줄일 수 있으나 체계적 위험까지 제거하진 못한다.

- 자산배분전략은 주식 외 다른 자산을 통해 체계적 위험까지도 컨트롤할 수 있다.

- 분산투자 시 최대한 서로 상관계수가 낮은 종목으로 포트폴리오를 구성하는 것이 리스크를 낮출 수 있다.

- 분산투자 방식에는 시가총액방식, 동일가중방식, 가치가중방식 등이 있다.

- 자산배분전략은 기본적으로 위험자산(주식)과 안전자산으로 구분되고 추가적으로 기타 투자자산이 양념처럼 사용된다.

- 자산배분전략은 정해진 자산배분비율로 운용되는 정적 자산배분과 다양한 기준에 맞춰 자산배분비율이 달라지는 동적 자산배분이 있다.

- 50:50 전략을 취하고 주기적으로 리밸런싱하는 것만으로도 주가가 급등락 속에 제자리에 돌아오더라도 전체 수익률이 증가하는 현상을 '섀넌의 도깨비'라고 한다.

- 위험을 헤지하기 위한 능동적인 방법에는 선물, 옵션, 인버스 ETF 등과 함께 달러를 이용할 수 있다.

- 선물과 옵션, 인버스 ETF는 구조적으로 롤오버 비용이 발생하기에 장기적으로 보유하기에는 무리가 따를 수 있다.

- 달러자산은 한국 증시 약세 시기에는 달러가격 상승 속에 위험 헤지효과가 뛰어나지만, 한국 증시 강세 시기에는 달러가격 하락으로 인해 오히려 수익률 악화 요인이 된다.

- 4등분 전략은 간단하게 국내주식, 해외주식, 국내안전자산, 해외안전자산으로 4등분해 투자하는 것이다.

자산배분전략을 실천하면
조정장은 '줍줍'의 기회

필자는 시장 밸류에이션을 활용한 동적 자산배분전략을 사용하고 있습니다. 시장이 상승해 전체적으로 밸류에이션 레벨이 높아져 고평가되면 안전자산 비중을 높이고 주식자산(위험자산)의 비중을 낮춥니다. 시장이 하락해 밸류에이션 레벨이 낮아지면 안전자산을 줄이며 주식자산(위험자산)의 비중을 높이는 식입니다.

이런 방법이 아니더라도 주식시장에서 오래 살아남은 투자자들은 대부분 최소한 10%의 안전자산을 반드시 보유하라고 말합니다. 안전자산을 보유하고 있어야 수익률 완충 효과를 볼 뿐만 아니라 기회가 찾아왔을 때 잡을 수 있기 때문입니다.

2020년 3월, 코로나 쇼크로 증시가 폭락하던 시기에도 필자는 자산배분전략에 따라 일정 부분 안전자산을 가지고 있었습니다. 종합주가지수가 장중 1439포인트까지 폭락했던 3월 19일, 필자는 버려진 보물들을 주워담는 데 안전자산을 공격적으로 사용했습니다. 이때만큼은 필자의 현금 비중이 0%가 되었지요.

지나고 난 후에야 사람들은 '그때가 기회였네'라며 안타까워하지만 정작 그 순간이 오면 실행으로 옮기는 이들이 별로 없습니다. 주가 하락으로 인해 주식자산의 비중이 낮아지고 안전자산의 비중이 높아졌을 테니 원래 비율로 다시 맞추기만 하라고 소리 쳐도 행동하는 이는 극소수였습니다. 오히려 공포에 빠져 필자를 미친 사람 취급하는 분위기였지요.

그 시기 공포를 이기고 자산배분전략을 적극적으로 활용한 이들은 헐값에 던져진 주식을 '줍줍'할 수 있었습니다. 2020년 12월 종합주가지수는 2020년 3월 19일 대비 90% 넘게 상승했지요.

공포가 가득한 상황에서 시장에 저평가된 종목들이 버려져 떼굴떼굴 굴러다니는 것이 보이는데도 실천하지 못하는 것은 그들에게 투자 전략이 없기 때문입니다. 자산배분전략을 알고, 이를 실행할 의지가 있다면 폭락장에서 좋은 주식을 싸게 살 수 있는 용기와 증시가 폭등한 후에는 비싸진 주식들을 매도할 수 있을 것입니다.

필자가 2020년 3월에 노래를 부르며 했던 것처럼 말입니다.

"줍줍줍~♬ 줍줍줍♬, 땡큐 땡큐~♬ 헐값에 주식 던져준 외국인!"

Chapter 10

가치투자 실천을 위한

마지막 조언

자신만의
투자 원칙 세우기

VALUE INVESTMENT

드디어 마지막 수업시간입니다. 이번 장에서는 가치투자의 핵심을 다시 한번 정리해 전하려고 합니다. 우리는 앞서 가치투자에 관한 다양한 이론과 관점, 방법과 가치투자 대가들의 스토리를 접했습니다. 가치투자의 방향이 다양하다는 것도 알게 되었을 것입니다. 벤저민 그레이엄처럼 자산가치 중심의 순수가치투자도 있지만 워런 버핏이나 피터 린치처럼 장기적인 성장가치를 중요하게 생각하는 가치투자도 있습니다.

모두 가치투자라는 넓은 범주에 들어가지만 순수가치투자와 성장가치투자는 종목들의 주가 흐름을 보는 시각에 분명한 차이가 있기에 본인의 투자성향과 실력을 반드시 고려할 필요가 있습니다.

순수가치투자에 해당되는 종목들은 주가의 변동성이 낮은 편입니다. '베타(β) 계수가 낮다'고도 표현합니다. 순수가치투자는 일반적으로 순자산가치나 배당수익률을 중요시하고, 이를 가치판단의 기준으로 삼는 경향이 강합니다. 재무제표에서 공부했듯이 회사의 순자산가치는 급격하게 변하지 않습니다. 무거운 컨테이너선처럼 회사의 이익이 폭증 또는 급감하여도 순자산가치의 변동은 상대적으로 적습니다. 따라서 순수가치 측면에서 저평가된 종목들은 주가의 변동성이 상대적으로 차분한 편입니다. 배당 또한 이익의 변동성에 비해 변화의 폭이 크지 않은 편입니다.

이에 반해 성장가치투자는 변동성, 베타가 높은 종목들이 많습니다. 현재는 고평가되어 있더라도 회사가 꾸준히 성장한다면 높은 성장에 따른 보상이 가능하고, 미래에도 성장이 지속된다면 기대가치가 반영되어 더 높은 밸류에이션으로 평가받을 수 있습니다. 성장률에 대한 기대치가 높을수록 주가는 급격하게 상승하고, 경우에 따라서는 끝없는 주가 상승이 나타나기도 합니다. 그러다 보니 호시절에는 성장가치를 추종하는 투자자의 경우 대박 수익률을 만들기도 합니다.

하지만 성장가치의 중요한 잣대인 이익의 변동은 순자산가치의 변화보다 큰 편입니다. 어떤 해에는 적자를 만들기도 하고 어떤 해에는 엄청난 흑자를 만들 수도 있지요. 이익의 높은 변동성은 자연스럽게 주가의 급등락을 가져옵니다. 기대감에 폭등했다가도 회사의 매출이나 이익이 기대치에 부응하지 못할 경우 실망감에 투매가 발생하면서 주가가 급락하기도 합니다.

그러하기에 투자 성향이 공격적이고 마음의 각오가 단단히 다져진 분이라면 성장가치가 적합할 수 있습니다. 한편 자신이 보수적인 성향을 가졌다고 생각한다면 성장가치 종목은 롤러코스터처럼 무섭게 느껴질 수 있습니다. 기대감에 상승했다가 실망감에 폭락할 때는 대책 없이 폭락하니 말입니다. 한편 순수가치투자 종목은 보수적인 성향을 가진 가치투자자에게는 마음 편한 가치투자 방법이 될 수 있을 것입니다.

성장가치와 순수가치 중 무엇이 정답이라고는 할 수는 없습니다. 투자자의 성향이 그때마다 달라지기도 하고, 성장가치 종목이 부럽게 느껴지다가도 어느 순간은 순수가치 종목이 부럽게 느껴질 수 있기 때문입니다.

따라서 최근에는 순수가치나 성장가치를 흑백논리로 나누지 않고 두 가지 성향을 혼용하여 투자하는 투자자들도 늘고 있습니다. 혼용 투자법은 간단히 두 가지 방법이 있습니다.

첫 번째 방법은 바벨 전략입니다.

운동할 때 쓰는 역기, 바벨을 떠올리면 됩니다. 무거운 무게추가 봉의 양쪽에 걸려있는 것처럼 한쪽에는 성장가치 포트폴리오를, 다른 한쪽에는 순수가치 포트폴리오를 두고 관리하는 운용방식입니다.

이 방식은 우산장수와 부채장수 어머니 이야기처럼 성장가치 종목이 승승장구할 때는 그쪽에서 큰 수익이 만들어지니 좋고, 순수가치 종목이 앞서나갈 때에는 그 종목에서 수익률이 높아지니 양쪽에서 기분 좋게 수익을 볼 수 있습니다. 성장가치 종목들의 변동성이 다소 높지만 성장가치와 순수가치로 분산하였기에 성장가치로만 담은 포트폴리오보다 수익률의 안정성을 높일 수 있습니다.

두 번째 방법은 순수가치 종목이지만 성장가능성이 높은 종목을 찾는 것입니다.

이 논리는 조금 모순될 수 있습니다. 성장성이 있는 종목은 일반적으로 이미 높은 수준의 밸류 레벨에 있기 때문입니다. 그러다 보니 순수가치 측면에서 저평가되어 있으면서 성장성이 높은 종목을 찾기란 쉬운 일은 아닙니다. 다만, 주식시장의 흐름 속에서 두 가지 가치를 동시에 만족시키는 시기가 몇 년에 한 번씩 찾아오곤 합니다. 바로 종합주가지수가 -20% 이상 하락하는 중급 하락장, 하락을 넘어 폭락하는 -50% 수준의 대폭락장이 찾아오면

[자료 10-1] 성장가치와 순수가치를 병행하는 바벨 전략

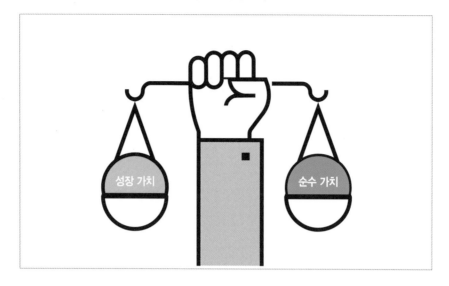

성장가치와 순수가치를 모두 지닌 종목들이 시장에 넘쳐나곤 합니다.

　가까이는 2020년 3월 코로나 쇼크 직후, 그 이전엔 2008년 금융위기 직후, 2003년 IT 버블 붕괴 후 3년간의 약세장 직후, 조금 더 전으로는 모든 국민이 그때로 다시 돌아가면 공격적으로 투자하겠다는 IMF 사태 직후가 대표적인 시기입니다.

　이때는 좋은 종목이든, 성장이 있는 종목이든, 저평가된 종목이든 묻지도 따지지도 않고 투매가 발생하면서 전 종목에 '묻지마 폭락'이 발생합니다. 그 결과 안정적인 성장성과 불황에도 꾸준한 수익성, 자산가치 대비 저평가, 고배당 수익률 모두를 만족할 좋은 종목들이 넘쳐납니다. 마치 허리케인이 몰아친 뒤 체리 농장의 체리가 모조리 바닥에 떨어진 것처럼요. 현명한 투자자는 이런 시기를 성장가치와 순수가치를 모두 지닌 종목을 수집하는 절호의 체리피킹 기회로 삼곤 합니다.

2003~2004년 한국 증시에는 이런 종목들이 넘쳐났습니다. 이 시기 미국의 헤지펀드 바우포스트 Baupost 같은 외국계 가치투자 펀드들은 한국에서 성장·순수가치를 모두 가진 종목들을 체리피킹했습니다. 그리고 이들은 2005년 이후 수백~수천 퍼센트의 수익률이 발생하자 유유히 매도하며 수익을 회수했습니다. 이런 시기는 10년에 한두 번 있을까 말까 한 일이지만 꼭 기억해야 합니다. 언젠가 또 기회가 찾아올 테니 말입니다.

자신에게 맞는 가치투자 방식을 결정했다면 포트폴리오를 어떻게 관리할지 규칙을 만드는 것을 권합니다. 막상 투자를 시작하면 좋은 종목을 발굴하더라도 언제 사고팔아야 할지 고민이 되기 때문입니다.

[자료 10-2] 헤지펀드 바우포스트는 경동제약 매수 후 2년 뒤 높은 가격으로 매도했다

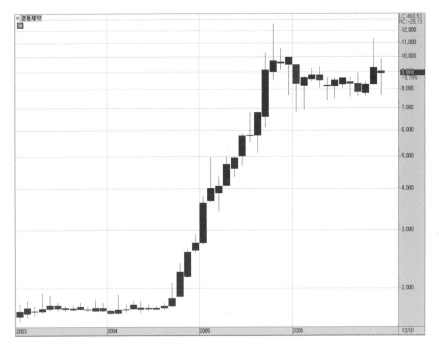

상대가치, 절대가치 측정법 등으로 적정한 주가수준을 가늠하여 매도 시점을 가늠하는 방법도 있고, 단계적으로 가격대를 정해 분할매도하는 방법도 있을 것입니다. 그리고 새로운 종목을 매수할 때 어떤 규칙으로 매수할지도 계획을 세워야 합니다. 스스로 명확한 기준이 없으면 가치투자를 하려고 결심했더라도 이도 저도 아닌 투자가 될 수도 있습니다.

그 기준과 룰을 세우는 데 있어 가치스타일 투자는 작은 기준이 될 수 있습니다.

가치스타일 투자는 최근에는 '퀀트 투자 방식'으로도 불리고 있습니다. 정해진 기준에 따라 종목을 선정하고 종목을 교체하는 투자 방식입니다. 예를 들어 매년 연말에 배당 수익률이 높은 종목 50개로 포트폴리오를 세팅한 뒤 1년 후 새로운 고배당 수익률 종목 50개로 변경한다는 식의 규칙을 세우는 것입니다.

그 외에도 가치투자 기준에 따라 다양한 방법들을 세울 수 있을 것입니다. 다만, 이런 가치스타일 운용방식은 가치투자 기준에 대한 검증이 꼭 필요합니다. 가치투자 기준들이 투자자마다 모두 다르므로 무엇이 정답이라고는 할 수 없습니다. 어떤 가치투자 기준이 특정 시기에는 기분 좋은 성과를 낼 수 있지만 원하는 퍼포먼스가 나오지 못할 수도 있기 때문입니다. 검증이 된 전략이라면 장기적으로 투자 성과를 높일 수 있겠다는 기대를 할 수 있겠지요.

필자는 가치스타일 방식으로 투자하고 있고, 실제 가치투자 기준들을 다각도로 분석하고 검증이 된 후에야 실전에 적용하고 있습니다. 예를 들어 고

배당 수익률을 이용한 가치스타일 전략의 경우 장기적으로 아래 차트와 같은 백테스팅 결과를 얻었습니다.

[자료 10-3] 고배당 가치스타일 전략의 누적 성과(1991~2019년)

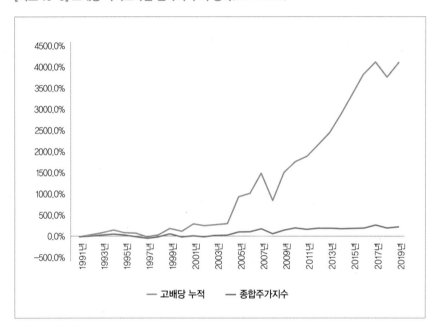

여러분이 세운 가치투자 방식을 검증하고 규칙화한다면 증시 변동에 따라 흔들림이 있더라도 강하게 가치투자를 이어갈 수 있을 것입니다. 무엇보다 중요한 것은 어떤 방식으로 투자할지 자신의 기준을 세우는 것입니다. 그래야만 가치투자의 길을 오래도록 걸어가며 달콤한 수익을 누릴 수 있습니다.

가치투자 원칙이 정립되면
그것을 지켜라!

VALUE INVESTMENT

이 책을 통해 가치투자에 대해 충분한 지식을 얻었으리라 생각합니다. 필자의 실제 투자 경험과 노하우도 곁들였기에 가치투자가 그리 어렵지 않다는 것도 알았을 것입니다. 하지만 필자가 오랜 기간 주식시장에서 개인투자자들을 지켜본 결과, 안타깝게도 초심을 지키며 가치투자를 꾸준히 해나가는 분들은 극히 드뭅니다.

처음에는 가치투자에 대한 강한 신념으로 출발했다 하더라도 시간이 흘러갈수록 마음을 뒤흔드는 이런저런 다양한 상황들이 불쑥불쑥 등장합니다. 처음에는 그럴 수도 있다면서 웃고 넘어가겠지만 점점 맞닥뜨리는 상황에 피로감이 쌓이고 임계치에 이르면 어느 순간 가치투자를 버리고 과거의 잘못된 투자 방식으로 되돌아가는 것이죠. 일반적인 개인투자자들이 그러했던 것처럼 루머를 따라 투자하거나, 아무런 기준 없이 인기에 편승한 종목을 추격매수하거나 성급한 단타 매매로 소중한 투자금을 녹여가는 식입니다.

그렇게 가치투자의 길을 버리고 과거의 악습으로 돌아간 투자자 중 상당수는 심각한 투자 손실을 경험하고 주식시장에서 멀리 떠나는 것이 현실입니다.

2005~2007년 당시 한국 주식시장에 가치투자 붐이 일었습니다. 가치투자 펀드들도 전성시대를 누렸지요. 개인투자자 중 상당수가 본인을 가치투자자라고 선언하면서 저평가된 종목들을 발굴하려 노력했고 많은 분들이 큰 수익을 만들었습니다. 하지만 다음 해 찾아온 금융위기를 거친 후 언제 그랬냐는 듯 몰빵투자, 단기투자, 재료 매매 등 과거 개인들이 감정적으로 투자해왔던 투자방식들이 그대로 되살아났습니다. 그 결과, 많은 개인투자자들이 2009~2011년 이어진 상승장에서도 손실만 쌓다가 결국 모든 투자금을 빼내 증시에서 떠나고 말았습니다.

이러한 과거의 역사를 반복하지 않으려면 다음 몇 가지를 꼭 명심하기를 바랍니다.

첫째, 자신만의 기준을 명확히 하고 그 기준에 따라 투자한다는 규칙을 지키십시오. 최소한 투자 규칙만 지켜도 잘못된 투자 결정은 내리지 않을 것입니다.

둘째, 시장의 소음에서 살짝 떨어지십시오. 주식시장에는 뉴스와 재료가 끝없이 쏟아집니다. 증시 한가운데로 들어오면 뉴스들이 엄청난 소음이 되어 여러분의 투자심리를 뒤흔들 것입니다. 워런 버핏이 왜 금융의 메카 뉴욕에서 멀리 떨어진 네브라스카주 오마하에서 투자를 하고 있는지를 곰곰이 생각할 필요가 있습니다. 증시에 쏟아지는 뉴스와 소음을 멀리하기 위해서입니다.

셋째, 혹시 시장에 돌발 악재가 생겨 여러분의 마음을 뒤흔들고 있다면, 이 책을 다시 꺼내 읽거나 투자의 대가들에 관한 책을 구입하여 천천히 읽으며 시간을 가지십시오. 돌발 악재에 관한 뉴스를 계속 TV와 인터넷 혹은 SNS로 봐봤자 마음만 심란할 뿐입니다. 가치투자에 관한 현인들의 책을 읽으며 마음을 다스리는 것이 투자에 더 큰 도움이 될 것입니다. 또는 잠시 PC에서 HTS를 삭제하거나 스마트폰에서 MTS를 삭제하는 것도 방법입니다. 최소한 수시로 시세를 확인할 수 없어야 장중 내내 시세 변동에 따른 스트레스를 피할 수 있을 것입니다.

마지막 조언은 필자의 20년 이상의 경험에서 나온 것으로, 여러분에게 생소하거나 쇼킹할 수도 있습니다.

"여러분만의 가치투자 전략을 완성하거나 정말 훌륭한 종목을 발굴했다면 여러분만 아십시오. 절대 남에게 알리지 마십시오."

책에서 다룬 가치투자 방법은 익히 알려진 것들이기에 부담 없이 책으로 공개했습니다. 하지만 자신만의 훌륭한 가치투자 방법을 찾았거나 정말 가치 있는 종목을 찾았다면 비밀로 하는 것이 투자 성과에 도움이 될 것입니다.

수익률은 크기가 정해진 피자나 케이크와도 같아서, 너무 많은 사람이 그 정보나 종목을 알게 되면 나 자신이 먹을 것이 사라집니다.

필자의 경우도 진짜 중요한 가치투자 방법은 아무에게도 이야기하지 않습니다. 스스로 개발한 전무후무한 가치투자 전략 또는 나만이 혼자 알게 된 정말 가치 있는 종목은 그 자체가 여러분의 자긍심과 무기가 되기에 더 강하게 원칙을 지켜갈 수 있습니다.

마지막 조언에서 조금 놀랐겠지만 그 기분은 뒤로 하겠습니다. 이제 여러분은 가치투자를 위한 모든 준비를 마쳤습니다. 아직은 기초공사를 마친 정도에 불과합니다. 경험과 연구를 이어가면서 여러분만의 가치투자 전략과 기준들을 세워야 합니다. 그 기준을 세워가는 데 궁금한 점이 있을 때에는 언제든지 책을 다시 펼쳐 참조하여 더 튼튼하고 높은 가치투자의 탑을 만들기를 바랍니다.

그리고 미래의 어느날 필자가 이 책의 개정판을 쓸 때, 한국의 가치투자 대가로 꼽는 인물이 바로 이 책을 마지막까지 꼼꼼히 읽고 실천한 독자 여러분이 되길 바랍니다.

부록

중급 가치투자

- 기업가치를 보다 정확히

평가하기 위한 방법 세 가지

①
절대가치
측정법

기업의 가치를 평가할 때 상대가치 측정법으로 하면 간단하지만, 시장 상황에 따라 기준점이 계속 바뀌기에 기업의 내재가치가 올랐다 내렸다를 반복하게 됩니다. 그래서 정확한 기업가치를 평가하기 위한 고민이 이어졌고, 그렇게 만들어진 개념이 바로 배당할인모형 DDM: Dividend Discount Model 과 현금할인모형 DCF: Dicounted Cash Flow 입니다.

두 모델에는 공통적으로 현재가치 계산법 개념이 들어가 있어 채권 가격 모형[1]과 비슷한 부분이 많습니다. 앞서 배운 현재가치 PV 계산법에서 조금만 더 확장하면 됩니다. 정기적인 현금흐름이 발생한다는 개념이 포함되는 것이지요.

예를 들어 채권 A가 5년 만기에 1억 원을 받는데 매년 200만 원씩 이자를 받고, 시장요구수익률이 3%라 가정하겠습니다. 이 채권의 가격을 계산하려면 발생하는 모든 현금흐름을 현재가치로 할인해 더해주기만 하면 됩니다.

---

1   지청, 조담 저(학현사): 투자론(제7전정판), 291p

채권 A의 가격(현재가치) =

$$\frac{1억원}{(1+0.03)^5} + \frac{200만원}{(1+0.03)^5} + \frac{200만원}{(1+0.03)^4} + \frac{200만원}{(1+0.03)^3} + \frac{200만원}{(1+0.03)^2} + \frac{200만원}{(1+0.03)^1}$$

= 9,542만 원

배당할인모형과 현금할인모형은 채권 가격을 계산하는 과정에서 정기적인 이자 대신 배당금이나 FCF(잉여현금)를 넣으면 됩니다. 계산 과정을 깊이 들어가면 복잡하므로 계산 과정은 생략하고 공식을 통해 배당할인모형과 현금할인모형을 설명하겠습니다.

① 배당할인모형(DDM)

배당할인모형 DDM, Dividend Discount Model [2] 부터 알아볼까요?

배당할인모형은 주주에게 지급되는 배당이 기업 가치의 근간이라는 개념에서 만들어진 모형입니다. 주주 입장에서는 배당이라는 현금흐름이 중요한 수익의 원천이기 때문입니다. 배당할인모형 중 가장 계산하기 쉬운 무성장 배당할인모형 Zero-Growth Dividend Discount Model 부터 알아보겠습니다.

공식은 정말 쉽습니다. 배당금을 요구수익률로 나누기만 하면 됩니다.

---

2   지청, 조담 저(학현사): 《투자론》(제7전정판), 357p

$$무성장배당할인모형 = \frac{배당금}{요구수익률}$$

참 쉽죠? 필자가 적정주가 모델을 공부할 때 처음 접했던 공식입니다. 배당금을 요구수익률로 나누는데, 이때 요구수익률은 해당 회사의 회사채금리를 사용하기도 하고 시장금리에 리스크를 감안한 가산금리를 적용하기도 합니다.

예를 들어, 주당 1만 원을 매년 배당하는 기업에 대한 시장요구수익률이 5%라면 무성장배당할인모형에 따른 이 회사의 가치는 1만 원을 5%로 나눈 값인 (1만 원 ÷ 0.05) = 20만 원으로 계산됩니다. 그런데 현실에서는 기업은 성장하고 배당도 따라 성장합니다. 이 성장률을 반영하여 만들어진 공식이 고든 성장모형 Gordon Groth Model 입니다.

$$고정성장모형(고든성장모형) = \frac{배당금 \times (1 + 성장률)}{(요구수익률 - 성장률)}$$

이 공식에서 중요한 점은 매년 일정한 성장률이 지속될 것이라는 전제가 깔려 있습니다. 앞서 무성장배당할인 모형과 다른 점은 성장률이 공식에 반영되는 것입니다. 그리고 요구수익률에서 성장률이 빠지기에 고정성장모형에 따른 주가는 성장성을 반영하여 주가 수준이 레벨업됩니다.

앞서 예를 들어 사용한 주당 1만 원 배당을 지급하고 요구수익률이 5%인 회사의 성장률이 3%라고 가정하겠습니다. 고정성장모형에 따라 적정가치를 계산하여 보겠습니다.

$$\text{고정성장모형(고든성장모형)} = \frac{\text{배당금} \times (1 + \text{성장률})}{(\text{요구수익률} - \text{성장률})} = \frac{\text{1만원} \times (1 + 0.03)}{(0.05 - 0.03)} = \text{51만 5천 원}$$

고정성장모형이 성장성을 반영하기에 무성장배당모형으로 계산한 20만 원에 비해 기업가치를 더 높게 평가한다는 것을 확인할 수 있습니다.

무성장배당모형과 고정성장모형은 주식투자 관련한 교과서에서는 기본적으로 다루는 공식입니다. 하지만 배당할인모형은 몇 가지 모순을 가지고 있습니다.

첫째, 배당금만으로 기업가치를 평가하기 때문에 기업의 자산가치에 대한 개념이 들어가 있지 않습니다. 그러다 보니 실제 가치보다 낮게 평가되는 경향이 있습니다. 특히 배당성향이 낮은 한국에서는 아무리 훌륭한 기업이라도 배당금이 워낙 작다 보니 배당할인모형에 따른 적정주가가 매우 낮은 값이 나오곤 합니다.

둘째, 고정성장모형에서 유의할 부분이 있습니다. 요구수익률보다 성장률이 클 경우 분모가 마이너스값이 되어 공식이 망가진다는 점입니다. 또는 요구수익률과 성장률에 큰 차이가 없을 경우 매우 작은 값이 분모가 되기 때문에 고정성장모형에 의한 적정주가가 무한대로 커질 수 있습니다.

셋째, 현금할인모형에서도 나타나는 단점입니다만, 할인율을 무엇으로 잡느냐에 따라 적정가격이 크게 변할 수 있습니다. 할인율을 1%로 잡느냐 10%로 잡느냐에 따라 적정기업가치는 10배나 차이가 납니다. 따라서 계산에 필요한 적절한 요구수익률 또는 할인율을 추정하는 것도 중요합니다.

그렇다고 해서 배당할인모형이 무의미한 것은 아닙니다. 계산 과정을 통해 전체적인 기업가치의 큰 그림을 그릴 수 있습니다. 그리고 배당성향이 높을수록 배당할인모형에 따른 기업가치 평가는 유의미해집니다. 배당성향이 높을수록 결국 회사의 이익을 많이 배당하기 때문에 기업가치는 채권의 성격을 강하게 가지며 기업가치와 배당할인모형 공식의 이론적 토대가 마련됩니다.

따라서 상장된 리츠나 선박펀드 또는 배당성향이 높은 상장사처럼 배당성향이 높고 배당을 꾸준히 지급하는 기업을 분석할 때 참고할 만한 모형이라 할 수 있습니다.

② 현금할인모형(DCF)

두 번째로 현금할인모형 DCF, Dicounted Cash Flow 에 대해 알아보겠습니다.

현금할인모형은 기업이 영업활동을 통해 창출하는 잉여현금흐름 FCF, Free Cash Flow 을 이용하여 기업가치와 주주지분가치를 평가하는 모형입니다. 앞에서 설명한 배당할인모형에서 배당금 대신 잉여현금흐름 FCF 이 계산에 들어간다고 이해하면 됩니다.

다만, FCF 계산이 배당금과 달리 복잡하다 보니 개인투자자들이 이용하기에는 많은 어려움이 있지만, 회계사들은 할 때 현금할인모형을 사용하여 정밀하게 기업가치를 측정하여 사용하곤 합니다.

잉여현금흐름 FCF 은 기업이 실질적으로 창출하는 현금흐름의 개념으로 이해하면 되겠습니다. 5교시 재무제표에 대한 설명에서 우리는 현금흐름표 부분에서 '영업활동에 의한 현금흐름' 개념을 알았습니다. 기업활동 중 창출되는 영업활동에 의한 현금흐름만 놓고 보면 이것이 기업활동의 전부로 보일 수 있습니다만, 조금 더 들어가자면 그 영업활동을 하는데 들어간 공장이나 설비 등에 투자한 비용이 있을 것입니다. 이 수치를 빼주어야만 실제 기업이 창출한 잉여현금흐름이라 할 수 있습니다.

따라서 잉여현금흐름 공식은 영업활동현금흐름 - 영업에 대한 실투자액으로 계산할 수 있습니다. 혹은 잉여현금흐름 = 세후영업이익 - 영업투하자본으로 계산하기도 합니다.

그리고 미래 FCF에 대한 예측치를 바탕으로 현재가치를 계산하면 됩니다. 따라서 DCM에 따른 기업가치에 대한 공식은 채권 가격을 계산하는 과정을 토대로 아래와 같이 세워볼 수 있습니다.

$$기업가치 = 미래\ FCF의\ 현재가치 = \sum_{t=1}^{\infty} \frac{(영업활동현금흐름t - 영업투자액t)}{(1 + 가중평균자본비용)^t}$$

단, 영업활동현금흐름t 및 영업투자액t: 미래 t년의 값,
  가중평균자본비용: 필요수익률(자기자본 및 부채의 요구수익률 가중평균)

위의 기업가치는 주주가치와 타인자본가치가 모두 섞여있는 값이기에 우리가 필요한 가치를 계산하기 위해서는 앞에서 세운 기업가치 공식에서 순재무부채 시장가치를 빼야 합니다.

$$따라서\ 주주지분가치 = \sum_{t=1}^{\infty} \frac{(영업활동현금흐름t - 영업투자액t)}{(1 + 가중평균자본비용)^t} - 순재무부채\ 시장가치$$

다만, 현실적으로 기업의 미래의 영업이익이나 현금흐름 예측은 길어야 수년에 불과할 것입니다. 앞의 공식에서의 기간은 무한대이기에 계산에 현실성이 없습니다. 3~5년은 추정 예상치를 사용하더라도, 그 이후는 고정성장모형을 활용한 FCF와 성장률을 이용한 잔여가치를 추정합니다.

$$\text{기업가치} = \sum_{t=1}^{N} \frac{(\text{영업활동현금흐름}t - \text{영업투자액}t)}{(1 + \text{가중평균자본비용})^t} + \frac{\text{잔여가치}}{(1 + \text{가중평균자본비용})^N}$$

$$\text{잔여가치} = \frac{FCF_N(1 + \text{추정성장률})}{\text{가중평균자본비용} - \text{추정성장률}}$$

예를 들어 가상의 기업 Z가 1년차에 FCF가 300억 원, 2년차에 350억 원, 3년차에 400억 원을 만들 것으로 추정하고 이후에는 매년 5%의 성장을 이어간다고 가정하고 이 회사의 가중평균자본비용을 10%로 가정하겠습니다.

3년치의 기업가치

$$= \frac{300\text{억 원}}{(1 + 0.1)} + \frac{350\text{억 원}}{(1 + 0.1)^2} + \frac{400\text{억 원}}{(1 + 0.1)^3} = 862.5\text{억 원}$$

$$\text{잔여가치} = \frac{400\text{억 원}(1 + 0.05)}{(0.1 - 0.05)} = 8,400\text{억 원}$$

$$\text{잔여가치를 현재가치로 할인하면} = \frac{8,400\text{억 원}}{1.1^3} = 6,311\text{억 원}$$

따라서 기업가치 = 862.5억 원 + 6,311억 원 = 7,173.5억 원입니다.

이때 기업가치는 주주지분가치와 타인자본가치가 합산된 금액이기에 타인자본가치를 빼주어야 합니다. 타인자본가치라 할 수 있는 순재무부채의 현재가치가 1,000억 원이라면 주주지분가치 = 7,173.5억 원 - 1,000억 원 = 6,173.5억 원으로 계산할 수 있고 이를 주식수로 나누면 1주당 가치가 평가됩니다. 이를 토대로 주가와 비교하거나 혹은 주주지분가치 금액과 시가총액을 비교하여 현재 주가 수준을 평가할 수 있습니다.

그런데 현금할인모형 DCF 은 만만치 않습니다. 필자도 DCF를 어떻게 쉽게 설명할지 고민했는데 성공하지는 못한 것 같습니다. 그만큼 어려운 내용입니다. FCF를 계산하는 과정도 어려울뿐더러 가중평균자본비용율을 계산하는 것도 만만치 않습니다. 다만, 회계적 지식이 풍부하신 분들은 엑셀이나 스프레드시트로 양식을 만들어서 DCF 모형을 사용하곤 합니다. 혹은 FCF의 성장률 추정치를 고정시키고 잔여가치를 할인한 형태로 사용할 수도 있습니다.

DCF 모형은 공식이 복잡해 주식을 처음 접하는 분에겐 어렵고 복잡합니다. 전문적으로 다루는 회계사, 투자분석가들도 계산 과정에서 많은 오류를 만들기도 합니다. CFA나 CIIA와 같은 국제적인 재무·투자 자격증에서도 시험문제로 등장하지만 틀리는 사람들이 대다수입니다. 그만큼 쉽지 않습니다.

그러니 여러분도 'DCF 모형이란 것이 있구나' 정도로만 이해하고 넘어가도 됩니다. 게다가 DCF 모형은 몇 가지 짚고 넘어가야 할 문제가 있습니다.

첫째, 할인율이라 할 수 있는 가중평균자본비용 추정입니다. 부채에 대한 요구수익률과 자기자본에 대한 요구수익률을 모두 추정하고 자산내 비율에 따라 가중평균을 해주어야 합니다. 추정값을 누가 하느냐에 따라 달라져 같은 FCF 추정치를 두고도 결과치가 크게 달라지기도 합니다.

둘째, FCF 계산 과정뿐만 아니라 미래 추정치에 대한 불확실성이 있습니다.

배당할인모형도 그렇지만 DCF도 미래 추정치가 들어갑니다. 그 미래 추정이란 것이 쉬운 일이 아니지요. 사업 구조가 간단하고 경기를 타지 않는다면 쉽게 추정할 수 있지만 경기에 민감하거나 레드오션 산업에 속한 기업의 실적 예측은 불확실성이 큽니다.

그러하기에 실제 DCF로 기업가치를 평가할 때에는 할인율을 충분히 크게 적용하기도 합니다. 즉 안전마진을 충분히 갖고 계산하는 것이지요. 이렇게 보수적으로 계산해야만 DCF 계산 과정에서의 실수를 줄일 수 있습니다.

셋째, 복잡하게 식을 만들기보다 단순하게 할 필요가 있습니다. 복잡하게 만들면 오히려 틀릴 수도 있습니다. 워런 버핏과 찰리 멍거의 충고[3]가 문득 떠오르는군요. "정확하게 틀리는 것보다는 대충이라도 맞는 편이 낫다."

지금까지 배당할인모형과 현금할인모형의 개념과 계산법을 배워보았습니다. 처음 접하는 분에게는 어렵고 혼란스러웠겠지만, 가치측정법을 머리에 담고 주식과 기업을 보면 시각이 점점 넓어지는 장점이 있습니다. 상대적 가치측정법보다 더 명확한 그림을 그려볼 수 있으니까요. 이 외에도 다양한 절대가치 평가 모형들이 있습니다. 자기자본을 활용하여 초과수익을 계산하여 적정주가 모델을 세우는 초과 할인 모형(Residual Income Model, RIM모형), 영업투하자본을 이용하여 기업가치를 평가하는 경제적 부가가치(EVA, Economic Value Added) 등 다양한 절대가치 평가 방법이 있습니다.

다양한 절대가치평가 모델은 너무 난이도가 높아질 수 있기에 가치투자를 처음 공부할 때 너무 어렵다고 느낄 수 있습니다.

---

3 워런 버핏 저, 로렌스 커닝햄 엮음(서울문화사): 《워런 버핏의 주주서한》 170p

초과이익
평가모형

초과이익평가모형 또는 잔여이익평가모형으로도 불리는 RIM 모형은 가치투자자 사이에서 많이 쓰이는 모델입니다. 개념 자체를 주주지분가치로 좁힌 계산 공식이라 배당할인모형이나 현금할인모형보다 조금 쉬운 편입니다.

개념 자체는 초과이익에 대한 기간할인의 합산 개념입니다. 쉽게 표현하자면 자기자본으로 회사를 경영했을 때 주식에 요구되는 자기자본비용을 상회하는 순이익의 초과분을 누적한 값입니다.

즉,
초과이익(RI)
= 순이익 - 자기자본비용금액
= 자기자본 × ROE - 자기자본 × 자기자본비용률(Ke)
= 기초자기자본(ROE - Ke)

이렇게 계산한 초과이익 RI 값을 누적하고, 이를 기초자기자본과 더한 값이 바로 기업가치가 됩니다.

RIM 모형에 의한 기업가치

$$= \text{기초자기자본} + \sum_{t=1}^{n} \frac{RI_t}{(1+Ke)^t} + \frac{\text{최종 } n \text{시점의 자기자본}}{(1+Ke)^n}$$

계산식이 복잡하군요. 그래서 RIM 모형을 사용해 기업을 분석하는 투자자들은 이를 간단식으로 변환하여 사용[4]하는 경우가 많습니다. 앞서 무성장 배당할인모형에서 보았던 것처럼 초과이익 RI 을 할인율로 나누면 현시점 이후의 잔여이익이 변동없이 지속된다고 가정한 값들의 할인된 누적값을 구할 수 있습니다.

$$\text{간단 RIM 모형} = \text{자기자본} + \frac{\text{초과이익}}{Ke} = \text{자기자본} + \frac{\text{자기자본}(ROE - Ke)}{Ke}$$

우리는 엑셀이나 스프레드시트를 활용하여 자기자본과 ROE, Ke(자기자본비용률, 주식요구수익률) 세 가지 변수만으로 간단히 기업의 가치를 계산할 수 있습니다.

현대차의 2019년 연말 사업보고서 기준으로 현대차의 RIM 모형에 따른 기업가치를 계산해 보겠습니다.

첫 번째 변수인 자기자본은 사업보고서에서 쉽게 찾을 수 있지요.

---

4 사경인 저(베가북스): 《재무제표 모르면 주식투자 절대로 하지 마라》, 264p

2019년 연말 현대차의 지배기업주주 지분 자기자본은 70조 658억 원이었습니다.

두 번째 변수인 ROE는 추정이 필요합니다. 최근 몇 년간 ROE가 낮아지긴 하였지만 그래도 ROE 5% 수준은 계속 이어진다고 가정하겠습니다.

세 번째 변수인 Ke(자기자본비용률, 주식요구수익률)도 추정이 필요합니다. 투자론에서 이야기하는 CAPM 모형에 따라 Ke = Rf(무위험수익률) + (시장수익률 - Rf) × β 로 구할 수도 있지만 손이 많이 가고 계산이 난해하기에 한국신용평가에서 제공하는 회사채 등급별 금리 스프레드 자료를 참고하여 요구수익률로 활용할 수 있습니다. 회사채 금리에는 무위험이자율 및 그 회사의 부도리스크 등의 각종 리스크 프리미엄이 녹아있기 때문입니다.

만기가 제법 길고 신용등급이 낮은 회사채 금리 스프레드일수록 보수적으로 계산할 수 있습니다. 다만, 기업의 체질이 좋고 튼튼하다면 살짝 높은 신용등급을 고려할 수 있습니다.

2020년 8월 21일 기준, 5년 만기 회사채 중 중하위권(BBB+~BBB-)에서 낮은 등급의 값인 7.85%를 이용하겠습니다. 편의를 위해 소수점을 반올림하여 대략 8%로 Ke를 잡고 엑셀에 입력하겠겠습니다.

(참고: Ke값은 앞에서 설명한 DDM 모형이나 DCF 모형에서도 활용할 수 있습니다.)

간단 RIM 모형으로 계산한 현대차의 기업가치

	A	B	C	D
1				
2		**간단한RIM모형**	(단위 : 억원)	
3		RIM모형에 의한 기업가치	437,911	수식 = C5+C5*(C6-C7)/C7
4		<입력변수>		
5		자기자본	700,658	
6		ROE	5%	
7		Ke(주식요구수익률)	8%	

간단한 RIM 모형으로 계산한 현대차의 기업가치는 43조 7,911억 원이 나옵니다. 2020년 8월 21일 기준 현대차의 시가 총액이 33조 3,322억 원이니 기업가치에 비해 현재 현대차의 가치가 낮다고 평가할 수 있습니다. 그런데 주식투자를 하는 데 있어 '주가'가 더 직관적이지요. 따라서 간단한 RIM 모형에서 자기자본 대신 BPS(주당 순자산) 값을 사용한다면 RIM 모형에 의한 기업가치를 다이렉트로 계산 할 수 있습니다.

간단한 RIM 모형에 양변을 주식수로 나누어주기만 하면 되는데요. 간단한 RIM 모형을 이용한 적정주가 공식은 아래와 같이 정리할 수 있습니다.

$$\text{간단 RIM 모형을 이용한 적정주가} = BPS(\text{주당순자산}) \times \frac{BPS \times (ROE - Ke)}{Ke}$$

엑셀과 스프레드시트를 활용해 계산한다면 적정주가 수준을 계산해 가장 저평가된 종목들을 찾아볼 수 있을 것입니다. 생각난 김에 간단하게 엑셀 샘플을 만들어 보겠습니다.

간단 RIM 모형과 엑셀을 활용하여 많은 종목을 한꺼번에 분석할 수 있다

	A	B	C	D	E	F	G
1							
2		종목명	주가(20년8월21일기준)	간단한RIM모형	BPS(주당순자산)	자기자본이익률(ROE)	Ke(주식요구수익률)
3		현대차	156,000	161,250	258,000	5.0%	8.0%
4		삼성전자	55,900	42,188	37,500	9.0%	8.0%
5		POSCO	199,000	263,500	527,000	4.0%	8.0%
6		LG	85,800	93,625	107,000	7.0%	8.0%
7		SK텔레콤	235,500	228,750	305,000	6.0%	8.0%
8		삼양패키징	17,850	25,000	20,000	10.0%	8.0%
9		롯데정밀화학	45,500	61,869	58,230	8.5%	8.0%

여러분이 보유한 종목의 포트폴리오도 좋고 관심종목도 좋고 시총 상위 종목도 좋습니다. 여러 종목으로 자료를 만들다 보면 다양한 시각이 생길 것

입니다.

여기에 간단한 RIM 공식을 조금 변형하면 적정 PBR에 관한 공식을 유도할 수 있습니다.

$$\text{간단 RIM 기업가치} = \text{자기자본} + \frac{\text{자기자본(ROE−Ke)}}{Ke} = \text{자기자본}(1 + \frac{(ROE−Ke)}{Ke})$$

$$= \text{자기자본}(1 + \frac{(ROE)}{Ke} − 1) = \text{자기자본}(\frac{ROE}{Ke})$$

이 공식에서 양변을 주식수로 나누어주면 아래와 같이 공식을 바꿀 수 있습니다.

$$\text{적정주가(RIM의 주당기업가치)} = \text{주당순자산} \times \frac{ROE}{Ke}$$

$$\Leftrightarrow \frac{\text{적정주가}}{\text{주당순자산}} \text{(즉, 적정PBR)} = \frac{ROE}{Ke}$$

공식이 자꾸 나오니 저도 머리가 아프군요. 결론만 말씀드리겠습니다.

$$\text{적정 PBR} = \frac{ROE}{Ke}$$

이렇게 간단한 공식을 만들어 볼 수 있습니다. 앞서 자기자본 순이익률 ROE 섹션에서 PBR을 이용한 가치 평가를 설명할 때 살짝 언급했던 공식입니다. 이 공식을 이렇게 유도한 것입니다.

실제 가치투자자 사이에서 이 공식은 예전부터 잘 알려져 있습니다. 앞의 RIM(초과이익평가모형) 공식이 복잡해 괜히 머리가 아팠을 수 있습니다만 마지막의 적정 PBR 공식만 이해해도 RIM을 실전투자에서 활용할 수 있습니다.

특히 엑셀이나 스프레드시트를 활용하여 모델을 만들어두기만 해도 언제든지 여러분이 분석하고자 하는 기업이 생겼을 때 바로 활용할 수 있을 것입니다. 더 정밀하게 분석해야 하지 않을까 하는 걱정도 들겠지만, 다시금 워런 버핏과 찰리 멍거의 충고를 떠올리기 바랍니다.

"정확하게 틀리는 것보다는 대충이라도 맞는 편이 낫다."

필자는 기업가치 평가에 대해 다음과 같이 조언하겠습니다.

"기업의 가치와 적정주가는 구름과 같아 정확한 위치를 콕 찍어 말할 수 없지만 적어도 적정주가를 계산하다 보면 지금 주가가 비싼지 혹은 저평가되었는지는 가늠할 수 있다."

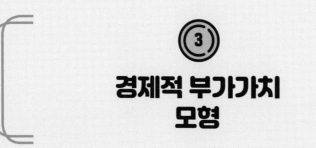

경제적 부가가치 모형

기업가치를 평가하는 데 있어 경제적 부가가치 모형(EVA)은 RIM 모형과 유사한 개념으로 쓰입니다. RIM은 자기자본에서의 초과이익을 추정하여 기업가치를 계산합니다만 EVA 모형은 영업투하자본을 이용하여 기업가치를 평가합니다. 즉, RIM의 초과이익은 자기자본과 관련된 것이지만 EVA 모형은 기업 전체의 영업투하자본과 관련한 초과이익이라는 차이점이 있습니다.

그러다 보니 EVA 모형은 RIM 모형과 비슷한 공식 구조를 보여줍니다.

EVA에 의한 기업가치

= 현재의 영업투하자본 + 미래 EVA의 현재가치

$$= \text{영업투하자본}_0 + \sum_{t=1}^{n} \frac{\text{EVA}_n}{(1+\text{wacc})^t} + \frac{\text{잔여가치}_n}{(1+\text{wacc})^n}$$

여기서 wacc는 '가중자본비용'이라 하여 자기자본비용 $_{Ke}$과 타인자본비용 (보통 이자율, Kd)을 총자산에서 자기자본과 타인자본의 비율에 맞춰 가중한

복합할인율입니다. wacc가 할인율로 사용되는 이유는 영업에 투입되는 영업투하자본 중에 자기자본도 있지만 타인자본(부채 등)도 포함되기 때문입니다.

EVA값은 아래의 공식들을 활용하여 계산합니다.

EVA

= 세후 순영업이익 - wacc × 영업투하자본

= (투하자본이익률 - wacc) × 영업투하자본

이때 영업투하자본 = 총자산 - 비영업자산 의 개념으로 영업비유동자산과 영업순운전자본의 합계로 계산합니다. 또는

영업투하자본 = 순금융부채 + 자기자본

= 영업비유동자산 + (적정수준현금 + 매출채권 + 재고자산 - 무이자발생부채)

로 공식을 세우기도 합니다.

그리고 ROIC(투하자본이익률)는 아래의 공식으로 계산할 수 있습니다.

ROIC(투하자본이익률) = 세후영업이익 ÷ 투하자본

마지막으로 앞에 있는 'EVA에 의한 기업가치 공식'으로 계산된 기업가치에 재무부채 값을 빼주면 주주의 지분가치가 계산됩니다.

지금까지 보신 것처럼 EVA 공식 자체가 너무 복잡해 개인투자자가 사용하는 데에는 많은 제약이 있습니다. 영업투하자본을 계산할 때 자본상태표와 주석을 참조하여 하나하나 비영업자산을 찾아서 계산해야 하는 등 어려움이 큽니다. 재무학 전공시험에서도 영업투하자본과 wacc를 문제로 던져주고 계산하라 할 정도이니까요. 다만 EVA에 RIM과 비슷한 개념이 있기에

RIM의 간단식을 변형시킬 수 있습니다.

간단 RIM 모형 = 자기자본 + $\dfrac{\text{초과이익}}{Ke}$ = 자기자본 + $\dfrac{\text{자기자본(ROE-Ke)}}{Ke}$

간단 EVA 모형(주주지분가치)

= 영업투하자본 + $\dfrac{\text{EVA}}{\text{wacc}}$ - 재무부채

= 영업투하자본 + $\dfrac{\text{영업투하자본(ROIC - wacc)}}{\text{wacc}}$ - 재무부채

간단 공식을 활용하여 2019년 연말 기준 POSCO의 EVA를 대략 추정해 보겠습니다.

가정 1. 영업투하자본은 HTS 내 기업정보 화면 ROIC값에 있는 49조 2,255억 원을 사용

가정 2. ROIC는 HTS 내 기업정보 화면의 ROIC값 사용 5.1%

가정 3. wacc는 자기자본비용 ke 8%에 타인자본비용 kd 2%로 가정하고 총자산에서 자본과 부채를 가중평균하여 5.6%로 계산(자본 47조 7,947억 원, 부채 31조 2,640억 원)

가정 4. 재무부채는 전체 부채 중 재무관련 부채 21조 원으로 가정

간단한EVA모형

= 49조 2,255억 원 + $\dfrac{\text{49조 2,255억 원(5.1%-5.6%)}}{5.6\%}$ - 21조 원

= 23조 8,303억 원

간단 EVA 공식에 따라 계산한 2019년 연말 기준 주주지분 기업가치는 23조 8,303억 원입니다. 이를 유통주식수 7975만여 주로 나누면 약 29만 8,813원으로 계산됩니다. 그러고 보니 2019년 연말 당시 POSCO의 주가가 24만 원 정도였으니 EVA 기준 기업가치 대비 저평가 영역에 들어가 있었다고 추정할 수 있습니다.

EVA 개념은 간단하게 계산하기 어렵습니다. 실제 계산에는 영업투하자본 계산 외 여러 항목을 파악하기 위해 복잡한 재무제표 분석과 wacc 가중평균 자본비용 계산이 동반되어야만 합니다. 그러하기에 EVA 분석은 종목을 세부적으로 파고들어 최종 분석시 사용하는 방법으로 고려하곤 합니다. RIM에서와 마찬가지로 엑셀이나 스프레드시트를 이용하여 기준을 한번 잡아놓으면 다양한 종목들을 빠른 시간에 가치평가할 수 있겠습니다.

다만, 초보투자자에게는 어려운 부분이 많기에 기업가치 평가 방법 중 EVA(경제적 부가가치 모형)란 것이 있구나 라는 선에서 이해해도 괜찮습니다. 필자 역시 가치평가는 간단한 방법으로 해도 무방하다고 봅니다.